Baukunst in Salzburg seit 1980

Ein Führer zu 600 sehenswerten Beispielen in Stadt und Land

Otto Kapfinger   Roman Höllbacher   Norbert Mayr

[handschriftliche Widmung:]

Liebe Martina!

Alles Gute zum

Geburtstag

ein

neues Lebensjahr.

[Unterschrift] 29/05/10

müry salzmann   INITIATIVE ARCHITEKTUR

1 Flachgau
Bergheim
Oberndorf
Bürmoos
Mattsee
Obertrum
Straßwalchen
Neumarkt am Wallersee
Henndorf
Seekirchen
Elixhausen
Hallwang
Thalgau
Fuschl am See
St. Gilgen
Wals
Grödig
Anif

2 Stadt Salzburg – Nordost
Elisabeth-Vorstadt
Itzling
Schallmoos
Gnigl
Kasern

3 Stadt Salzburg – Südost
Aigen
Parsch
Nonntal
Morzg
Gneis

4 Stadt Salzburg – Südwest
Maxglan
Riedenburg
Leopoldskron
Maxglan West

5 Stadt Salzburg – Nordwest
Lehen
Liefering
Taxham
Gemeinde Wals
Liefering Nord

6 Stadt Salzburg – Mitte
Linke Altstadt
Rechte Altstadt
Andräviertel
Äußerer Stein

7 Tennengau
Puch
Oberalm
Hallein
Adnet
Kuchl

8 Pongau
Pfarrwerfen
Bischofshofen
Eben
Radstadt
Altenmarkt
Flachau
Wagrain
Kleinarl
St. Johann
Großarl
Schwarzach
Goldegg
Dorfgastein
Bad Hofgastein
Bad Gastein

9 Pinzgau
Zell am See
Kaprun
Piesendorf
Stuhlfelden
Mittersill
Bramberg
Neukirchen
Saalbach-Hinterglemm
Saalfelden
Leogang
Lofer

10 Lungau
St. Michael
Zederhaus
Unternberg
Tamsweg
Ramingstein

Zell am See

9 Pinzgau

Stadt Salzburg

5

2

6

4

3

1 Flachgau

Salzburg

○ Hallein

7 Tennengau

St. Johann ○

8 Pongau

10 Lungau

Tamsweg ○

Zum Geleit

Wer „Salzburg" sagt, verbindet damit meist die zum Weltkulturerbe erhobene fürsterzbischöfliche Residenzstadt an der Salzach zwischen Mönchsberg und Kapuzinerberg, denkt unwillkürlich an Mozart und die Festspiele mit dem „Jedermann" und ans umliegende firnglitzernde, seenfunkelnde, wiesengrüne Urlaubsland, vielleicht noch an den reichsten Fußballklub Österreichs. Wer in der sogenannten Architekturszene „Salzburg" sagt, denkt spontan eher an die legendäre Gründung des Gestaltungsbeirates, an den kometenhaften Aufstieg und Fall des Bürgerlisten-Stadtrates Johannes Voggenhuber – und assoziiert weiters wohl einige ziemlich unrunde Planungsprozesse der jüngsten Vergangenheit: Kongresshaus, Haus für Mozart, Stadion Klessheim, Museum am Berg und anderes. Jenseits von alledem hat Salzburg aber auch eine beachtliche Zahl baukultureller Leistungen der Gegenwart zu bieten. Sie zu entdecken, ihre stadt- und landschaftsprägenden Beiträge aufzuzeigen, zu diskutieren, verständlich zu machen – dazu soll dieser Architekturführer als Kompass, Wegweiser und Seh-Hilfe dienen.
Zeitlicher Rahmen unserer Darstellung sind die drei Jahrzehnte ab 1979/80, anknüpfend an den ersten Band von Friedrich Achleitners Standardwerk zur Architektur des 20. Jahrhunderts, dessen Recherche um 1978/79 endet. Aus dieser Ära werden 255 ausgewählte Bauten mit Hauptdaten, Foto, Plan und Text vorgestellt, wobei auch erstmals eine integrierte Schau auf Hauptstadt und Land – vom Flachgau bis zum Lungau – gegeben ist. Mehr durch „Zufall" als durch Planung ergab sich sogar eine ziffernmäßige Symmetrie, indem aus der Landeshauptstadt 130 Objekte und aus den Gauen 125 behandelt werden. Zusätzlich zu den so dokumentierten Beispielen sind in den Randspalten insgesamt 500 weitere interessante Gebäude aus der jeweiligen Nachbarschaft aufgelistet, versehen mit den Hauptdaten und teilweise auch mit Kurzkommentaren und Abbildungen. Nachdem Achleitners Band über Salzburg, Tirol, Vorarlberg längst vergriffen ist, werden in diesen Spalten schließlich noch Hinweise auf rund 100 weitere, im Zeitraum von 1948 bis 1978 entstandene Salzburger Objekte gegeben. Diese Schicht der Bausubstanz wird heute anders bewertet als noch vor zwanzig Jahren, und viele gute Objekte daraus sind durch leichtfertige Zerstörung oder unbewussten, fragwürdigen Umgang gefährdet.
Anders als bei den bisher von mir redigierten Architekturführern zu anderen Bundesländern war es diesmal möglich – und aus verschiedenen Gründen notwendig –, im Team mit ausgewiesenen lokalen Experten zu arbeiten. Aus rund 1400 über einen Rundbrief der INITIATIVE ARCHITEKTUR von den Büros und Teams eingereichten Bauten seit 1980 wurden gemeinsam mit Norbert Mayr und Roman Höllbacher rund 800 ausgewählt und im Herbst/Winter 2009/10 zum Großteil auch gemeinsam an Ort und Stelle besichtigt. Wohl waren die meisten den beiden lokalen Fachpublizisten und viele

auch mir durch frühere Besuche und/oder textliche Bearbeitungen schon bekannt. Es zeigte sich aber, dass in der Diskussion vor Ort die Auswahlkriterien und Sichtweisen oft Schärfungen, aber auch Korrekturen erfuhren. Die Besichtigungen von Objekten aus den 1980er und 1990er Jahren brachten wichtige Aufschlüsse im Hinblick auf deren Bewährung in der Zeit und im Gebrauch, auf eventuelle Veränderungen und anderes mehr.

Die schließlich zur näheren Darstellung getroffene Auswahl erfolgte durchwegs im Konsens unter den drei Autoren allein. Der Vorstand der INITIATIVE ARCHITEKTUR war in die generelle Erarbeitung des Buchkonzeptes eingebunden und hatte in der Objektauswahl ein Auskunfts-, aber kein Weisungsrecht. Das Buch hat nicht die Zielsetzung, ausschließlich „allerbeste" Architektur zu bringen. In einer solchen Hitparade würden viele Proponenten und Regionen zu kurz kommen. Im Zentrum der Landeshauptstadt gelten andere Qualitätsmaßstäbe als im Talschluss von Pinzgau oder Lungau, sie sind auch nach Bauaufgaben und regionalen Standards differenziert. Bei den Einfamilienhäusern etwa haben wir eine viel strengere Auswahl erarbeitet als im Industriebau. Auch ist eine „angemessene" Präsenz der unterschiedlichen Gestaltungsansätze und Architektur-Ideologien bedacht worden. Darüberhinaus vertreten wir die Ansicht, dass manchmal auch über ein weniger „gelungenes" Objekt die Fragen, Probleme, Ziele, Zwänge, Visionen der Architektur sowie ihre speziellen Aufgaben und Rahmenbedingungen einem fachlichen, vor allem aber einem breiteren Publikum vermittelbar sind.

Modernes Bauen ist umstritten, weil breite Bevölkerungsschichten und auch Persönlichkeiten in Entscheidungspositionen nicht genügend darüber wissen, was Qualität ist, welche Kriterien das Gute vom weniger Guten unterscheiden; weil zwischen Fachwelt und Politik, zwischen Planern und Auftraggebern, zwischen akademischem Wissen und „gesundem Volksempfinden" Missverständnisse und Vorurteile herrschen. Neunzig Prozent der Qualitäten von Architektur sind aber durchaus quantifizierbar und objektiv beschreibbar, entsprechendes Wissen und Überblick vorausgesetzt. Architektur ist nicht bloß der äußere Anschein von Fassaden und/oder Dachformen, sosehr gerade in Salzburg die allgemeine und oft auch die fachlich-bürokratische Meinung darauf fixiert zu sein scheint. Architektur enthält diese Facetten auch, selbstverständlich, sie geht aber in ihrer Substanz weit darüber hinaus: Sie ist etwas Elementares, auf das wir als Qualität unseres Lebensraumes und als Faktor des nachhaltigen Umgangs mit Natur jeden nur möglichen Anspruch haben. Architektur schafft die Bühnen des Lebens, von 0 bis 24 Uhr ganzjährig durch Wetter und Gebrauch moduliert. Architektur ist greifbar, materiell, körperlich, raumbildend. In der Transformation des Geländes, des Bauplatzes mit all seinen äußeren und inneren Faktoren zu einem konkret nutzbaren, räumlichen Ereignis liegt jene Qualität, die Architektur von anderen Medien oder Künsten unterscheidet. Architektur ist ortsunabhängig als global verfügbare Summe des einschlägigen Wissens und der zeitgenössischen Techniken. Architektur ist zugleich ortsspezifisch in der Anwendung dieses Wissens auf individuelle Orte und lokal sehr differenzierte Situationen. Architektur ist das, was unter gegebenen Bedingungen optimale Freiheit gibt.

Unser alltägliches Bauen ist nur sehr selten Architektur, und diese wiederum reicht ebenso selten in die Sphäre der Bau-Kunst.

Ein altes Diktum sagt: Wir sehen nur, was wir wissen; wir schätzen nur, was wir kennengelernt haben. Demgemäß ist dieses Buch ein Versuch, das Wissen über Bauqualität an neuen Beispielen in Stadt und Land zu vermehren; es ist für die Interessierten und Betroffenen ein Angebot, ein Anreiz zum Begreifen, zur besseren Wertschätzung dessen, was Architektur vom landläufigen Bauen wie auch vom vordergründig aufgepeppten Bau-Design unterscheidet. So ist es eben nicht bloß eine Hitparade der Best of, eher ein Wegweiser zu den grundlegenden Fragen des Wohnens und Siedelns, des Konstruierens und Raumgestaltens anhand ausgewählter Beispiele.

Was jede Fahrt durchs Land und durch die Städte zeigt: in der Masse des historisch Bestehenden und aktuell Hinzugefügten sind interessante neue Bauten selten. Umso kontroversieller werden sie diskutiert, umso wichtiger ist die fundierte Beschäftigung damit, umso notwendiger die sachliche Vermittlungsarbeit für das naturgemäß „unvermittelte" Neue. In der Einschätzung von Bauten ist die nach außen wirkende Form, das visuell Sichtbare, die generelle Erscheinung natürlich nicht unwichtig, aber für die Qualität, wie angedeutet, nicht primär. Andere Kategorien sind wesentlicher und in der Umwelt wirksamer: der Umgang mit dem Boden, mit dem Gelände; das Reagieren auf die Himmelsrichtungen, den Sonnenlauf, die Blickbeziehungen in der Umgebung; die Art des Zugangs und der ganzen Erschließung, die Qualität der inneren Orientierung und Übersichtlichkeit; die Logik, Vielfalt, Robustheit und Angemessenheit der Raumangebote; die Art der Lichtführungen im Bau, der Sichtverhältnisse zwischen Innen und Außen; die Intelligenz, Ökonomie und Spürbarkeit der Konstruktionen; die Proportionalität gegenüber benachbarten Bauten oder natürlichen Gegebenheiten; das Maß und die Nutzbarkeit der im und ums Objekt gebildeten Außenräume; die Rhythmen aller Übergänge, die leichte Aneigenbarkeit, Stimulanz und Berührbarkeit von Räumen; die Proportion zwischen dem jeweils materiellen und formalen Aufwand und seiner tatsächlichen, zukunftsfähigen Wirkung; das Maß der Überschreitung von veralteten oder verengten Standards einer Bauaufgabe in Richtung Öffnung nach vorne, ins Aufzeigen von Alternativen jenseits des „Gewohnten" oder des schier „Verordneten". All das hat unsere Auswahl geleitet, war und ist auch inhaltliche Richtschnur für die begleitenden Kurzkommentare.

Es ist nicht etwa so, dass anspruchsvolles Planen und Bauen in den letzten Jahrzehnten hier unter Ausschluss der Öffentlichkeit verlaufen wäre, überhaupt keinen Stellenwert im Alltag hätte oder im kollektiven Bewusstsein der Region keine Rolle spielte. Im Gegenteil. Gerade die Stadt Salzburg hat 1983 unter Voggenhubers Ägide durch die Einführung eines mit externen Fachleuten besetzten Beirates alle wichtigen Bauprojekte in ihrer Genese transparent, der Öffentlichkeit einsehbar und nachvollziehbar gemacht – und zugleich hohen fachlichen Ansprüchen und objektivierten Selektionsweisen unterworfen. In der Hauptstadt wurden seit damals über 500 Projekte in rund 180 öffentlich zugänglichen Beiratssitzungen vorgestellt, erklärt, begutachtet, kritisiert, abgelehnt, optimiert. In den ersten Jahren spiegelte sich das auch in regelmäßigen, vielbeachteten Berichten in der regional führenden Tageszeitung. Voggenhubers Anspruch, über die unmittelbar Betroffenen hinaus möglichst viele Interessenten aus dem „Souverän" in diese Abläufe einzubinden, ein breiteres Verständnis des zeitgemäßen, hochwertigen Bauens zu fördern und die Nachfrage nach guter Architektur zu stimulieren – all das fand seinen Höhepunkt (und Schlusspunkt) in der öffentlichen Jurierung der internationalen Gutachten zum Umbau des Casino Winkler am Mönchsberg im Sommer 1986.

Diese einmalige, zwei Tage dauernde Veranstaltung im Saal des früheren Stadtkinos hatte als Hintergrund eine imposant im Saal implementierte Ausstellung, die über vier Jahre Beiratstätigkeit und „Architekturreform" Bilanz zog, begleitet von einem handlich kleinen, inhaltlich gewichtigen Katalogbuch: In seiner Frische und Engagiertheit, in seiner informativen wie auch kritischen Nähe zum Geschehen, in seiner aufklärerischen, da und dort mit einer Prise Ironie gewürzten Verve ist es ein heute noch mit Genuss und fachlichem Gewinn zu lesendes Dokument. Voggenhuber wurde kurz danach abgewählt, nicht zuletzt wegen der Wahl des Entwurfs von Álvaro Siza für den Umbau des Winkler. Der Beirat blieb und agierte in den folgenden Zusammensetzungen und Jahren mehr im Hintergrund. 1991 präsentierte Paulhans Peters eine Publikation über die wichtigen Ereignisse der Ära nach 1987. Zwei Jahre danach gründete sich die INITIATIVE ARCHITEKTUR Salzburg, für einige Jahre noch ohne festen Veranstaltungs- und Büroplatz, doch mit wichtigen Aktivitäten. 1994 legte Roman Höllbacher die erste Fassung von „Architektur Stadt Salzburg" vor, 1998 die zweite, erweiterte Fassung, in der immerhin 113 neue Bauten seit Mitte der 1980er Jahre übersichtlich dokumentiert sind, ergänzt durch Hinweise auf 30 ältere Werke. In diesen Jahren vor dem „Millennium" kam wieder Bewegung in die Szene. Eine neue Generation lokaler Teams mischte sich mit hochwertiger Architektur und selbstbewussten Initiativen ein, der Beirat wurde wieder offensiver. Mit dem Hickhack um das Kongresshaus und der Standortentscheidung des Stadions griff die primär aus der Landespolitik gesteuerte Fehlentwicklung signifikanter Projekte Platz, die nach 2000 zu den problematischen Konzepten für das „Museum der Moderne" und zur Klimax beim „Haus für Mozart" führte. Der Beirat war in diesen Fällen trotz schriftlich vorgetragener kritischer Stellungnahmen hilflos, unter anderem wegen der absurden Tatsache, dass für die Begutachtung von Veränderungen und Neubauten im Altstadtbereich eine Kommission von lokalen Architekten verantwortlich ist, die dort auch planen und bauen dürfen, während für die übrige Stadt ein hochkarätiger, international besetzter Beirat tätig ist, dessen Mitglieder in ihrer Funktionsperiode ein lokales „Planungsverbot" zu akzeptieren haben. Vorstöße, diese Situation zu ändern, blieben ergebnislos. Ein Symbol dieser Jahre war 2002 die Weigerung des damaligen Landeshauptmannes, die von der internationalen Fachjury für den Landesbaupreis vorgeschlagenen Entwürfe schriftlich zu bestätigen und die Preise zu vergeben – weil er einer nachweislich mit falschen Fakten operierenden Kampagne der regionalen Ausgabe der „Kronenzeitung" willfährig war. Den bekannten Journalisten Peter Huemer veranlasste dies in Österreichs führendem Printmedium zur Aufforderung an die Architektenschaft: „Meiden sie Salzburg!"

In jener Zeit wurden aber auch in der „Provinz" die Lebenszeichen moderner Architektur vermehrt sichtbar: Norbert Mayr lenkte 2000 mit dem „Landumgang" erstmals das Augenmerk der Fachpublizistik in diese Gefilde. Er machte auf die dort entstehenden neuen Kreativkräfte aufmerksam, analysierte aber auch die strukturellen Defizite der regionalen Baubürokratien und Behördenhierarchien. Dem folgte 2003 – zu den Anlässen des zehnjährigen Bestehens der „Initiative", der beginnenden dritten Dekade des Beirates und der ebenso nötigen wie gerechtfertigten Imagekorrektur – die Wanderausstellung „in/aus/salzburg", begleitet vom Katalogbuch „Salzburg besser bauen" mit 70 präsentierten Bauten, darunter freilich nur zehn Prozent außerhalb der Hauptstadt.

Seither gaben die Ausstellungen und Kataloge zu den biennal vergebenen Landesbaupreisen regelmäßig die Möglichkeit, fachliche Standortbestimmung und Umschau auch im breiten Rahmen zu zeigen und mitzuverfolgen. Zuletzt boten 2007/08 die beiden Bände „Living City" eine – wieder auf die Hauptstadt allein konzentrierte – Auswahl von aktuellen Bauten und Projekten. In diesem Vorwort nicht fassbar, aber nicht zu vergessen sind die vielen öffentlichen Präsentationen, Hearings und Diskussionen, die von der Stadtplanung, der „Initiative" und auch der Kammer der ArchitektInnen durchgeführt wurden. Unter anderen galten sie zwei langfristig angesetzten Entwicklungsprojekten, die baulich erfolgreich realisiert wurden: die „Universität Nonntal" und die „Re-Urbanisierung" der Stadtteile Lehen und Liefering.

Es ist eine global gültige, in Europa überall präsente Erfahrung, doch in Salzburg mit seiner ausgeprägten Geschichtsversessenheit vielleicht eigens herauszustreichen: Jeder Bauplatz, jedes Gebäude, alt oder neu, ist eingebettet in ein Kontinuum vergangener konkreter und fiktiver Ereignisse. Jede Architektur ist mittemperiert durch die Nachbarschaft, durch die Vektoren der Landschaft und ihrer Bearbeitungen – selbst auf der sogenannten „grünen Wiese". Hinter der Maske jedes Neubaus existiert ein Schattenreich, gleichsam ein „Palimpsest" der vorher gewesenen, der vorher nur gedachten, verworfenen Bauten und der in ihnen eingeschriebenen Ereignisse. Jede Architektur ist das sichtbare Resultat unsichtbarer oder nicht mehr offen sichtbarer Parameter, die im angreifbaren Konstrukt gespeichert sind, aber nicht mehr unmittelbar lesbar erscheinen. Hinter dem oberflächlichen Gefallen oder Missfallen an einer Sache waltet ein Kosmos an unterschwelligen Informationen, Feinheiten, unbewussten Vergleichen – so wie es gerade in Salzburg in der Musikszene selbstverständlich bewusst ist, dass man mit jeder neuen Aufführung frühere direkt oder medial erlebte mithört und mitsieht und als Maßstäbe, als Hintergrund und Gerüst der Augenblickswirklichkeit mitgeneriert.

In der Rezeption aktueller, aber auch historischer Baukunst gibt es wenig vergleichbare objektive und subjektive Vermittlungs- und Wissenstechniken. Allerdings existiert mit dem 2006 von Norbert Mayr vorgelegten Band „Stadtbühne und Talschluss" ein Kompendium solcher aufgeschriebener, aufgezeigter „Hintergründe", das als vertiefende Lektüre zu allen in diesem Architekturführer besprochenen Bauten und Projekten und darüber hinaus zu empfehlen ist. So könnte und sollte dieser Architekturführer für ein solches verfeinertes, grundsätzlicheres, offeneres Verständnis baulicher Qualität ein Hilfsmittel sein, ein Katalysator oder auch nur eine konstruktive Provokation. Wenn das gelingt, hat diese Publikation ihr Ziel erreicht.

Otto Kapfinger

Der Zeit voraus

Salzburg: Hauptstadt der Projektemacher?

Der Zweck eines Architekturführers liegt auf der Hand: Er dokumentiert sehenswerte Bauten mit knappen Informationen, einem Foto und vielleicht noch einem Plan zur Orientierung. Definitionsgemäß fehlt das Konditional: Vorenthalten werden das Scheitern, die verschenkten Chancen und die verhinderten Projekte. In Salzburg, das sich in den 1980er und 1990er Jahren einen einschlägigen Ruf einhandelte, ist daher der Hinweis auf Verworfenes fast so wichtig wie die Darstellung des Gebauten.

Dass es sich dabei nicht erst um ein Problem der drei letzten Dezennien handelt, beweist der Blick in die Tiefen der Geschichte. Wolf Dietrich scheiterte zwar nicht an seinem gigantischen Dombau-Vorhaben des Stararchitekten Vincenzo Scamozzi, aber der von seinem Nachfolger gebaute Dom fiel um 40 Meter kürzer aus als das Projekt des Palladio-Schülers. Zu gern überschätzt man sich in Salzburg im geistlichen Führungsanspruch und in einer hypostasierten Weltgeltung.

Hans Poelzig, Reinhardts Mann fürs Architektonische, hat beim Hellbrunner Hügel eine Vision für einen Tempel des feierlichen Spiels entworfen, der als gebauter Hügel Bayreuth paraphrasiert. 1922 legte man noch in Beisein des Bundespräsidenten den Grundstein. Dabei blieb es dann auch. Wie sähe Salzburg als Festspielstadt aus, wäre Poelzig, nicht Holzmeister Realität geworden?

Natürlich gibt es auch Beispiele dafür, dass es ein großes Glück sein kann, wenn Projekte nicht Bauwerk werden. Die Wahnsinns-Vorhaben der Nationalsozialisten gehören in diese Kategorie. Sie planten eine Gauburg auf dem Kapuzinerberg und auf dem Mönchsberg eine Wehrmachtszentrale, als wollten sie mit bedrohlichen Trutzburgen den katholischen Kern der Stadt in Geiselhaft nehmen. Nach dem Ende des großen Krieges besann man sich wieder aufs Musische. Der Wettstreit unter den Völkern sollte wieder zivilisiert ausgetragen werden. Die Idee einer Musik-Olympiade verführte Clemens Holzmeister zu einem abstrusen Projekt für die begehrte Lage am Mönchsberg, das glücklicherweise Papier blieb.

Wären die Taxhamer andere Menschen, hätte man für den neuen Stadtteil das visionäre Projekt der arbeitsgruppe 4 und nicht den hausbackenen Beamten-Städtebau realisiert? Die 1950er und 1960er Jahre sind in Salzburg visionslos. Ein paar Ikonen im Kirchenbau können nicht über die regierende engherzige Kleinbürgerlichkeit hinwegtäuschen.

Das bleibt so bis zur sogenannten Architekturreform (1983ff.), die auf immer mit Johannes Voggenhuber verbunden bleibt. Er hat die Stadt wiederentdeckt und mit einer Dramatik, die wohl notwendig war, zu ihrer Rettung aufgerufen. Im Rückblick verwundert es kaum, dass vieles, was damals aus der Opposition heraus initiiert oder angedacht wurde, Projekt blieb, ja bleiben musste, nicht nur, weil die gesellschaftliche Akzeptanz fehlte, sondern weil in der

Hans Hollein, Guggenheim-Museum, Projekt 1989

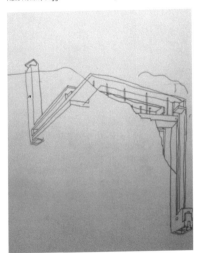

Álvaro Siza, Erweiterung Casino Winkler, Lift, Projekt 1986

Delugan Meissl, Panoramalift, Projekt 2003

11

Boris Podrecca, Makartplatz, Projekt 2001

Max Rieder, li.: Museum am Berg, Wettbewerbsprojekt 1999; re.: SPÖ-Parteizentrale, Projekt 1995

Winter-Einhausung Residenzbrunnen, feichtinger architects, Projekt 2004

oligopolen Parteienherrschaft eine von Voggenhuber verfochtene Demokratisierung der Entscheidungsfindung nicht greifen konnte. Es gibt Projekte, deren Verhinderung auf der subjektiven Schmerz-Skala weiter oben rangieren als andere. Juan Navarro Baldewegs Entwurf für den Neubau des Kongresshauses (1992) war schlicht genial. Ein Wurf, wie er nur in Ausnahmefällen gelingt. Umso niederschmetternder die Enttäuschung, als der Gemeinderat der Stadt, angetrieben von Bürgermeister Josef Dechant, sich mit knapper Mehrheit gegen dieses Projekt entschied. Die Verlogenheit der damals ins Treffen geführten Argumente stellt einen absoluten Tiefpunkt der Verhinderung dar. Indem die Stadtgemeinde ein angeblich billigeres Projekt dem qualitätvolleren vorzog, entzog man sich auch wirksam die moralische Legitimation, von privaten Bauherren im Gestaltungsbeirat ein Mehr an Qualität einfordern zu können. Bereits 1972 hatte Gerhard Garstenauer ein Projekt für ein Kunstzentrum im Mönchsberg entwickelt. Die Idee griff man später wieder auf. Allerdings zwangen unkalkulierbare Kosten und eine nicht einmal ansatzweise gesicherte Finanzierung den damaligen Landeshauptmann Hans Katschthaler, das von Hans Hollein verfasste Projekt eines Guggenheim-Museums im Berginneren – der ursprüngliche Wettbewerbsentwurf aus dem Jahr 1989 war noch für das Museum Carolino Augusteum gedacht – in den Sandkasten zu setzen. Noch heute lebt in gewissen Salzburger Kreisen der Mythos, dass durch die Ablehnung des Hollein-Projekts die Chance Salzburgs, Weltstadt-Status zu erlangen, von einem kleinkarierten Provinzpolitiker vergeigt wurde.

Ungleich poetischer war Álvaro Sizas Jahre zuvor (1986) entstandener Entwurf für die Erweiterung des Casinos Winkler am Mönchsberg. Das sahen allerdings die bestimmenden konservativen Kreise in Salzburg nicht so. Ein Entrüstungssturm, geschürt u. a. vom damaligen Chefredakteur der Salzburger Nachrichten, der wahrlich den Untergang wenn schon nicht des Abendlandes, so doch Salzburgs heraufdräuen sah, verhinderte das Projekt und im Jahr darauf die Wiederwahl von Stadtrat Voggenhuber. In seiner nur vier Jahre dauernden Amtszeit, die dennoch als Ära erscheint, gab es noch einige andere hervorragende Entwürfe: ein Hotel von Eduardo Souto de Moura in der Neutorstraße (1987) oder eine Bar am Giselakai von Adolf Krischanitz, die ein echter Szenetreff hätte werden können. Die Szene traf sich zwar auch so, aber eben ohne den Schick des Dernier Cri, so wie die Provinz halt ausgeht. Die Liste der Projekte lässt sich noch mit einigen prominenten Namen spicken. Dominique Perrault scheiterte mit dem Wettbewerbsprojekt am Rehrl-Platz (1995) ebenso wie Massimiliano Fuksas mit dem Spaßbad (2002) oder Boris Podrecca mit der Gestaltung des Makartplatzes (2001), wenngleich hier, wie es scheint, noch nicht das letzte Wort gesprochen ist.

Der Salzburger Max Rieder hat einige Bravourstücke abgeliefert. Sein Entwurf für eine SPÖ-Parteizentrale (1995) wurde aber ebensowenig realisiert wie sein Projekt für das Museum der Moderne am Mönchsberg (3. Rang beim Wettbewerb, 1998). Die Erschließung des 2004 errichteten Museums war von Anfang an problematisch, weswegen unterschiedliche Projekte entwickelt wurden, um die Situation zu entschärfen. Das Projekt eines Panoramalifts an der Mönchsbergwand zur sichtbaren Verknüpfung von Stadtebene und Bergplateau (von Delugan/Meissl 2003 konzipiert), das die Hürde der Sachverständigenkommission längst genommen hatte, legten die Betreiber wieder auf Eis. Gegen das Brückenprojekt zur Umfahrung der Monikapforte (HALLE 1), gedacht zur Verbesserung des An- und Abtransports von Kunstwerken, formulieren engagierte BürgerInnen und das Denkmalamt nicht unberechtigte Bedenken. Die Unfähigkeit, öffentliche Räume zukunftsfähig zu gestalten, ist Spiegelbild der Politik im Zeitalter des Neoliberalismus. Unter den Vorzeichen ausgemergelter Haushalte und dem Primat des Privaten standen Entwürfe für den öffentlichen Raum unter keinem guten Stern. Das Scheitern der Gestaltung des Bereichs Hofstallgasse/ Max-Reinhardt-Platz (Entwurf: one room), bei dem zuletzt eine private Sponsorin den für den Entwurf zentralen Pavillon hätte finanzieren sollen, zeigt die Absurdität vollends auf.

Ebenso erfolglos war der Anlauf für eine Winter-Einhausung des Residenzbrunnens (2004). Die Kosten für das Projekt von Dietmar Feichtinger, eine elegante Glaskonstruktion für die Wintermonate, wollte niemand tragen. Klammheimlich besann man sich auf die vermeintlichen Qualitäten des desolaten Bretterverschlags, dem Auslöser des Wettbewerbs.

Nicht weniger dilettantisch verfuhr man bei der geplanten Neugestaltung des Residenzplatzes. Die Verantwortlichen tun heute so, als existiere das aus dem Wettbewerb hervorgegangene Projekt von Max Rieder und Andreas Knittel, das sie erst mit Pomp und Trara eingeläutet haben, gar nicht. Der oberste Denkmalpfleger hat dann, angelehnt an alte Ansichten, rund um den Brunnen Flusssteine verlegen lassen – auch ein Beitrag zur geistigen Regression einer Stadt. „Competainment", das Durchführen von Architektenwettbewerben zur Unterhaltung des Volkes und als Kampagnen-Vorlage für den Boulevard, wendet sich letztlich gegen die Initiatoren und rächt sich bitter, indem sie die Politikverdrossenheit verstärkt. Der Bürger versteht nicht, warum Projekte scheitern, er sieht nur, dass Stillstand herrscht. Es gibt Projekte, die sind der Zeit voraus. Oftmals – das sollte dieser Exkurs zeigen – sind sie nur dieser Stadt voraus. In Salzburg sollte es darum gehen, die Gegenwart mit präzis definierten Vorhaben zu gestalten, um dem beeindruckenden Erbe eine lebendige Zukunft zu geben. Roman Höllbacher

14

Bestand der Moderne? Architektur 1945-1978

Das 2004 restaurierte Wandgemälde von Peter Pongratz in Wilhelm Holzbauers 1976 eröffnetem Bildungshaus St. Virgil nannte Landeskonservator Ronald Gobiet den „Benjamin" des Denkmalschutzes. Von schonender Restaurierung können die „Benjamins" der Architektur nach 1945 nur träumen. Holzbauer selbst hatte im Jahr 2000 die äußere Erscheinung des Bildungshauses, eines seiner anerkannten Hauptwerke, drastisch verändert. Er tilgte den archaischen Charakter dieser kraftvollen Komposition aus geometrischen Grundfiguren mit prägnanten Glas- und Sichtbetonflächen, indem er ihn „neapelgelb" seiner Erweiterung von 1996 anpasste. Auch das ursprünglich schlanke, weit auskragende Vordach wurde plump in Styropor eingepackt.

Beim ORF-Bundesländerstudio von 1969-72 ramponierte ebenfalls der Entwerfer beim Sanieren 2004 die Qualitäten. Gustav Peichl ließ dort Horizontalsprossen auf die nun konventionellen Fenster ankleben. Die Wandstruktur aus metallisch-silbrig gestrichenen Betonteilen verschwand großteils unter einer weiß verputzten Dämmung. Die „Entsilberung" eliminierte ein wesentliches Element des Corporate Design.

Dem Kolleg St. Josef in Aigen von 1961-64 – dem letzten gemeinsamen Werk von Johannes Spalt, Friedrich Kurrent und Wilhelm Holzbauer als arbeitsgruppe 4 – ging es nicht viel besser. Die Architekten hatten die Außenwände in, vor oder hinter die Stützenreihe des Metallbau-Rasters von 2,5 x 2,5 Metern gesetzt. Bereits in den 1980er Jahren waren drei der vier Fassaden verändert worden. Bei der Sanierung 2007 half der seit 2001 bestehende Denkmalschutz wenig. Denn eine unbedarfte Baumanagement-Firma ließ nicht nur die Ausfachungen aus materialsichtigen Durisolplatten anstreichen, sondern auch die roten I-Träger des Metallbaus äußerlich verblechen.

Haben in Deutschland oder der Schweiz die Denkmalämter längst außergewöhnliche Bauwerke der 1960er und 1970er Jahre aufgearbeitet, so hinkt in Österreich das Bundesdenkmalamt (BDA), verschärft durch Präsident Georg Rizzis Desinteresse 1998 bis 2008, weit hinterher. Ein Opfer ist das Werk von Gerhard Garstenauer, der wie kein anderer Salzburgs Baukultur in den 1960er und 1970er Jahren stimulierte. Das BDA stellte zwar Margarete Schütte-Lihotzkys ganz konventionelles Wohnhaus in Radstadt von 1950 unter Schutz, hingegen kein einziges von Garstenauers Hauptwerken, zentrale Bauten der österreichischen Architekturgeschichte. Nachdem in den 1990er Jahren u. a. seine Arbeiten im Gasteinertal – in Dorfgastein das Solarbad (1976-78) sowie in Bad Gastein Felsenbad (1966-68) und Kongresszentrum (1968-74) – durch mangelnde Pflege immer stärker an funktionellem Wert und optischer Wirkung verloren hatten und seine Angebote unentgeltlicher Beratung unbeantwortet geblieben

Gerhard Garstenauer, Kongresszentrum Bad Gastein, 1968-74

Wilhelm Holzbauer, St. Virgil, 1976

Gustav Peichl, ORF-Zentrum Salzburg, 1969-72

waren, wurde 2000 ihre Unterschutzstellung beim BDA angeregt. Rizzi verweigerte diese mit dem Hinweis, dass künftige „nachhaltige Veränderungen" möglicherweise den „a priori gegebenen hervorragenden künstlerischen Wert" entsprechend mindern könnten. Damit verhinderte das BDA bloß, dass Veränderungen qualitätvoll, geordnet und ohne unbedarfte Zerstörungen erfolgten und erfolgen. Ronald Gobiet, Landeskonservator seit 2004, kündigte nach mehrfachen Anregungen für 2006 eine „Überprüfung der Salzburger Architektur des 20. Jahrhunderts" an. Beim Symposium „MODERNE ZWEI Baukultur 1948-1984" im Herbst 2008 in Salzburg betonte er endlich die Bedeutung von Garstenauers Symbolbauten des Aufbruchs im Gasteinertal. Tatsächliche Konsequenzen fehlen bis heute. Im BDA stieg zwar das Problembewusstsein, ebenso allerdings das personelle und finanzielle Aushungern.

So konnten 2009 die Umbauüberlegungen von Garstenauers Autohaus ÖFAG von 1972/1974 in der Stadt Salzburg nur im persönlichen Gespräch mit dem neuen Eigentümer positiv modifiziert werden. Gobiet wollte Kurhaus und Hallenbad, die Reste der für die 1950er Jahre ambitionierten Kur- und Kongresshausanlage, erhalten. Bürgermeister Heinz Schaden opponierte massiv dagegen. Ihm bot 2009 der Landeskonservator an, gemeinsam mit der Stadt die Architektur ab 1945 zu durchforsten. Städte und Gemeinden haben bzw. hätten eine positive Vorbildfunktion als Bauherr und Baubehörde. Qualitätvolle zeitgemäße, aber auch erhaltenswerte (historische) Architektur sollte als Teil ihrer Identität besondere Wertschätzung erfahren.

Nach dem Symposium 2008 hat die Magistratsabteilung 19 in Wien die großen Lücken bei der Erfassung der Nachkriegsarchitektur erkannt. Die MA „Architektur und Stadtgestaltung" arbeitet an einer systematischen Aufarbeitung. Auch im Stadtplanungsamt in Salzburg, das beim Symposium fehlte, bestünde Handlungsbedarf, da es die Bauten nur bis 1945 erhoben hat. Das anhaltende Desinteresse der Stadt ermöglicht weitere Verluste. So wurde beispielsweise 2009 die gegliederte Betonfassade der Volksbank-Zentrale in der St.-Julien-Straße 12 (Josef Hawranek, 1965) – trotz einer besonders leicht umsetzbaren Innendämmung – außen gedämmt. Bei der Heinrich-Salfenauer-Schule von Gerhard Zobl u.a. (1979) wurde im Rahmen des Symposiums 2008 der Eigentümer „Stadt Salzburg Immobilien GmbH" zur Durchführung eines Wettbewerbs angeregt und erfolgreiche Beispiele von Innendämmungen präsentiert. Die trotz vereinbarter Rückmeldung durchgezogene grobschlächtige Außendämmung mit Fensteraustausch ist kein Vorzeigebeispiel, wie es der öffentlichen Hand obliegen sollte. Vielleicht gelingt dies beim Stadtwerke-Hochhaus (Josef Hawranek / Erich Horvath, 1968), bei dem der private Investor bzw. Riepl Riepl Architekten nun die großflächigen Plattenverkleidungen als wesentlich für den

Charakter des Hauses zu erhalten planen. Es geht nicht alleine um Inkunabeln bzw. Baudenkmäler, sondern um Respekt gegenüber den vielfältigen baukulturellen Strömungen und Zeugen. Nicht nur die Behörden, sondern auch die Bauherrn und Planer sind gefordert, die von vielen Architektengenerationen generierte Baukultur respektvoll weiterzuentwickeln. Die Architekturfakultäten müssen der Denkmalpflege und dem ökologisch-ressourcenschonenden Bauen im und mit dem Bestand wieder einen größeren Stellenwert einräumen.

Viele Baudenkmäler der 1960er und 1970er Jahre nutzten „moderne" Baumaterialien wie Stahl, Glas und (Sicht-)Beton sowie neue Konstruktionen. Auf ihrer Erforschung müssen Pflege, Konservierung und Adaptierung der Bausubstanz und die Entwicklung gestalterisch wie bauphysikalisch anspruchsvoller Lösungen basieren. Nur eine fachkundige denkmalpflegerische Betreuung kann beispielsweise Garstenauers Bad Gasteiner Kongresszentrum eine respektvolle und gelungene Revitalisierung sichern. Schließlich bietet das mit Betonfertigteilen präzis komponierte Gebäude zahlreiche Potenziale, die für Bad Gastein dringend aktiviert sowie zeitgemäß und qualitätvoll weiterentwickelt werden könnten. Der Einsatz von Betonfertigteilen und die konstruktive Präzision sind mit Roland Rainers denkmalgeschütztem ORF-Zentrum auf dem Küniglberg (1968-1985) vergleichbar. Walter Zschokke schrieb 2006 gegen Außendämmungsversuche: „Würde man heute den Strebepfeilern und dem Chormauerwerk einer regional bedeutenden gotischen Kirche eine Außendämmung verpassen? Wohl kaum." Ein ingenieurwissenschaftliches Gesamtkonzept zur wärmetechnischen Sanierung benötigt auch das Kongresszentrum. So würde nur das Erneuern der großflächigen Verglasungen eine große energetische Verbesserung bedeuten. Wie die meisten Gebäude aus der Zeit vor dem Ölschock muss es – nach 35 Jahren nichts Außergewöhnliches – nachjustiert werden. Leicht kann aber viel falsch gemacht werden. Schon kleine, aber unbedacht gesetzte Maßnahmen wie Fensteraustausch, Dämmung und Bemalung können auf die Ausgewogenheit von Proportionen und Materialien zerstörerische Wirkung entfalten.

Selbst in der von BDA und Sachverständigenkommission für Altstadterhaltung (SVK) besonders betreuten Altstadt werden Nachkriegsbauten mit Kunststofffenstern saniert, die hier eigentlich tabu sein sollten. Das großstädtisch-elegante Portal des ehemaligen Café Arabia von 1958 in der Schwarzstraße 10 blieb erhalten, obwohl die SVK bereits ein neues Portal positiv begutachtet hatte. Architekt Fritz Lorenz akzeptierte 1995 den Vorschlag einer Renovierung. Der Bauherr sparte Baukosten, Oswald Haerdtls großstädtisches Zeichen der Wiener Moderne bereichert noch heute die Portalkultur, und die SVK schmückt sich damit im Buch „Die bewahrte Schönheit". Ein Umdenken in der Kommission scheint Platz zu greifen. In der Altstadt verschwinden aber auch Hauptwerke der Moderne der Zwischenkriegzeit. Anstelle plakativ-historisierender Anpassung hatte sich Clemens Holzmeister beim Umbau des Kleinen Festspielhauses 1926 kreativ auf die lokale Bautradition bezogen und damit eine Eingliederung in den historischen Kontext erzielt. Wilhelm Holzbauer, der 2001 Umbauprojekte anderer Architekten als „Bombe gegen den denkmalgeschützten Bau" bezeichnet hatte, ließ diesen nach Auftragserhalt selbst abreißen, ohne mit dem Neubau einen adäquaten Beitrag zur aktuellen Baukultur zu leisten. Einen solchen hatte Holzbauer noch 1978 mit der anspruchsvollen Erweiterung der Kaffeefabrik zum ehemaligen Sitz des Residenz Verlags (Gaisbergstraße 6) vorexerziert. Dieser Anbau, der immerhin den Landesarchitekturpreis erhalten hatte, wurde 2009 abgebrochen und durch eine triviale Lösung ersetzt.   Norbert Mayr

Im Flachgau konnte aufgrund der beherrschenden Stellung der Landeshauptstadt kein anderer Ort eine Zentrumsfunktion erlangen. Um die Jahrtausendwende erhielten allerdings mehrere Gemeinden der Region das Stadtrecht (Seekirchen und Neumarkt 2000 sowie Oberndorf 2001). Eine bedeutende Rolle kommt den wirtschaftlich gewichtigen Gemeinden im unmittelbaren Umfeld der Stadt Salzburg zu, wie Wals-Siezenheim – mit fast 12.000 Einwohnern und den umfangreichen Gewerbegebieten proportional die reichste Gemeinde des Landes –, Bergheim und Eugendorf oder – mit etwas anderen Vorzeichen – die südlich der Stadt gelegenen Gemeinden Anif und Grödig. Die Überlegungen, einige der zuletzt genannten Umlandgemeinden der Stadt Salzburg einzugliedern, sind derzeit politisch aussichtslos. Gemeindeübergreifende Planungsinstrumente, auch mit Freilassing jenseits der Staatsgrenze, sind entweder nicht existent oder das Papier nicht wert, auf dem sie stehen.

Der Flachgau ist geprägt durch das Salzburger Becken mit der Salzach, die ab dem Zusammenfluss mit der Saalach auch die Grenze zu Bayern darstellt, durch das höher gelegene hügelige Land des Seengebiets im Norden, die Region um Fuschl- und Wolfgangsee – der Salzburger Anteil am Salzkammergut – sowie die auf bis zu 1800 Meter Seehöhe ansteigende Osterhorn-Region. Kulturgeografisch ist das „flache Land" seit der Zeit der Völkerwanderung besiedeltes Ackerland, für das bis weit ins 20. Jahrhundert die Streifenflurformen typisch waren. Eine Ausnahme bilden die Blockfluren im Bereich des auf das 9. Jahrhundert zurückgehenden Stiftes Michaelbeuern. Wald- und Viehwirtschaft prägen die südlichen und östlichen Regionen, die im 20. Jahrhundert durch einen Sommerfrische-Tourismus im Umfeld der Festspielstadt eine wichtige Einnahmequelle erhalten haben. Die rasante Siedlungsentwicklung der letzten Jahrzehnte hat aber diese alten, bis in die 1950er Jahre kaum veränderten Siedlungsstrukturen dramatisch überformt. Junge Verkehrsverbindungen, insbesondere die A 1, haben auch die Verkehrsströme verlagert und Gemeinden – wie den Markt und Verkehrsknotenpunkt Straßwalchen – tendenziell ins Abseits gerückt. Die enormen wirtschaftlichen und demografischen Veränderungen – der Bezirk Salzburg-Umgebung gehört zu den dynamischsten Regionen in Österreich – haben aber nicht nur siedlungsgeografisch, sondern auch baukulturell zu Umbrüchen geführt. Das Regime der Bezirksarchitekten, die einst über Wohl und Wehe eines Bauwerks und über Dachneigungen entschieden – etwas anderes als Schopfwalm- oder Satteldach kam nicht in Frage –, hat sich relativiert. Umso erfreulicher ist es, wenn in den kleinen, vermeintlich konservativ geprägten Gemeinden im gebirgigen Teil des Flachgaus – wie in Faistenau oder Hintersee, dem Geburtsort Friedrich Kurrents – neue Ideen und Ansätze Platz greifen. rh

Flachgau

Haus O. u. K. 2003

Bergheim – Furtmühlstraße 14

Peter Ebner and friends

Haus E. 2002
Voggenbergstr. 9a
Project A01
architects

Häufig publiziertes
Haus mit kühner
Auskragung über
steil abfallendem
Hanggrundstück

Das eingeschoßige Wohnhaus gliedert sich in zwei parallele, über ein kurzes Passtück miteinander verbundene Bauteile, die einen intimen Patio umschließen. Die privaten Räume wie Kinder- und Elternschlafzimmer liegen im nördlichen Trakt, der über ein Oberlichtband blendfreies Südlicht empfängt. Der zweite, etwas tiefer gelegene Baukörper enthält hingegen mit dem großzügigen Wohnzimmer und der angeschlossenen Wohnküche die Räume mit öffentlichem Charakter. Dieser Trakt ist an der Westseite pultartig aufgeklappt, sodass ein großes Sichtfenster in die Landschaft entsteht.

Die verputzte Fassade wird durch einen rotbraunen, mit Metallpartikeln versehenen Anstrich akzentuiert. Sobald sich die Lichtverhältnisse verändern, reagiert die Fassade: ihre Farbe kann so binnen weniger Augenblicke – etwa bei einem heraufziehenden Gewitter – von einem Orangerot über ein warmes Terrakotta bis hin zu einem metallisch glänzenden Bronzeton wechseln. rh

Erdgeschoß

Haus für Eva und Fritz 2003

Bergheim – Bräumühlweg 5

hobby a.

Das monolithische Wohnhaus mit seiner dunkelbraunen Kunststoff-membrane bezieht seine Wirkung nicht zuletzt aus dem Kontrast mit der gebauten Umgebung: Die benachbarte ehemalige Pappe-fabrik Dietz ist eines der schönsten noch erhaltenen Gewerbe-ensembles in Salzburg. In der weitläufigen, auf das 19. Jahrhundert zurückreichenden Anlage (die Produktion wurde 1972 eingestellt) haben sich heute Unternehmen der Kreativbranche eingemietet; Adaptierungen von hobby a. und anderen. Das trendige Gebäude besitzt eine schlanke Konstruktion, die aus zwölf im Werk vorgefer-tigten Holztafeln besteht. Diese wurden mit dem LKW antranspor-tiert und in wenigen Tagen auf der Baustelle zusammengeschraubt. Danach wurde die Kunststoffhaut unter hohem Zug straff über die abgerundeten Gebäudekanten gespannt. Die Öffnungen für die Fenster schnitt man nachträglich heraus. Gemäß dem ursprüngli-chen Entwurfskonzept könnte man – theoretisch – das ganze Haus zerlegen und an einem anderen Ort wieder zusammenfügen. rh

Haus für D. u. H.
2004
Wehrstr. 44
hobby a.

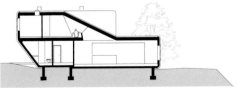

Schnitt

1

3

Überdachung Eislaufplatz 2005

Bergheim – Iselstraße 20

mfgarchitekten

Ausgangspunkt war eine Asphaltfläche am Rande des Bergheimer Freibades, die im Sommer eine Minigolfanlage, im Winter den Eislaufplatz aufnahm. Friedrich Moßhammer und Michael Grobbauer entwickelten mit Tragwerksplaner Johann Riebenbauer das elegante, flexible Holz-Gebilde aus teilweise ausgekreuzten Pendelstützen, acht Binderebenen aus Brettschichtholzträgern und einer aussteifenden Brettsperrholz-Dachplatte. Durch ihre Auskragung ist die tatsächliche Höhe des Dachtragwerks bei einer Querspannweite von 20 Metern kaum wahrnehmbar, während ein Holzlattenrost ihre Untersicht homogen erscheinen lässt. Die schwebende Wirkung des Daches unterstützen die freigespielten Ecken und der minimierte Querschnitt der Holz-Pendelstützen. Diese treten zudem hinter die leichtgängigen, raumhohen Schieberahmen zurück. Diese Sonnenschutz-Elemente und deren blaugraue Bespannung tragen zur vielgestaltigen Flexibilität der Holzstruktur bei. Das Bauwerk erhielt 2006 den Architekturpreis des Landes Salzburg. nm

Wohnanlage Zaunergründe 2006

Oberndorf – Römerweg 1-5/Paracelsusstraße 51

Erich Wagner

Wohnanlage mit betreutem Wohnen und Läden. An den Rändern der jungen Stadtgemeinde Oberndorf, wo das Billige und das Flüchtige Orte der Begegnungslosigkeit hervorbringen, wirkt die Wohnanlage, in der auch betreute Wohnungen für Menschen mit Behinderungen der Lebenshilfe Salzburg untergebracht sind, sozial und räumlich als ein ordnendes Implantat.

Die in drei Häuser gegliederte winkelförmige Anlage bildet einen Schirm, der als akustische, aber auch als visuelle Barriere zur Salzburger Straße gespannt ist. Das viergeschoßige Mittelstück, das auf einer Ladenzeile aufsitzt, teilt sich wiederum in drei L-förmige Baukörper, die ihren Rücken der Straßenseite zukehren. Hier liegen die Nebenräume, während sich an den geschützten Innenseiten den Aufenthaltsräumen zugeordnete Freiflächen in Form von Balkons und Loggien befinden. Äußerst irritierend sind die wahllos angebrachten Werbeträger der Geschäftslokale und das gestalterisch unbewältigte Stakkato aus Sonnenkollektoren auf den Dachflächen. rh

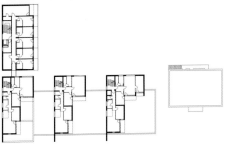

2. Obergeschoß

Seniorenwohnhaus St. Nikolaus 2003

Oberndorf – Paracelsusstraße 18

Wolfgang Schwarzenbacher

Auf dem Grundstück des bestehenden Seniorenheims entstand um einen Hof mit Sitzbereichen, Wiesen und Biotop dieses neue Haus. Man betritt es über die kurze, zur Paracelsusstraße anliegende Stirnseite, die als markantes Element eine in die gestülpte Lärchenholzschalung eingelassene gläserne Ecke besitzt. Ans Foyer schließen sich die auf den Patio blickenden Gemeinschaftsbereiche an, die Bewohnern und Besuchern einen selbstverständlichen Weg vorgeben. Die vertikale Orientierung folgt einem im positiven Sinn ebenso leicht durchschaubaren Schema: Eine Treppe, deren Auge über eine Schrägverglasung natürlich belichtet ist, verbindet die drei Gebäudeebenen. Die begleitende Sichtbetonwand bemalte Stephen Matthewson mit Motiven, die Himmel und Erde symbolisieren. Im Nordosten des 1. Obergeschoßes betritt man über eine Holztür einen durch seine Zweigeschoßigkeit ausgezeichneten Raum, die Kapelle, die ihre sakrale Stimmung über das durch die Eckverglasung hereinströmende Licht empfängt. rh

1. Obergeschoß

Galerie und Stadthalle 2002

Oberndorf – Joseph-Mohr-Straße 2,4

architekten mayer + seidl

Die erst im Jahr 2001 zur Stadt erhobene Gemeinde Oberndorf hat mit der Errichtung dieses Gebäudekomplexes das Privileg des Stadtrechts baulich manifestiert. Die sogenannte Galerie Oberndorf – ein Gemeinde- und Geschäftszentrum – bildet zusammen mit der multifunktionalen Stadthalle ein wichtiges Bindeglied zu dem im Osten des Areals gelegenen Schulzentrum und verknüpft dieses über eine Art lange Gasse, an der sich links und rechts die Gebäudezeilen befinden, mit der Ortsmitte. Die Architektur ist sachlich, einige wenige farbliche Akzente rhythmisieren den Bau. Angesichts des werblichen Überflusses, mit dem die zahlreichen Geschäfte locken, war diese Zurückhaltung auch mehr als erforderlich. Eine Schlüsselstellung innerhalb des Gesamtkomplexes nimmt die Stadthalle ein, die als Sport- und Veranstaltungszentrum dient. Sie liegt ein Geschoß unter dem umgebenden Niveau, wobei ihre erdgeschoßig angeordneten Zuschauergalerien nach allen vier Seiten mit großen Glasflächen zur Umgebung geöffnet sind. rh

Sonderpädagogisches Zentrum
1996
Joseph-Mohr-Str. 9
Karl Gangl

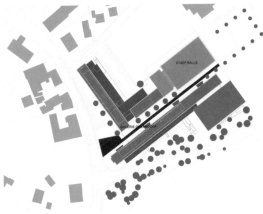

Lageplan

Wohnanlage Les Palétuviers 6 1981

Bürmoos – Georg-Rendl-Weg 26,28

Fritz Matzinger

Les Palétuviers (französisch: Bäume mit Luftwurzeln) verkörpert einen Typus gemeinschaftlichen Wohnens, den Fritz Matzinger seit den 1970er Jahren verficht. Die Wohnanlage in Bürmoos orientiert sich auf Wunsch der Initiatoren an einem Vorgängerbau Matzingers in Graz-Raaba. Nach zwei Jahren Grundstückssuche wurde der Standort im nördlichen Flachgau gewählt – in der Stadt Salzburg fand man kein für Jungfamilien leistbares Grundstück. Vor allem die städtisch geprägten Interessenten verabschiedeten sich von diesem Projekt, einige fanden sich in der Baugruppe für die Atriumhäuser in Hallein-Rif wieder, die drei Jahre später entstanden.

Um zwei typische Gemeinschaftsatrien, die Dächer mit elektrisch verschiebbaren Plexiglaskuppeln besitzen, sind je acht Wohneinheiten angeordnet. Aufgrund baulicher Mängel mussten die beiden Hausgruppen saniert werden. Während sie in der Struktur intakt sind, entsprechen sie nur mehr teilweise dem ursprünglichen Erscheinungsbild. rh

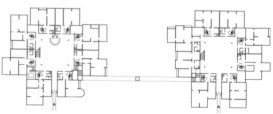

Erdgeschoß

Seniorenwohnhaus 2007

Bürmoos – Karl-Zillner-Platz 16

Architekten Schinharl, Höss und Amberg

Dieses Seniorenwohnhaus firmiert im Kontext der Gemeinde als ein Bau, der die soziale Ausgewogenheit im Ort charakterisiert. Es liegt an einer städtebaulichen Achse mit dem Gemeindeamt, der Feuerwehr, der katholischen respektive der evangelischen Kirche und der Volksschule. Als jüngstes der genannten Gebäude ist es jenes, das die Ältesten der Gemeinde beherbergt und sie durch die Lage im Ortsplan integriert; leicht kann man den Besuch im Altenheim mit den täglichen Besorgungen verbinden.

Der dreigeschoßige Mauerwerksbau wird von einem Platz auf der Nordseite erschlossen. Ein in Lärchenholz-Trapezschalung gehüllter Baukörper empfängt den Besucher. Er enthält im Erdgeschoß Gemeinschaftsräume und bündelt die Vertikalerschließung des pavillonartig strukturierten Seniorenheims. Von hier gelangt man zu den beiden Wohntrakten, deren Erschließungszonen zu weiten, geschoßübergreifenden hellen Höfen aufgeweitet sind. rh

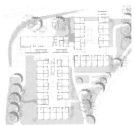

Erdgeschoß

Zentrale Halle

Gemeindezentrum 1998

Bürmoos – Ignaz-Glaser-Straße 59

Fritz Lorenz

Die weitläufigen Moorflächen von Bürmoos, der jüngsten Gemeinde des Landes Salzburg, waren bis ins 19. Jahrhundert nahezu unbesiedelt. Erst 1967 entstand aus Teilen der Nachbargemeinden St. Georgen und Lamprechtshausen der neue Ort. 1991 veranstaltete die Gemeinde Bürmoos anlässlich ihres bevorstehenden 25-jährigen Bestehens einen großen Wettbewerb für den Bau eines Gemeindezentrums, bei dem auch die Perspektiven der Ortsentwicklung mitbedacht werden sollten. Umgesetzt wurde letztlich das, worum es von Anfang an ging: das Gemeindeamt samt Veranstaltungssaal. Die großen Ortsentwicklungsutopien legte man auf Eis.

Das winkelförmige Gebäude ist von der Straße zurückgesetzt, sodass ein Vorplatz entsteht, der durch die Erschließungsbereiche im Gebäudeinneren, die hinter der verglasten Fassade liegen, optisch erweitert wird. Betritt man das Haus, liegt rechterhand – über zwei Geschoße – das Gemeindeamt mit dem Empfang. Die mit einem Sheddach gedeckte Veranstaltungshalle, eine Referenz an die Industriegeschichte des Orts, blickt mit dem Foyer direkt auf den Platz. Der gestalterische Tonus ist kühl, atmet das silbrige, fast nordische Licht, das sich in der humiden Atmosphäre der an Gewässern reichen ehemaligen Torfstechergemeinde vielfach bricht.

Die Spuren der Industriekultur, deren Basis die Torfgewinnung war, sind heute weitgehend verschwunden. Die Erinnerung daran bewahrt das Werk des Schriftstellers und Malers Georg Reindl. Seine Romantrilogie *Menschen im Moor*, *Die Glasbläser* und *Gespenst aus Stahl* erschien zwischen 1935-38 und gehört zu den wichtigsten Zeugnissen einer sozialkritischen Literatur in Salzburg. rh

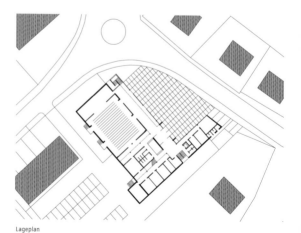

Lageplan

Foyer

Wohnanlage Roter Laubfrosch 1997

Bürmoos – Hödlwaldgasse 11/Feldbahnweg 23

SPLITTERWERK

Katholische Filial-
kirche Hl. Nikolaus
1986
Erweiterung und
Restaurierung
St. Georgen–
Holzhausen
Nikolausweg 5
Cl. Holzmeister,
Peter Schuh

Im Jahr 1993 initiierte der damalige Ortsplaner der Gemeinde Bürmoos, Architekt Ferdinand Aichhorn, einen geladenen Wettbewerb, der den Nachweis erbringen sollte, dass das an der Grünlandgrenze gelegene Hanggrundstück für eine Wohnbebauung geeignet ist. Das damals noch völlig unbekannte Architektenkollektiv löste diese Aufgabe in bestechender Manier. Ihr Entwurf nimmt das Gefälle des Geländes auf und setzt sich, ohne grobe Eingriffe ins Gelände zu verursachen, sanft auf den Rücken des Abhangs. Das Konzept ist mutig, forsch und zurückhaltend zugleich, weil es einerseits seine Präsenz als Bauwerk nie verleugnet, andererseits sich der topografischen Gegebenheit des Orts konsequent unterwirft.

In einer einzigen kompakten Zeile sind zwölf Wohnungen untergebracht, die alle konsequent nach Süden orientiert sind. An der Nordseite liegt ein mit einer Schrägverglasung gedeckter Weg, von dem aus die Wohnungen erschlossen werden. An dieser durch Treppen, Rampen und Zugangspodeste äußerst lebendig gestalteten internen Gasse liegen kleine, den Wohnungen zugeordnete Holzboxen, die den Bewohnern als Lagerräumlichkeiten dienen. Mit der aus Sichtbeton ausgeführten Wand wird der Pfad nach Norden abgeschlossen. Der mit silberstämmigen Buchen durchsetzte Wald an der Südseite bildet das ergänzende Gegenüber des Wohnhauses mit seiner in einem kräftigen Rot lasierten Holzverschalung. Die großen Verglasungen sichern, dass man in den Wohnungen, die teilweise als Maisonetten ausgebildet sind, zu allen Jahreszeiten intensiv am Wandel der Natur teilhat. rh

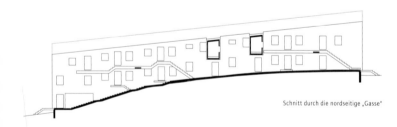

Schnitt durch die nordseitige „Gasse"

Durchblick „Gasse"

Südansicht

Haus N., Innenumbau 1993

Mattsee – Augstraße 20

Lois Weinberger

Direkt am Ufer des Mattsees baute in den 1960er Jahren ein Baumeister das Doppelhaus. Eine Haushälfte erhielt durch Anregungen des Wiener Architekten Franz Kiener einen attraktiven Wohnraum, die zweite besaß rustikale Einbauten. Diese entfernte Lois Weinberger 1993 für Eveline und Josef Neuhauser, legte den Wohnraum frei bzw. höhlte ihn aus, indem er die Holzgalerie, die Schindeln am offenen Kamin und die Holzverschalung an der Decke abnahm bzw. verputzte. Der mit den Sammlern zeitgenössischer Kunst befreundete Künstler setzte direkt unter die Decke ein ca. zwei Meter hohes „Glashaus". Es ist zudem Beleuchtungskörper und differenziert den Raum angenehm in der Höhe. Auch die sechs Marmorguss-Beine des Tisches – als Vorlage diente das Fundstück eines Buchenasts mit Zunderschwammbefall – gestaltete Weinberger. Mit der Flex gravierte er in den marmornen Flurboden und ließ aus der Mauerecke geschliffene und polierte Hirschgeweihe „wachsen". nm

Doppelhaus S/P am Obertrumer See 1987

Obertrum – Feichten 5,6

Fritz Lorenz

Das Doppelhaus für zwei befreundete Bauherrn hatte sich an der Kubatur des Vorgängerbaus im Grünland zu orientieren. Der Bauplatz fällt nach Westen zum Obertrumer See steil ab. Fritz Lorenz nutzte diesen Geländeverlauf und betonte ihn durch Querstellung der beiden Häuser. An der Straßenseite schirmt eine Sichtbetonmauer das niedrig erscheinende Ensemble ab, seeseitig verzahnen sich die beiden Baukörper mit dem Landschaftsraum, während die Terrassen zum Gelände vermitteln. Ein Glasband als Zäsur zu den langgezogenen Satteldächern, große Öffnungen und Bullaugen ermöglichen verschiedene Sichtbezüge zum See. Das in Holzskelettbauweise errichtete Doppelhaus erhielt 1988 den 8. Internationalen Architekturpreis, der vom Kulturkommissariat der Europäischen Gemeinschaft ausgelobt wurde. nm

Altenwohnheim
Jakobushaus 1998
Hauptstr. 2a
Klaus Franzmair

Feuerwehr und Gemeindehaus 2000
Obertrum 1
Kaschl-Mühlfellner

Firma Raps 2003
Kundenräume
Handelsstr. 10
LP architektur

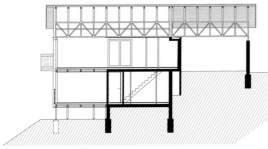

Längsschnitt

Seniorenwohnhaus St. Rupert 1996

Straßwalchen – Mondseer Straße 16

W. Schwarzenbacher m. M. Pernthaler, R. Tinchon

Anbau Haus Dr. L.
2006
Stadlberg 18
Hubertus Mayr

Wohnanlage 2009
Josef-Weinheber-
Str. 10-14
Hannes Prüll

Haus W. 2009
Schmiedg. 5
thalmeier felber
architekten

Mit einem zweistufigen (städtebaulichen und einem darauf aufbau-
enden baukünstlerischen) Wettbewerbsverfahren hat die Marktgemeinde Straßwalchen 1993 einen zukunftsorientierten Weg ein-
geschlagen, ein neues, die Ortsmitte entlastendes Subzentrum zu
schaffen. Der auf dem Wettbewerbsprojekt fußende Masterplan
diente in der Folge als Grundlage für den in Etappen realisierten Komplex, bestehend aus Seniorenwohnheim, Pflegezentrum,
Hauptschule mit Sporthalle (s. Nr. 1.14) sowie einem Büro- und Geschäftshaus. Dem Engagement der Architekten ist es zu verdanken,
dass über diese weitblickende Entscheidung hinaus die architektonische Umsetzung nicht nur auf einem hohen Niveau, sondern
auch mit einem zukunftsweisenden Energiekonzept erfolgte, zu
einer Zeit, als die Klimadebatte noch nicht in aller Munde war. Das
Seniorenwohnheim selbst verfügt über 64 Betten, dazu sind sieben
Seniorenwohnungen auch über einen eigenen Zugang erreichbar.
An den Betrieb angeschlossen sind überdies ein Sozialzentrum mit
Mutterberatung und eine Einrichtung für Physio- und Ergotherapie.
Die konvexe, rund 130 Meter lange dreigeschoßige Südfassade verleiht dem Gebäude ein kompaktes Äußeres. Durch die Krümmung
werden nicht nur die internen Wege verkürzt, die Großform bleibt
auch nie zur Gänze überschaubar. Die beträchtliche Dimension des
Gebäudes wird so geschickt verborgen. Hinter der äußeren Schicht
aus mobilen Glaselementen befinden sich witterungsgeschützte, jeweils zwei Zimmern zugeordnete Loggien, die durch massive Wandflächen voneinander getrennt sind. Dieser Aufbau ist unmittelbarer
Ausdruck des Energiekonzepts, das den passiven Wärmeeintrag
nutzt und in den massiven Teilen – sie enthalten die Nasszellen –
speichert. Das Gebäude erhielt für dieses innovative Konzept bereits 1998 den Österreichischen Solarpreis. rh

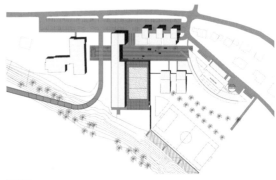

Lageplan

o.: Haupteingang, u.: Zentrale Halle

Ökohauptschule 2001 **Dreifachsporthalle** 2002

Straßwalchen – Aichbergstraße 1

Wolfgang Schwarzenbacher

Sportanlage
Finsterloch 2011
Magazinstr.
thalmeier felber
architekten

Nach dem 1993 fertiggestellten Seniorenwohnhaus entstand als zweite Bauetappe des neuen Subzentrums (s. Nr. 1.13) die Ökohauptschule mit der angegliederten Dreifachsporthalle. Die Verknüpfung mehrerer kommunaler Einrichtungen führt für sich genommen bereits zu einer ökonomisch vorteilhaften Bilanz. Darüber hinaus ist die Schule mit insgesamt 16 Stammklassen und fünf Gruppenräumen als Haus der Zukunft konzipiert, das selbst ein Lehrmittel darstellt und die Schüler mit dem Thema Energieeffizienz in Gebäuden vertraut macht. In den Obergeschoßen mit den Unterrichtsräumen wurde eine hinterlüftete, doppelschalige Klimahülle realisiert, die Südfassade ist mit Photovoltaik-Paneelen verkleidet.

Die Verschränkung von Schule und Sporthalle in einem kompakten Entwurf erzielt eine wirtschaftliche Gesamtlösung. Durch die Absenkung und Einbindung in die Hangsituation wird das große Volumen der Dreifachturnhalle maßstäblich in die Gesamtbebauung eingefügt, die natürliche Belichtung erfolgt dreiseitig und über Oberlichter im räumlichen Holzfachwerk der Deckenkonstruktion. Sie verfügt über ausziehbare Tribünen, die u. a. bei größeren Sportveranstaltungen Verwendung finden.

Die städtebauliche Integration, die sich im räumlichen Bezug zum Altenwohnheim, zu den verbindenden Elementen der Platzanlage und zu den Freisportflächen äußert, führte auch dazu, dass die innovative Gestaltung trotz anfänglicher Skepsis, die aus Teilen der Bevölkerung kam, heute vorbehaltlose Zustimmung findet. Beobachten kann man das an Tagen, wenn der örtliche Judoverein mit seinen Assen – darunter Weltmeister und Olympioniken – zu Wettkämpfen antritt. Dann „brummt's" in der bis auf den letzten Platz gefüllten Halle. rh

o.: Vorplatz, u.: Südfassade mit Photovoltaik

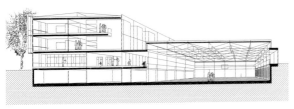

Schnittperspektive

Seniorenhaus St. Nikolaus 2001

Neumarkt am Wallersee – Sparkassenweg 11

kadawittfeldarchitektur

Das kompakt gehaltene, nur zweigeschoßige Siegerprojekt des Wettbewerbs 1998 für ein gemeinsames Seniorenwohnhaus der Wallersee-Gemeinden Neumarkt und Henndorf konnte die Dimension des Ortes wahren und im Osten einen attraktiven Freiraum sichern. Dies gelang den Architekten trotz beengtem Bauplatz und beachtlichem Raumprogramm von 55 Zimmern. Vier eng gesetzte Riegel unterschiedlicher Länge bilden die Grundfigur mit zwei offenen Hofbildungen und einem Atrium. Letzteres mutierte nach dem Wettbewerb zur überdachten, zentralen Erschließungshalle und grünen Oase. Das Innenleben ist entlang zweier linearer Wohnstraßen organisiert. Verglaste Sitzerker bieten starke Außenraumbezüge für die ost- oder westseitig orientierten Wohneinheiten. Die Grenze zwischen innen und außen wird mehrfach aufgehoben. Die Außenverkleidung mit Holzlatten setzt sich im Inneren des Stahlbetonbaus fort. nm

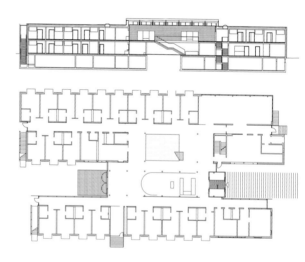

Längsschnitt und Erdgeschoß

Zentrale Halle

Wallerseehalle 2006

Henndorf – Fenning 104

kofler architects

Selten gibt es einen Nachteil, der nicht auch als Vorteil gewertet werden könnte: Die Lage der multifunktionalen Halle, weit ab vom Ortszentrum, nötigt die Besucher zur Anfahrt mit dem Automobil – sicherlich kein Trumpf des schicken Neubaus. Dass es im Bereich des Sportplatzes dafür auch mal so richtig laut werden kann, ohne dass man darob viel Aufhebens macht, spricht wieder für die Wahl des Bauplatzes.

Die Halle selbst ist eigentlich nur ein großer Hohlraum, der auf zwei Ebenen mit einem Kranz aus Erschließungsflächen und Foyers umgürtet ist. Eine natürliche Geländestufe – das Spielfeld liegt um vier Meter höher als die Zugangsebene – ermöglicht über die Terrasse des Obergeschoßes einen fließenden Übergang in die Landschaft. Das dem Veranstaltungssaal vorgelagerte Foyer mit seinem charakteristischen Holzrahmen öffnet sich über raumhohe Verglasungen Richtung Westen und bietet den Besuchern in den Veranstaltungspausen großzügige Ausblicke in die Landschaft. rh

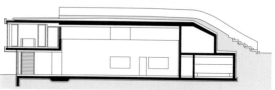

Querschnitt

Bax Box 2009

Seekirchen – Kapellerweg 17

Michael Strobl

An den Ufern der Fischach in Seekirchen befinden sich kleine Refugien, die man zum Teil nur mit dem Ruderboot erreichen kann; der Flusslauf erinnert an die brackigen, von Schilf gesäumten Gewässer Venetiens. Kleine Häuser und Hütten, die dem Gerinne zugewandt sind, stehen auf in den Schlamm gerammten Holzbohlen. Das anstelle eines Vorgängerbaus errichtete Häuschen bietet auf minimaler Fläche eine voll funktionsfähige Kleinstwohnung an, die sogar wintertauglich ist. Die mit Bambusrohren verkleidete Box hat einen erdgeschoßigen Wohnraum. Über eine steile Samba-Treppe werden die Schlafkojen im Obergeschoß und die Dachterrasse erschlossen; am astreinen Raumplan-Konzept hätte Adolf Loos seine helle Freude. Als Bax Box bezeichnet man auf Schiffen eine Kiste, in der man nach Bedarf alles, was sich so an Deck befindet, rasch verstauen kann. Ganz so räumt man nach einem entspannten Wochenende sämtliche Utensilien hier in die Box, schließt die Tür und hinterlässt einen geordneten Platz. rh

nomadhome 2005
Inselweg 14
hobby a./
Gerold Peham

Schnitt

Haus K. 2004

Seekirchen – Uferstraße 68

Franz Grömer

Wohnanlage 1998
Hechtstr. 67
Erio K. Hofmann

Das sumpfige Terrain des Bauplatzes ist von Entwässerungsgräben durchzogen, die in die nahe Fischach, den Abfluss des Wallersees münden. Parallel zu diesen „Landschaftsfurchen" wurde die Bewegungs- und Erschließungsachse des Hauses gelegt. An diesem inneren Weg wurden zwei sich nicht unmittelbar berührende Baukörper platziert. Deren Differenz ist das zentrale Thema des Entwurfs. Es äußert sich in der Gegensätzlichkeit der verwendeten Materialien – Holz für den südlichen versus Sichtbeton für den nördlichen Bauteil – und setzt sich im halbgeschoßigen Versatz der Bodenniveaus in beiden Trakten fort. Unnötig zu sagen, dass die funktionale Gliederung in private Wohnbereiche und diesen zugeordnete Nebenräume ebenfalls entlang dieser inneren Achse erfolgt. rh

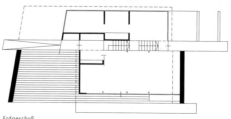

Erdgeschoß

Haus an der Fischach 2003

Seekirchen – Uferstraße 70

Lechner & Lechner

Das in Stahlbauweise errichtete Einfamilienhaus ist eine Variante zu einem – vom Planerduo häufig verwendeten – Atriumhaustyp, bei dem drei Flügel U-förmig einen Hof umschließen. Das Haus G. in Kuchl (s. 7.14) sowie das Dreifamilienhaus in Rif (s. 7.10) referieren denselben Ansatz, bei dem ein Querriegel von zwei im rechten Winkel dazu angeordneten Seitenflügeln ergänzt wird. Das Haus in Seekirchen zeichnet sich dadurch aus, dass es beide Annexe nur im Obergeschoß gibt, welche über mehrere Meter vollkommen frei über dem Erdboden auskragen. Diagonal gespannte Zugbänder sorgen für die Verankerung am Haupttrakt. Es drängt sich das Gefühl auf, dass man den sumpfigen Untergrund der weitgehend im Naturzustand erhaltenen Ufer der Fischach so wenig wie möglich berühren wollte. Im Erdgeschoß sind die Wände des mit einem flachen Dach gedeckten Hauses mit Ausnahme des Zugangsbereichs vollkommen in Glas aufgelöst. Im Obergeschoß wechseln große Glas- und Holzflächen, wobei die hohe Qualität im Detail besticht. rh

Erdgeschoß

Haus W. 2002

Seekirchen – Ulmenweg 1

ebner:grömer

Der Naturschutz-Beauftragte bzw. Bezirksarchitekt der Bezirks-
hauptmannschaft, Franz Ehgartner, lehnte die Einreichung mit
Flachdach ab und verordnete ein Satteldach. So knüpften Johannes
Ebner und Franz Grömer an die Schlichtheit des „Zipf-Stadls" auf
der benachbarten Wiese an. Das Architektenduo umhüllte Fassade und Dach ihrer „Urhütte" einheitlich mit dünnen Lärchenholz-
latten. Der Abstand zwischen den Holzlatten gewährleistet eine
allseitige Luftzirkulation. Die Latten der Schalung sind zur Vermei-
dung von Schwachstellen von hinten verschraubt. Die eigentliche
– nicht sichtbare – Dachhaut besteht aus Alu-Trapezblech. Bündig eingesetzte Fixverglasungen und öffenbare, farbige Elemente unterstreichen die kompakte Hausform. Im Holzriegelbau mit
aussteifenden Diagonalschalungen und schubsteifen Innenwänden
kamen Brettstapeldecken zum Einsatz. Der diffamierend gedachte
Spitzname „Neuer Zipf-Stadl" ist tatsächlich ein Kompliment für die
Unaufgeregtheit des Hauses inmitten der bauwütig-aufdringlichen
Nachbarschaft. nm

Schnitt

Das Gebäude verbindet die Funktionen eines Seniorenwohnhauses und -pflegezentrums für insgesamt 80 BewohnerInnen mit Einrichtungen für Therapie und privaten Arztpraxen. Herz der Anlage ist der zentrale Hof, um den sich die vier Gebäudetrakte zu einem Karree schließen. Die Gemeinschaftsräume – im Erdgeschoß beispielsweise die Caféteria oder die Kapelle, im Obergeschoß die Wohngruppenräume – sind auf diesen Hof orientiert. Sie sind teilweise als Loggien ausgebildet und können bei Bedarf durch mobile Trennwände erweitert und zum Hof geöffnet werden. Durch diese Disposition strömt viel Licht ins Haus, was zu einer freundlichen Stimmung führt. Bemerkenswert ist auch die Wegführung. Indem das Quadrat des Hofs gegenüber der Grundstruktur um einige Grad verschwenkt wird, verjüngen sich die Gänge konisch bzw. weiten sich platzartig auf. Die Fassade des unterkellerten dreigeschoßigen Gebäudes ist mit perforierten Paneelen dekoriert, die an grünende Blätter erinnern sollen. Dieses zeitgebundene Motiv hat architektonisch besehen wohl das rascheste Verfallsdatum. rh

Gemeinde- und Kinderhaus 1994

Seekirchen – Stiftsgasse 1,3/Stadtplatz

Reiner Kaschl – Heide Mühlfellner

Der 1991 von der Gemeinde durchgeführte Wettbewerb enthielt ein enormes Programm: Er verlangte von den Architekten Vorschläge für die Gestaltung der gesamten Ortsdurchfahrt samt Ober- und Untermarkt, die Situierung und Planung eines Kindergartens, eines neues Gemeindehauses sowie die Errichtung eines Geschäfthauses. Wie häufig bei inhaltlich überbordenden Vorhaben gestaltet sich die Umsetzung schwierig, und die anfängliche Euphorie verflüchtigt sich rasch, wenn sich erste Widerstände auftun, die dann zum politischen Schlachtfest in der Gemeindestube führen. Es ist der Ausdauer des Architektenduos zu verdanken, dass letztlich ein im Umfang reduziertes Programm mit dem Gemeindeamt, welches sich seit 2003 stolz Stadtgemeindeamt nennt, und dem Kindergarten als zentrale kommunale Einrichtungen realisiert wurde. Die Umsetzung der Ortsgestaltung erfolgte unter Miteinbeziehung künstlerischer Arbeiten. So schuf Otto Beck ein „Liturgisches Objekt", einen Brunnen in Form eines runden Steintischs, der den Marktplatz ziert. Der dreigruppige Kindergarten besteht aus zwei Trakten, die sich schenkelförmig zur anschließenden Spielwiese mit Blickrichtung zur Kirche öffnen. Im Zwischenraum befindet sich ein zweigeschoßiger gedeckter Hof, auf den die drei als Haus im Haus konzipierten, in Holzleimbauweise ausgeführten „Kinderhäuser" orientiert sind. Das in Massivbauweise errichtete „Erwachsenenhaus" enthält die Küche, ein Büro der Leiterin und einen Aufenthaltsraum. Während sich der Kindergarten entlang einer Längsachse entwickelt, wird beim Gemeindeamt das Thema des Innenhofs um einen quadratischen, mit einem Glasdach gedeckten Raum zelebriert. Diese zentrale Erschließungs- und Verteilerebene, auf die alle Räume orientiert sind, erreicht man vom Vorplatz über ein Portal mit eingestellten Pfeilern. Der strenge, aus dem Grundrissquadrat heraus entwickelte symmetrische Aufbau des Hauses wird über die Treppenläufe ins Obergeschoß, über Räume, Türen und sonstige aufeinander antwortende Elemente durchexerziert. rh

Gemeindehaus

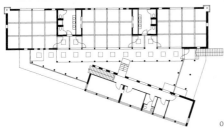

Obergeschoß Kinderhaus

Volksbank Seekirchen 1979

Seekirchen – Hauptstraße 323

Gerhard Zobl

Tischlerei Stockinger
2002
Wies 11
cp architektur:
Neubau eines Ausstellungsgebäudes
für Fenstertechnik

Offenes Kulturhaus
EmailWERK 2005
A.-Windhager-Str. 7
2plus architekten

Das schnörkellose Bankgebäude ist ein exzellentes Beispiel für die fortschrittliche (Architektur-)Gesinnung der 1970er Jahre, bevor die Regionalismusdebatte Platz griff, die in den intellektuellen Niederungen des flachen Landes zum doktrinären Ortsbildkitsch führte.

Eine Rahmenkonstruktion aus Pfeilern und horizontalen Balken bildet eine Art Regal, in das die Funktionsbereiche eingeschoben werden. Sechs dünne, nur 30 cm starke Stahlbetonpfeiler mit einem Achsabstand von 5,50 Metern bilden über die drei Geschoße an den Längsseiten insgesamt 15 Felder. An der Südostecke des Gebäudes springt die Wand zurück und schafft so den Eingangsbereich. Zobl zeigt, dass für die Einfügung ins Ortsbild nicht Formalismus, sondern die präzise Situierung und der Maßstab entscheidend sind: Der Bau überschreitet nie die Firstlinien der umgebenden Bauten. Details wie die grün gestrichenen Blumentröge und die Innenausstattung erreichen nicht das Niveau der baulichen Struktur. rh

Erdgeschoß

Haus G. 2005

Elixhausen – Tiefenbachstraße 30

Reiner Kaschl – Heide Mühlfellner

Der Neubau für ein landwirtschaftliches Anwesen liegt auf einem zwei Hektar großen Grundstück in südlicher Hanglage mit einem fantastischen Ausblick ins Gebirge. Wohnhaus, Nebengebäude und ein Stall für 18 Mutterkühe gruppieren sich um einen quadratischen, windgeschützten Innenhof. Der anfänglich mit Flachdächern geplante Gebäudekomplex erhielt schließlich nach innen geneigte Pultdächer, weil man eine negativ behaftete Flachdachdiskussion vermeiden wollte. Der Laufstall und die Remise samt Heulager wurden ostseitig dem natürlichen Gelände entsprechend tiefer gesetzt. Die Decke über dem Erdgeschoß des nach Süden orientierten Wohntrakts ruht wie eine Tischplatte auf innen liegenden Pfeilern, was eine großzügige Verglasung der Wand samt umlaufendem Oberlichtband ermöglichte. Die von Willi Scherübl zeitgemäß interpretierte Schablonenmalerei im Wohnbereich verleiht dem erklärten Ziel des Entwurfs, Modernes und Herkömmliches miteinander zu verbinden, eine künstlerische Dimension. rh

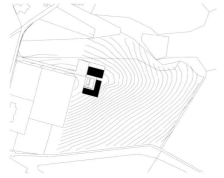

Lageplan

Haus B. 2010

Hallwang – Döbringstraße 22

Peter Ebner and friends

Der charakteristische Einhof des Salzburger Voralpenlandes besteht stets aus einem zentralen Wohn- und Wirtschaftsgebäude, das samt subsidiären Bauten ein lockeres, aber in sich stimmiges Ensemble bildet. So ist die Situierung des Backofens so gewählt, dass der Weg nicht zu weit, aber die Distanz doch so groß ist, dass Funkenflug auf die benachbarten Gebäude möglichst ausgeschlossen ist. Der Hof wächst durch simple Addition von Bauteilen oder ganzen Gebäuden. Das Haus B. mit seinen drei kristallinen, unterirdisch miteinander verbunden, um einen Innenhof gruppierten Objekten reflektiert eine solche Struktur mit den architektonischen Mitteln der Gegenwart. Jedem Baukörper ist eine primäre Funktion zugeordnet: Kinder, Eltern, Büro. Dass sich der Entwurf mit seinen fließenden, dynamischen Raumbeziehungen als innovative Paraphrase auf Josef Franks Prinzip „Das Haus als Weg und Platz" liest, ist angesichts der Herkunft der Planer kein Zufall.

Überraschender ist vielleicht, dass die komplexe Anlage vom Bauherrn, der hier samt Familie, Installateurbetrieb und Büro einzieht, in echter Häuslbauer-Manier in Ziegelbauweise selbst errichtet wird. Die Architekten haben ihn bei der Umsetzung ihres schnörkellosen Plans lediglich durch regelmäßige Baustellenbesuche instruiert. Der eingangs beschriebene wachsende Hof ist hier ein erklärtes Ziel. Der wirtschaftliche Erfolg wird sich zeigen, wenn das Haus in ein paar Jahren noch um den einen oder anderen Zubau ergänzt wurde. rh

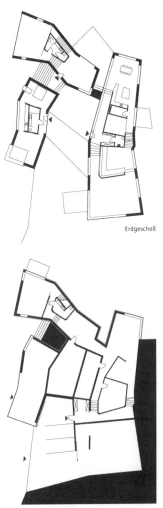

Erdgeschoß

Untergeschoß

55

Passivhaus oh123 2002

Thalgau – Sportplatzstraße 40-44

sps-architekten

Ehem. Haus L. 1975
Hof, Riedlstr. 5
Traude/Wolfgang
Windbrechtinger

Trotz kleiner Pla-
nungsänderungen,
die Windbrechtinger
nicht mitragen woll-
te, für die 1970er
etwas Besonderes

Wohnhaus B. 1998
Thalgauberg 131
Plan B Architekten,
Günther Bacher

Ortszentrum Thalgau
Zentrum erleben
seit 2006
one room

Am südwestlichen Ortsrand der Marktgemeinde Thalgau befindet sich als Abschluss einer Kleinsiedlung das Wohnhaus mit drei Einheiten in Passivhausstandard. Es paraphrasiert einen Typus, den Christine und Horst Lechner 1999 in Hallein-Rif geschaffen haben: Zwei flankierende zweigeschoßige Baukörper werden durch einen darauf aufgesetzten Trakt brückenartig miteinander verbunden. In der Fassade dieses Querriegels wurden thermische Kollektoren integriert, welche die gesamte Anlage mit Warmwasser versorgen. Ihre glatte, technoide Oberfläche steht allerdings im Widerspruch zu den rustikalen Lärchenholzschindeln der Untergeschoße. Die Innenwände des Holzskelettbaus mit Massivholzdecken sind mit einem Lehmputz versehen, der für ein optimales Raumklima sorgt. Eine Regenwasserzisterne und einige andere Aspekte ergänzen dieses Ökohaus, mit dem es trotz großer Widerstände gelungen ist, verdichtetes Bauen in einer vom Einfamilienhaus geprägten Gegend durchzusetzen. rh

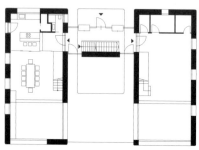

Erdgeschoß

kadawittfeldarchitektur

Kindergarten und Seniorenhaus nicht nur in unmittelbarer Nachbarschaft, sondern sogar mit einem gemeinsam genutzten Speisesaal funktionell zu verbinden: das ist mehr als nur ein Lippenbekenntnis für generationenübergreifendes Zusammenleben. Im Kindergarten sind die nach Süden orientierten Gruppenräume entlang einer internen Spielstraße angeordnet. Seine Südseite ist, unter einem schattenspendenden Vordach, vollkommen transparent, im Norden ist er über eine Spange mit dem Altenheim verbunden. Das dreigeschoßige Seniorenhaus gruppiert sich um einen offenen Hof. Dabei werden zwei an den Stirnseiten aneinandergekoppelte längliche Baukörper brückenartig miteinander verbunden, sodass ein interner Hofumgang entsteht. Im Grundriss ist der Typus mit dem von denselben Architekten in der Flachgauer Gemeinde Neumarkt (s. 1.15) konzipierten Altenheim verwandt. Senkrechte Holzlamellen bestimmen das äußere Fassadenbild, die dem Hof zugekehrten Flächen sind durchgehend verglast, sodass die als Aufenthaltsräume ausgebildeten Gänge hervorragend belichtet sind. rh

Haus L. 2004
Koppl, Mettigweg 20
Wolfgang Weissenberger

Haus S. 2006
Koppl
Nocksteinstr. 50
Architekten Resmann & Schindlmeier

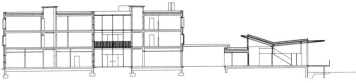

Schnitt

Bürohaus ZOOOM 2003, 2009

Fuschl – Felderstraße 12

MACK architects

Mark Mack, seit Jahrzehnten in Kalifornien zu Hause, ist wie der berühmte Actionfilm-Held und Governor des Sunshine State ein steirischer Export. Sein für die Westküste entwickeltes „Easy Living" hat er hier gleichsam in die alte Heimat exportiert. Überraschend ist, wie flexibel Mack reagiert und mit welch gestalterischer Sicherheit er Elemente der Umgebung aufnimmt, ohne jemals auf kalkulierte Angepasstheit zu setzen. Wurde der erste, 2003 realisierte Bauteil mit vorgefertigten Holzpaneelen errichtet, trägt der Erweiterungsbau für die erfolgreiche Agentur des Bauherrn mutig eine mit Cortenstahl verkleidete Oberfläche. Doppelgeschoßige, loftartige Räume mit vertikalen Verknüpfungen kennzeichnen den inneren Raumfluss. Mit markanten dreiecksförmigen Pultdachflächen fügt sich das „ZOOOM", das Lokalkolorit mit Modernem mühelos vereint, ins Gefüge der Tourismusgemeinde Fuschl ein. rh

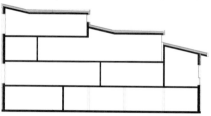

Schnitt, Bauteil 2

St. Gilgen – Dr.-Fritz-Rihl-Weg 2

Karl Thalmeier

Das Projekt für dieses ganz und gar unspektakuläre Altenheim stand nach dem 1991 durchgeführten Wettbewerb lange Zeit auf der Kippe, weil sich eine Bürgerinitiative gegen das ihrer Meinung nach zu groß dimensionierte Bauwerk formiert hatte. Dabei hatte die Jury – unter dem Vorsitz von Johannes Spalt – gerade die „einfache, überzeugende Baukörperdisposition" positiv vermerkt, die gegen Süden in einer leichten Kurve auf einen Bachlauf orientiert ist. Jedes der drei Geschoße bietet eine unterschiedliche Außenraumqualität an: Im Erdgeschoß liegt vor den Zimmern eine Terrasse, im 1. Obergeschoß erweitern Erker den Wohnraum, und im 2. Obergeschoß, geschützt unter dem Vordach, liegt wiederum eine durchgehende Balkonzone. Diese für die Salzkammergut-Region so typischen Freiraumelemente geben der gestaffelten Fassade ein lebendiges Gesicht. Etwas abgesetzt vom Seniorentrakt liegt im Osten das Personalwohnhaus. rh

2. Obergeschoß

St. Gilgen International School 2008

St. Gilgen – Ischlerstraße 13

Alexander Eduard Serda

Mozart Haus
Zubau Erschließung,
altes Pflegerhaus
2009
Ischlerstr. 15
BDA, Landeskonser-
vatorat für Salz-
burg, Eva Hody
& Appesbacher
Zimmerei Holzbau

Das aufgrund der Dimension anfänglich in der Gemeinde nicht un-
umstrittene Projekt geht auf eine rein private Initiative zurück. Die
Integration der Schule ins Ortsgefüge – sie liegt in einem äußerst
sensiblen Bereich – sollte dabei die Aufteilung der Baumassen auf
mehrere Gebäude gewährleisten. Die insgesamt fünf Neubauten
sind wie die Klötzchen beim Monopoly aleatorisch aufeinander bezogen und über Brücken miteinander verbunden. Sie nehmen die
fünf verschiedenen Fachbereiche (Mathematik, Naturwissenschaf-
ten, Geisteswissenschaften, Sprachen, Kunst) auf, ohne dass sich
das am einförmigen Äußeren ablesen lässt. Die mit Satteldächern
gedeckten und mit Holzschindeln verkleideten Häuser setzen auf
das Vertraute und vemeintlich Wertbeständige. Zweifellos konnten mit diesem Konzept die nicht unbeträchtlichen Kubaturen geschickt camoufliert werden. rh

Das Clubhaus, das seine gestalterische Disposition aus der Lackner-Schule bezieht, ist dem Element Wasser verpflichtet. Das Gebäude befindet sich nicht nur direkt am Wolfgangsee, sondern auch im Mündungsbereich eines Wildbaches, der das Gelände regelmäßig überflutet. Was lag also näher als die Errichtung eines Pfahlbaus, der nur an wenigen Punkten den Erdboden berührt. Der so entstandene offene Erdgeschoßbereich wird als Depot für die schnittigen, bis 16 Meter langen Rennruderboote genutzt. Im Obergeschoß liegen die Clubräume, denen seeseitig eine Terrasse vorgelagert ist. Das in Holzskelett-Bauweise ausgeführte Gebäude ist, ohne das Detail zu vergöttern, konzeptionell konsequent bis zu den in Birkensperrholz getäfelten Wänden und Decken im Innenbereich durchdacht. Dazu gehört ebenso, dass die giebelseitigen Glasflächen den Blick auf den See hinaus lenken, während die belanglosen Umgebungsbauten durch die traufseitigen Walmdachflächen geschickt ausgeblendet werden. rh

Hotel Hollweger
Pavillonbad im
Garten (2000) und
DG-Ausbau auf
altem Bestandsbau
(2008)
Mondseebundesstr. 2
A. Moosgassner

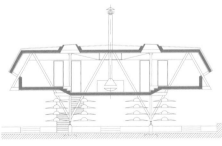

Schnitt

Pfarrkirche St. Konrad 1986

St.Gilgen, Abersee – Seestraße 90

Gernot Kulterer

Hauptschule 1959
Strobl 221
Viktor Hufnagl:
Österreichs erste
Hallenschule wurde
u. a. durch ein
später aufgesetztes
Satteldach entstellt

Pfarrer Georg Hager erreichte die Ausnahmegenehmigung in der roten Zone im ehemaligen Hochwasserflussbett des Zinkenbachs. Der Fußboden der Kirche musste erhöht werden, sodass das Sockelgeschoß in der Geländestufe Platz für Pfarrsaal, -kanzlei, Bücherei und Priesterwohnung mit Stiege zur Sakristei bot. Gernot Kulterer entsprach mit der einfachen Formensprache der Bescheidenheit des Patrons, des Kapuzinermönchs Konrad von Parzham. Bauliche Ergänzungen überhöhen die Kirche gegenüber den stattlichen Aberseer Bauernhäusern mit ihrer ähnlichen Dachneigung. Der Dachreiter über dem Eingang bezieht sich auf den heiligen Konrad, dem Pförtner im Altöttinger St.-Anna–Kloster. Bei großen Besucherzahlen kann die Rückwand zur breiten, überdachten Vorhalle geöffnet werden. Ein eigener Werktagseingang steht an der Südseite zur Verfügung. Der quadratische Altar ermöglicht Messfeiern in Längs- wie in Querrichtung. Der von einer Holzleimbinderkonstruktion bedachte Raum strahlt mit seinen heimischen Hölzern und dem Ziegelboden eine lichte, ruhig-gefasste Atmosphäre aus. nm

Perspektive

Wohnanlage Wohnen am Wolfgangsee 2009

St.Gilgen, Abersee – Bahnstraße 3,5

Ablinger, Vedral & Partner

Der Holzwohnbau mit insgesamt acht Einheiten wurde auf einer bestehenden Struktur aus Stahlbeton errichtet. Sie stammt von einer Baubewilligung, die glücklicherweise erst zum Teil konsumiert war, sodass darüber die zweigeschoßige Holzstruktur aufgesetzt werden konnte. Der Inhaber der ausführenden Zimmerei Appesbacher – sie liegt dem Bauplatz gegenüber –, ist zusammen mit einem Partner Bauherr der Anlage. Das junge selbstbewusste Team des Betriebs hat sich mit zukunftsweisenden Holzbauten profiliert, worauf auch der Kontakt mit den Architekten zurückgeht. Der aufgeräumte Wohnbau besitzt erdgeschoßige Wohnungen mit Gartenzugang. Die Wohnungen im Obergeschoß sind über eine außen liegende Treppe erschlossen und verfügen über begrünte Dachterrassen. Die Anlage ist jedenfalls ein Beispiel dafür, dass der Architektur im ländlichen Raum die Lederhose ausgezogen wurde. rh

Holzbau Appesbacher 2007
Bürozubau
Bahnstr. 2
Ablinger, Vedral
& Partner

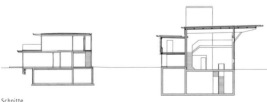

Schnitte

Zinkenbachbrücke 2008

St.Gilgen, Abersee

Kurt Pock, Gerolf Urban, Halm Kaschnig Architekten

HBLA Ried Ferien-
hort 2004
Erweiterung
Ried am Wolfgang-
see
Fritz Genböck

Die überdachte Fußgänger- und Radwegbrücke über den Zinken-
bach auf der Trasse der ehemaligen Ischlerbahn ersetzt eine ältere
Hängebrücke aus den 1960er Jahren. Das 40 Meter lange Fachwerk
aus Lärchen-Brettschichtholz gliedert sich in zehn Felder, die über
Zugdiagonalen aus Stahl aneinandergekoppelt sind. An den Enden
stützt sich der Steg auf zwei einseitig spiegelbildlich angeordnete
L-Pfeiler aus Stahlbeton, welche die angreifenden Horizontalkräfte
über das Widerlager in den Untergrund ableiten. Das Dach ist als
statisch wirksame Scheibe ausgebildet, an die sich die vorgehängte
Fassade aus horizontal angeordneten Lärchenholzlamellen nahtlos
anschließt. Sie schützen das Tragwerk vor Witterungseinflüssen,
wobei Ausrichtung und Abstand der Lamellen einen nahezu unge-
hinderten Ausblick in die Umgebung erlauben. rh

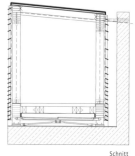

Schnitt

Wals – Sportplatzweg 8

Fritz Lorenz, Christian Schmirl

In der suburban zersiedelten Speckgürtelgemeinde mit der unwirtlichen Einkaufsagglomeration Airportcenter bietet das Sportzentrum einen Lichtblick, allerdings bedrängt von einem dazugeflickten, dauerprovisorischen Bierzelt. Die Anlage des SV Wals-Grünau wurde nach dem Wettbewerb 1993 zügig umgesetzt. Die Architekten entwickelten das Sportzentrum entlang der Hangkante einer ehemaligen Schottergrube. Die Topografie nutzend, ordneten sie linear die Tribüne für 600 Personen und das Clubgebäude als Stahlbeton- bzw. filigrane Stahlstruktur an. Letztere beherbergt unter ihrem Dach zweigeschoßige Holzboxen. Über der Spielfeld-Ebene mit Umkleiden und Toiletten sitzen in dieser „Zuggarnitur" Sportlertreff, Clubraum und die Platzwart-Wohnung als „Führerhaus". Die Architekten planten zudem den viergruppigen Kindergarten (Grünauerstraße 83, 1998) wenige Meter nordwestlich. Auch seine Räume entwickeln sich an dieser Geländekante. nm

Reihenhäuser „Iglu" 1986 Käferheimstr. 60-66 Franz Fonatsch: Mitbestimmungsprojekt mit ökologischem Anspruch

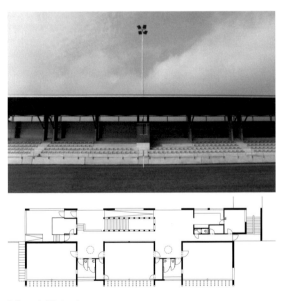

1. Obergeschoß Kindergarten

Hybridhaus Glanegg 1992

Grödig – Pflegerstraße 6

Max Rieder

Das Doppelhaus dient dem Architekten und dessen Bruder samt Familien als Wohnhaus. Letzterer hat im Kellergeschoß des Low-Budget-Hauses auch seinen Tischlereibetrieb eingerichtet. Das Haus besitzt mannigfaltige Bezüge zu den einfachen landwirtschaftlichen Bauten des Leopolskroner Moores, an dessen Nordrand es liegt.

Elf Holzrahmen bilden das konstruktive Gerüst des Hauses, dessen Längswände leicht geneigt sind. Nach Süden entstehen so das Sonnenlicht absorbierende Flächen, die raumhoch verglast sind. Die Aussteifung der Rahmen erfolgt durch V-förmig angeordnete Streben, in die an der Südseite Balkonbalken eingehängt sind. An der Nordseite führt die Schrägstellung der Außenwand dazu, dass ein Vordach als konstruktiver Holzschutz entsteht. Die Struktur der Wohnräume erinnert weniger an die vielzitierten Lofts als an die Einraumbauten archaischer Gesellschaften. Rieder hat hier einen im Holzbau viel zu wenig beachteten Prototypen geschaffen. rh

Wasserkraftwerk Hangenden Stein 1991

Grödig – Königseeache/Ableitung Almkanal

Max Rieder, Konsulent: Wolfgang Peter

Die Anlage ist eine Kombination aus einem Einlaufbauwerk für den Almkanal, der hier von der Königseeache abgeleitet wird, und einem Kleinkraftwerk an der bestehenden Sohlstufe. Für die Energiegewinnung stehen zwei Kaplanturbinen mit einem Jahresarbeitsvolumen von 2,5 GWh zur Verfügung. Der Architekt bezeichnet seinen Bau als eine „organische Energieskulptur", die das Spiel der „Wassermächte und Wasserenergien tektonisch und topographisch zum Ausdruck bringt". Das fischbauchartige, rund 100 Meter lange Staubecken und das liegende Krafthaus mit dem Tonnendach und dem vertikal aufragenden Transformatorturm ergeben ein dramatisches Ensemble. Damit erinnert Rieder nachdrücklich daran, dass Kraftwerksbauten keineswegs auf technische Probleme zu reduzieren sind, sondern wie jede andere Bauaufgabe auch der schöpferischen Gestaltung bedürfen. rh

Gemeindepavillon 1995

Anif – Mischlgutweg 1

Karl Thalmeier

Doppelhaus Lirk
1979
Anif, Mitterbachweg
14,16
Kaschl-Mühlfellner

Ehemaliges Wohn-
haus und Atelier L.

Anif, Fürstenweg 45
(WH), 1986 und 43
(Atelier), 1993
Erich Wagner

Der kleine eingeschoßige Bau war in der konservativ geprägten Gemeinde, die sich vornehmlich als privilegierter Villenstandort am
Rand der Landeshauptstadt versteht, Mitte der 1990er Jahre ein
echter Lichtblick. Thalmeier schiebt unter ein leicht konkaves Pultdach, das auf zarten Stützen aufliegt, zwei Container, die durch
den Eingangsbereich voneinander getrennt sind und Platz für diverse kommunale Einrichtungen bieten, darunter einer Arztordina-
tion, Schulungs- und Veranstaltungsräumlichkeiten sowie für ein
Jugendzentrum. Horizontal geschupptes, weiß lasiertes Holz, Glas-
bänder, die belichten und gleichzeitig unterschiedliche Elemente
säuberlich voneinander trennen, verleihen dem Bau eine skandi-
navische Anmutung; sogar die silbrigweißen Birken am Vorplatz
unterstreichen diesen Eindruck. Das Pflaster des Platzes zieht sich
ins Gebäude, Innen und Außen, gedeckter und überdachter öffentlicher Raum, sind nur durch eine Glasschicht getrennt. rh

Erdgeschoß

Pressegroßvertrieb Salzburg 1978

Anif – St.-Leonharder-Straße 10

Cziharz + Meixner

Die Architekten Cziharz + Meixner konzipierten das Bauensemble des Anifer Pressegroßvertriebs Burda als Stahlskelettbau. Den dreigeschoßigen Verwaltungsbau verbindet ein niedriger, durch ein Atrium aufgelockerter Personaltrakt mit der 50 x 60 Meter großen, dreischiffigen Lager- und Vertriebshalle. Die Außenerscheinung prägen außenliegende Stahlstützen, welche die Boden- bzw. Deckenplatten tragen. Vertikale Bauteile in Stahlbeton dienen der Aussteifung wie Erschließung und rhythmisieren den durch ein Stakkato von I-Stützen geprägten Bürotrakt. Der Konstruktionsraster beträgt fünf Meter und bietet größtmögliche Flexibilität, welche auch genutzt wurde. Die gemeinsam mit Frieder Burda abgestimmte Farbzusammenstellung beige und dunkelbraun ist noch heute außen wie innen erkennbar. Auch die Stühle „Selene" von Vico Magistretti in der Mensa blieben Teil der Alltagskultur im Unternehmen. nm

Untersbergbahn,
Tal- und Bergstation
1961
Grödig-Gartenau
Dr.-Ödl-Weg 2
Helmut S. Keidel/
Erich Engels

Betriebsbau Kiska
2008
Anif, St.-Leonharder-
Str. 4
Frohring Ablinger
Architekten

Schnitt

Die Wiesen des vor Hochwässern auf der Salzachuferterrasse geschützten Weilers Uzilinga, der im 8. Jahrhundert der Kirche geschenkt wurde, reichten bis nach Froschheim. Von den Hängen Maria Plains abwärts behielt Itzling seinen Charakter als Agrarlandschaft vor den Toren der Stadt bis zum Bau der Westbahn. Der 1860 eröffnete Bahnhof bildete – vergleichbar mit Flughäfen später – ein autarkes Ensemble. Zusätzliche Kopfbahnhöfe, der Bahnhofsausbau 1908 mit entsprechenden Gleiskörpern und der Frachtenbahnhof zerschnitten Salzburgs Nordosten, der 1935 bzw. 1939 eingemeindet wurde. Die gründerzeitliche Stadterweiterung und die Gemeindebauten der Zwischenkriegszeit dockten den Bahnhof langsam an die urbane Struktur der Neustadt an. Durch die Bahnhofsnähe überflügelte die Arbeiterhochburg Itzling den alten, landwirtschaftlich-gewerblichen Ort Gnigl. Beide Ortskerne wurden schließlich in den flächendeckenden Bauboom der Wiederaufbauära eingebettet. An dessen Ende stand die 1976 fertiggestellte Goethesiedlung mit 1200 Wohnungen in 22 Blöcken. Der soziale Wohnbau wurde in diesen Nachkriegsjahrzehnten in Salzburgs Norden konzentriert, auch beiderseits des bombengeschädigten Bahnhofs. Die ausgereizte Verbauung anstelle des „Grand Hôtel de l'Europe" plante ebenso Josef Becvar wie das sich elegant darüber erhebende Hotel Europa von 1956. Die Kritik konzentrierte sich auf diesen mutmaßlichen Schandfleck. Obwohl die vom Eigentümer beauftragten Statiker der „aufgestellten Streichholzschachtel" Abrissreife bescheinigten, wurde das Hotelhochhaus 2002 doch saniert. Im Gegensatz zu Lehen gab es im noch stärker von Migranten bewohnten Viertel kein die Stadtpolitik forderndes Aufbegehren. So fehlen im multikulturell geprägten Bahnhofsviertel, vom aufgewerteten Bahnhofsvorplatz abgesehen, großzügige öffentliche Frei- und Grünräume oder gar ein Park. Forderungen, das Umfeld der Wohnhöfe zu verbessern oder die Neubau-Volumina am Bahnhof städtebaulich nicht zu isolieren, sondern mit den vorhandenen Strukturen korrespondierend freiräumlich anzubinden, blieben unberücksichtigt. Ebenfalls problematisch ist die Absiedlung der Fachhochschule aus Itzling nach Urstein 2005 – ein schwerer raumordnungspolitischer Fehler. Die Stadt wehrte sich erfolglos gegen den Aderlass und will den alten FH-Standort nun zur „Science-City" ausbauen. Die aufwändige Verlegung der Schillerstraße ließ einen zentralen, öffentlichen Raum und eine Campusbildung erwarten. Der rote Riegel des 2009 eröffneten „IQs" beherbergt weder das angekündigte Forschungszentrum der Paris-Lodron-Universität, noch erhielt die bescheidene Architektur ein attraktiv gestaltetes Vorfeld. Ein anderes städtebauliches Langzeitprojekt, die Aufwertung der Schallmooser Hauptstraße und der Sterneckstraße in Schallmoos zum „Sterneck-Boulevard", startete 1989 mit Ernst Hoffmanns städtebaulicher Studie. nm

Betriebsgelände Mitte der Salzburg AG   seit 1987

Gebirgsjägerplatz/Elisabethkai

Bétrix & Consolascio Architekten

1 Rauchgasentgif-
tungsanlage 1987
Gebirgsjägerpl.
Bétrix & Consolascio

2 Umspannwerk
Mitte u. Betriebsge-
bäude 1995
Gebirgsjägerpl. 10
Bétrix & Consolascio
mit Eric Maier

3 Betriebsgebäude
der Salzburg AG
beim Heizkraftwerk
Mitte 2000
Elisabethkai 52
Bétrix & Consolascio
mit Eric Maier

4 Heizkraftwerk
Mitte 2002
Elisabethkai 54
Bétrix & Consolascio
mit Eric Maier

Erweiterungen der Stadtwerke in den 1950er Jahren zementierten den zentralen Ort zur Enklave des Energieversorgers. Für ihn plante seit 1986 das Schweizer Büro Bétrix & Consolascio zuerst die markante Rauchgasreinigung mit der durch drei Belüftungsaggregate kammförmigen Front. 1995 folgten Umspannwerk und Betriebsgebäude, ein gleichermaßen mächtiges wie verspieltes Bauwerk, das die Kammer für Architekten und Ingenieurkonsulenten beherbergt. Erst dann entstand ein Gesamtkonzept für das 10.500 m² große Industrieareal. Das 120 Meter lange Heizkraftwerk an der Uferpromenade verstanden die Architekten als „Leinwand" für die zum Quartier vermittelnden Bauten am Gebirgsjägerplatz. Der zentrale Hof wurde außerhalb der Zaunwelle zum autofreien Vorbereich erweitert. Der Kraftwerksneubau sollte weder Funktionen noch Apparaturen zelebrieren, sondern aus anthrazitfarbenem Sichtbeton ein monolithisches „Stück roher, dunkler Fels" werden, „der mit der archaischen Wucht des Findlings aufragt." In das Gedankengebäude der Architekten musste der Kamin integriert werden. Mit einem heute ungewohnt pathetischen Auftritt reagiert das Industriemonument auf die harten Linien von Salzachdamm und Eisenbahntrasse. Der dunkle Beton, der Kamin von 70 Meter Höhe und die lange, harte, geschlossene Flussfront heizten die öffentliche Diskussion an. Parteien skandalisierten das Kraftwerk zum Anschlag auf die Altstadtsilhouette. Das verstellte auch den Blick auf die Qualitäten des Betriebsgebäudes, das perfekte Detaillierung und hochwertige Büroräumlichkeiten mit subtiler Lichtführung auszeichnet. Bétrix & Consolascio gaben dem Areal eine klare Struktur, die in das teilweise sehr heterogene Umfeld ausstrahlt. Um „den industriellen Charakter der Anlage nicht unnötig zu idyllisieren", fehlen in ihrem Freiraumkonzept bewusst Bänke an der Salzach: Schade! nm

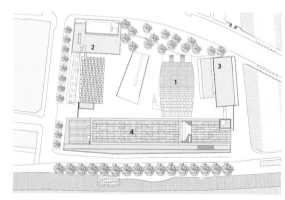

o.: Blick vom Hotel Europa
u. li.: Umspannwerk Mitte (2)
u. r.: Betriebsgebäude Mitte Innenansicht (3)

Kindergarten Gebirgsjägerplatz 2002

Gebirgsjägerplatz 7a

HALLE 1

Geschäftshaus
Abraham 1991
Neufassadierung
der zweigeschoßi-
gen Halle von 1978
mit Büroneubau
St.-Julien-Str. 4,
Gebirgsjägerpl. 3,4
Fritz Lorenz

Wohn- und Ge-
schäftshaus 2001
Gebirgsjägerpl. 7,9
Rudolf Hierl

Der Gebirgsjägerplatz, einst Teil des Schlachthofareals, wird von einer Blockrandbebauung gefasst. Die Seite zur Schwarzstraße schließt ein Wohnbau (Arch. Rudolf Hierl, München), sodass ein weiträumiger, begrünter Binnenraum entsteht, in dessen nördlichem Abschnitt der Kindergarten situiert ist. Dessen Korpus besteht aus Sichtbeton mit innenliegender Dämmung an der Südseite und einem leichten Stahlskelett mit ausfachenden Holztafeln im Norden. Dieser Teil besitzt einen traditionellen Aufbau mit einer außen liegenden, hinterlüfteten Wärmedämmung, über der eine mit Epoxyharz beschichtete Dachhaut liegt. Zweck dieser dualen Struktur ist, dass die der Sonne zugewandte Speichermasse Wärme akkumuliert und sie kontinuierlich an den in Leichtbauweise errichteten Teil im Norden abgibt. Eine luftige Passarelle auf „tanzenden" Säulen verbindet das obere Geschoß des zweistöckigen Hauses mit dem Park. Ein großes Vordach schafft einen tiefen witterungsgeschützten Spielbereich für die Kinder. rh

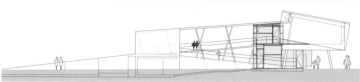

Querschnitt/Ansicht Ost

Volksbank Salzburg 2007

St.-Julien-Straße 12

BKK-3

Der Komplex der Volksbank geht auf den 1965 von Josef Hawranek geplanten Verwaltungsbau an der Nordwestecke des Grundstücks zurück, der 1988 nach einem Entwurf von Luigi Blau erweitert wurde. An die Brandwand des benachbarten Gebäudes, das ebenfalls von der Volksbank genutzt wird, schließt nun die auffällige, mit einem bräunlichen Putz versehene Ergänzung an. Den Eingang zur Bank markiert ein Vorplatz, der gleich einer Bucht die St.-Julien-Straße aufweitet und mit dem Kassenbereich der Bank einen zusammenhängenden, nur durch Glaselemente getrennten Raum bildet. Bündig in der Wand liegende Fensterbänder verleihen dem Bankgebäude ein dynamisches Fassadenbild. Einen mächtigen städtebaulichen Akzent setzt der sechs Geschoße hohe, auskragende Kopfbau an der Plainstraße, der in den obersten Etagen Veranstaltungsräume beherbergt. BKK-3 haben mit diesem Bankgebäude ihre für den Wohnbau entwickelte Architektursprache erfolgreich auf den Verwaltungsbau übertragen. rh

Ehem. Druck- und Verlagsgebäude Kiesel (1924) von Wunibald Deininger, heute Bürohaus und Einkaufszentrum Rainerstraße 19,21 Umbau 1989 durch Wilhelm Holzbauer

Volksheim der KPÖ-Salzburg 1952 Elisabethstraße 11 Fritz Weber

Büro- u. Geschäftshaus Fordhof 1953 Rainerstraße 25 Josef Becvar

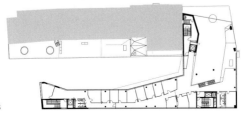

Erdgeschoß

Lokalbahnhof 1996, **Südtirolerplatz** 2001

Südtirolerplatz

Joachim Schürmann & Partner

Seit den 1950er Jahren wurde der 130 x 130 Meter große Platz vom
Busterminal dominiert. Mit dem internationalen Architektenwettbewerb 1986 sollten Platz und Bahnhofsviertel neu strukturiert
werden. Hochbauprojekte blieben unausgeführt. Schürmann konnte von seinem Siegerprojekt nur die Tieferlegung und die Gestaltung des S-Bahnhofs der Lokalbahn mit angrenzenden Pkw- und
Fahrradgaragen umsetzen und den Platz darüber neu gliedern. Der
großzügige steinerne Platz unmittelbar vor dem Bahnhof mit Bänken und integriertem Labyrinthbrunnen wurde ebenso verkehrsfrei
wie der Buchenhain mit Heimo Zobernigs Mahnmal für die Opfer
des Nationalsozialismus (2002) vor den Nachkriegs-Wohnblöcken
mit Lokalen und Bars. Nach Streichung des von Schürmann unter
dem Gleiskörper geplanten Busterminals, eines Hauptaspekts des
Siegerprojekts, hatte der Verkehrsmäander zwischen den Plätzen
letztlich auch diese Busleiste wieder aufzunehmen. nm+ok

Mahnmal

Stiegenaufgang

Mahnmal für die
Opfer des National-
sozialismus 2002
Buchenhain am
Südtirolerplatz
Heimo Zobernig und
one room

„Metamorphosieren"
Stiegenaufgang
2005
Südtirolerplatz
Udo Heinrich

Halle Lokalbahnhof

Hauptbahnhof, Umbau 2014

Südtirolerplatz 1

kadawittfeldarchitektur

Bürohaus der
Tauernkraftwerke AG
1956
Rainerstraße 29
Carl Appel

Hotel Europa 1956
Rainerstraße 31
Josef Becvar:
Die schlanke Hoch-
hausscheibe über-
stand sämtliche
Abbruch-Attacken.
Der lange als
Schandfleck
diffamierte Bau
wurde 2002 saniert

Das Wohn- und
Geschäftszentrum
„CITY-Südtiroler-
platz" mit den
sogenannten Zyla-
Türmen (Josef
Hawranek) von 1974
ist ein umstrittenes
Ensemble. Ein Teil
(Uniqua-Tower)
wurde 2001 von
Thomas Forsthuber/
Christoph Scheit-
hauer mit einer
neuen Metallaußen-
haut anspruchs-
voll saniert

Beim geladenen internationalen Wettbewerb zur Bahnhofsneu-gestaltung 1999 ignorierten die ÖBB den Denkmalschutz für den österreichweit einzigartigen Zentralperron von 1907/09. Sein Ab-riss „dürfte unter den künftigen verkehrlichen und betrieblichen Anforderungen offenbar unvermeidlich sein," mutmaßte 2005 schließlich BDA-Präsident Wilhelm G. Rizzi in lapidarem Konjunk-tiv. Vom bemerkenswerten Ensemble mit spätsecessionistischen Details, dem prägnanten Mittelgebäude, zwei großen Eisenhallen von je 25 Meter Stützweite und anschließenden niedrigeren Hal-len bzw. fingerartigen Bahnsteigdächern bleiben nur die Stahl-tragwerke der beiden Haupthallen. Die Architeken integrieren im nach dem Wettbewerb weiter modifizierten Projekt an anderer Stelle diese „identitätsstiftenden Elemente" in das „dynamische Raumgefüge". Dieses verstehen sie als Interpretation der Bewe-gung von anfahrenden oder abbremsenden Zügen, wollen aber auch die Atmosphäre moderner Flughafen-Gates inszenieren. Entstehen soll – so heißt es – „ein überdachter städtischer Raum, ein virulenter Ort urbanen Lebens und attraktiver Treffpunkt für Reisende und Nichtreisende". Dies hatte über Jahrzehnte hinweg – am Ende stark devastiert – auch der alte Mittelbahnsteig vor-trefflich geleistet. Neben dem Restaurant „Marmorsaal", dem Café und Geschäften besaß diese Insel noch ungehobenes Potenzial als attraktive Verbindung zwischen zwei angrenzenden Stadtteilen. In Zukunft soll diesen Effekt hauptsächlich ein lichtdurchflutet ge-planter „urbaner Teppich" unter dem Gleiskörper bringen. Diese großzügig beginnende Passage mit Shops und Café verschmälert sich nach Einsparungen aber zum Nadelöhr-Durchgang ins benach-barte Schallmoos. nm

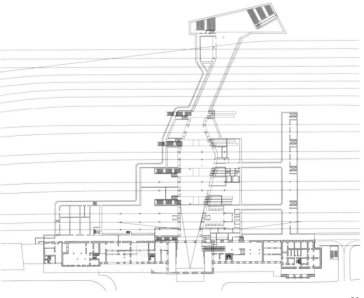

Ebene Unterführung

81

Bahnhofsquartier, Postareal 2007-09

Südtirolerplatz/Engelbert-Weiß-Weg

kofler architects

Der 1860 auf der grünen Wiese eröffnete Hauptbahnhof behielt trotz Wiederaufbaueuphorie nach 1950 mit Hotel Europa und den „Zyla-Türmen" immer seine solitäre Wirkung. Die wird bei der Bebauung der wertvollen ÖBB-Gründe an Rainer- und Lastenstraße – wie bei der Empfangshalle des Wiener Westbahnhofs von 1952 – endgültig Vergangenheit sein. Ebenfalls enorm dicht verbauten kofler architects die nordseitigen Postgründe. Die Wettbewerbsjury 2003 hatte als richtige Antwort auf das „disparate Umfeld" die „freie Komposition von Baukörpern unterschiedlicher Volumen und Höhen" gewürdigt – mit Shoppingcenter und Hotel nordseitig des Südtirolerplatzes sowie der Zentrale der Gebietskrankenkasse als höchstem Gebäude. Den Qualitätsverlust vom leicht-luftigen Plexiglasmodell des Wettbewerbs zur Detailausarbeitung konnte der Gestaltungsbeirat etwas abfedern. Der bahnbegleitende, flach gelagerte Riegel als Rückgrat des Ganzen wurde teilweise „aufgestockt"; die ursprünglich vorgesehene reine Büronutzung wurde zwar aufgegeben, die geforderte Durchmischung des Quartiers mit Wohnungen aber in einem Gebäudeteil konzentriert, der besonders auf der Bahnseite als bunte Stapelung von „Nebenraumcontainern" auffällig wurde.

Noch 2003 schwärmte der Planungsausschuss von alten hohen Pappeln, die den Stadtteil aufwerten und „die Durchlässigkeit über hochwertige öffentliche Räume" sichern. Die Pappeln sind längst gefällt, unwirtliche (Verkehrs-)Flächen ziehen sich zwischen solitärhermetischen Bauten. Die Freiraumgestaltung von Maria Auböck und Janos Kárász beim Wohnbau Engelbert-Weiß-Weg 4-6 ist ein schwacher Trost. Trotz aufwändigem Planungsprozess wurden nicht einmal Bahnhofs- und Shoppingmall-Garage verbunden, und trotz der Massierung öffentlicher Nutzungen entstand kein identifizierbares Quartier mit angenehmen öffentlichen Räumen. Bleibt noch die Verbauung der ÖBB-Gründe an Rainer- und Lastenstraße mit aktuellen Studien von kadawittfeldarchitektur. nm

Blick vom Hotel Europa: Zyla-Türme links
Salzburger Gebietskrankenkasse (SGKK)zentral hinten
Forum und Hotel rechts vorne

Ansicht, Schnitt SGKK

Josef Brunauer Tagungs- und Stadthotel 1983

Elisabethstraße 45a

Gerhard Zobl

Die kaskadenartige, stark gegliederte drei- bis viergeschoßige Anlage liegt wie eine organoid-kristalline Landschaft im Zwickel zwischen Elisabeth-, Julius-Haag-Straße und den Bahngleisen. Ursprünglich als Mädchenwohnheim, Jugend- und Veranstaltungszentrum gebaut, wird das Haus heute als Hotel genutzt. Die geplante Erweiterung für ein Knabenheim kam nie zur Ausführung.
Aus einem strengen Raster heraus entwickelt, erfolgt der Dialog mit der Stadt nicht durch Übernahme oder Antizipation verwandter, sondern durch Verwendung elementarer Formen. Das bestimmende Maß ist ein ans Quadrat angenähertes Modul, das in der Form der Loggien, der Brüstungen, der Deckenstrukturen und der Einrichtung wiederkehrt. Das Objekt markiert eine epochale Schwelle, kennt noch nicht die Irrungen der Postmoderne und steht heute so fest auf dem Boden der Realität wie zur Zeit der Errichtung. rh

Wohn- und Bürogebäude 2002

Josef-Mayburger-Kai 68-72, Bergheimerstr. 57,59

Franz Riepl

Die Anrainer bekämpften eine vierseitige Bebauung, wie es der Wettbewerbssieger für dieses Einfamilienhaus-Gebiet am Fluss vorgesehen hatte. Franz Riepl fand – vom Gestaltungsbeirat begleitet – eine kultivierte Alternative. Sie steht in größerem städtebaulichen Zusammenhang: Stadtseitig endet hier die 400 Meter lange „Salzachsiedlung". Hermann Rehrl sen. hat ca. 1920 u.a. die biedermeierlich gehaltenen Reihenhäuser Mayburger-Kai 64/66 geplant. An der Bergheimerstraße entstanden Einzelhäuser. Der die einstigen Nutzgärten erschließende Gartenweg hat sich teilweise, die grüne, sich bis zur Lehener Brücke ziehende „Zunge" bis heute ganz erhalten. Riepl nahm diesen zentralen Grünstreifen auf und situierte straßenbegleitend die zweihüftige Büro- und die Wohnzeile mit 18 Einheiten salzachseitig. Das Einzelhaus dazwischen mit offenem, gemeinschaftlichem Erdgeschoß vermittelt zu den Einzelhäusern und schließt den Hof ab. nm

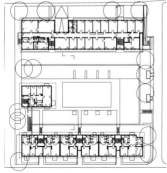

1. Obergeschoß

Schulungs- und Dienstleistungszentrum Techno_Z 1998

Schillerstraße 30

Michael Loudon

Institut für Compu-
terwissenschaften
1995
J.-Haringer-Str. 1
Kaschl-Mühlfellner

Logistikzentrum
Alpenmilch Salzburg
2008
Schillerstr. 2
gharakhanzadeh
sandbichler archi-
tekten

Im damals peripheren Nord-Zwickel von Itzling errichtete die Wirt-
schaftskammer in den 1980er Jahren erste Bauten des „Techno-
logiezentrums". Für die Fachhochschule samt StudentInnenheim
wurde 1995 ein Wettbewerb durchgeführt. Loudons Projekt überzeugte durch typologische Innovation und Kompaktheit. An die
innere „Straße" ist ein Ensemble aus Vierkantern angelagert, äußerlich hermetisch, innen über intime Höfe belichtet. Das Erdgeschoß ist ringsum durchgängig mit Zugängen zu den Hörsälen links
und rechts und leitet ostwärts zum parkartigen Freiraum. Darüber
hochgehoben sind die ringförmig konzipierten Obergeschoße; die
Zugänge führen entlang der Fassaden, die Räume orientieren sich
auf die Atrien. Das Umstülpen der Grundrisse erlaubte im Vergleich
zu üblichen Bautypen ein dichtes Gruppieren der Trakte und die
spezielle Qualität der Schulungsräume. Eine Sonderform bildet der
Kubus am Südende mit Kernerschließung und Büros außen. Er ist
in präziser Sichtbetonbauweise mit Nirosta- und Holzdetails ausgeführt. 2002 übersiedelte die FHS nach Puch; seit 2007 wird das
Areal sehr adäquat und auch extern gut vernetzt vom Berufsförde-
rungsinstitut genutzt. ok

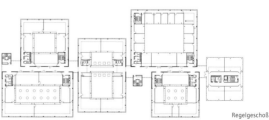

Regelgeschoß

Schillerstraße 30/Austraße

Michael Loudon

Parallel mit dem „Techno_Z" errichtet, sind die fünfgeschoßigen, einhüftig gestalteten Trakte mit den Unterkünften durchwegs nach Süden zum Hof ausgerichtet. Laubengänge an den Nordseiten erschließen alle Etagen und dienen als klimatische Pufferzone; ihre vollflächig verglaste „Einhausung" ist in horizontale Module aufgeteilt, wobei die Parapete fixe Glastafeln in Nirostarahmen sind, darüber in gleicher Größe nach außen aufschlagende Klappflügel. Die Zimmer haben zu den Gängen vorgeschaltete Bereiche als Puffer, an der Südseite schmale Balkonzonen mit Gitterbrüstungen. Insgesamt eine minimalistische, robust und hochwertig detaillierte Anlage, innen mit Farben aufgelockert: alle Metallteile – Türen, Zargen, Geländer usw. – in strahlendem Grün, Serviceräume im Keller. Die Umgebung erfuhr zuletzt mit dem von der Stadt forcierten Konzept „Science City" weitere Attraktivität. Die Schillerstraße rückte zur Bahn; so konnten vor dem „Techno_Z" ein weiterer Bürobau, ein Nahversorger und ein beruhigter Straßenraum entstehen. ok

Postgarage 1953
Andreas-Hofer-Str. 9
H. Schweighofer

Lageplan

Wohnbau Ofnerstraße 2007

Franz-Ofner-Straße 1

architekten mayer + seidl

Die Flächen an der Lokalbahntrasse erfuhren in den vergangenen Jahren tiefgreifende Veränderungen, wobei die Stadtgemeinde nicht immer das Glück auf ihrer Seite hatte. Zuerst wanderte die Fachhochschule nach Puch ab (siehe 2.9, 2.10 und 7.1), dann brachte ein renitenter Würstelbuden-Pächter die Verlegung der Schillerstraße, die nach einer Studie von lechner-lechner-schallhammer für das Projekt einer „Science City" unbedingt erforderlich war, an den Rand des Scheiterns.

Unter diesen Vorzeichen ist der Wohnbau eine Wohltat. Mit dem Rücken der Lokalbahn zugewandt, besitzt der stattliche Fünfgeschoßer nach Westen breite Wohnbalkone. Der straff organisierte Bau wird über drei Stiegenhäuser erschlossen, an die pro Geschoß fünf Wohnungen anliegen. Im Fassadenbild sind diese Treppenbereiche als durchgängige verglaste Zonen ablesbar. Aufgrund des nachhaltigen Gebäudekonzepts (Niedrigenergiestandard, kontrollierte Wohnraumlüftung, Regenwassernutzung, große Kollektorflächen) erhielt der Bau 2007 den Landesenergiepreis. rh

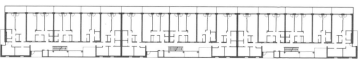

Regelgeschoß

Heizkraftwerk Nord, Block I 1994, **Block II** 1995

Wasserfeldstraße 31

Bétrix & Consolascio Architekten mit Eric Maier

Das Heizkraftwerk Nord samt Umbau des alten, aus dem Jahr 1967 stammenden Kesselhauses (Block II) sind zentrale Arbeiten der Schweizer Architekten. Der Sichtbeton-Monolith mit dem gleich einem „Campanile" situierten Schlot versteht sich als eine Kathedrale der Industrie, dazu angetan, den Ort aufzuwerten und den Versorgungsbau im öffentlichen Bewusstsein zu verankern. Die leicht gekrümmte Südfassade aus rostfreien, sich nicht überlappenden, sondern miteinander verschweißten Stahlplatten und die seitlich herabgezogene, konkave Dachkonstruktion schließen sich zu einer plastischen Einheit, die ihre Kraft aus dem Dialog mit dem linearen Element des freistehenden Schornsteins empfängt. Das an sich unbedeutende alte Kesselhaus wurde im Sockelbereich mit dunklem Eternit, darüber mit transzulenten Profilbaugläsern verkleidet, wodurch nicht nur die thermische Sanierung mittels Außendämmung, sondern auch die funktionelle Neuausrichtung eine idealtypische Lösung fand. Die ambitionierte Freiraumgestaltung stammt von Ryffel + Ryffel, Büro für Garten- und Landschaftsarchitektur. rh

Landesberufsschule
1975
Erzherzog-Eugen-
Str. 15
Wolfgang Soyka,
Georg Aigner

Trakisteg 1991
Josef-Mayburger-
Kai/Makartkai
Johann Georg Gsteu

Kolpinghaus 1997
Adolf-Kolping-
Str. 10
Otto Steidle
Ausführungspla-
nung: Architek-
ten Resmann &
Schindlmeier

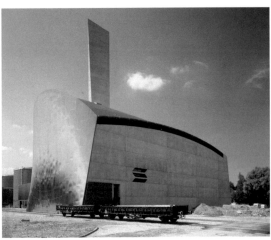

Erdgeschoß Block I

Wohnanlage, Sozialer Mietwohnbau 1997

Schopperstraße 16

Max Rieder

Auch einfachste Sachen gegen den Strich zu bürsten, sie einer Vision jenseits des Stereotypen zu erschließen, ist Max Rieders spezielle Passion. Für 17 Kleinwohnungen wollte er hier das emotionale, soziale und nutzerische Milieu demonstrativ vom Objekt in den Umraum erweitern: „Auch Außen ist Innen." Die 1,2 Meter gegen die Straße vertiefte Raumkerbe – Vorfahrt, Parken, Zugänge unten, vertikales Erschließungsrelief der NO-Seite mit offenen Wendeltreppen, obere Deckung durch die weitauskragende Dachetage – formt gleichsam privates, halböffentliches Außen für alle hier, mit bunter Fassadenbemalung wohnlich signiert. Die Autos verschwinden nicht (eine Tiefgarage war zu teuer), sondern bleiben als Status, Fetisch, Kommunikationsanlass präsent: ein Haus-Raum vor dem Haus-Objekt also, ergänzt durch offene Wegführung zu den wie Holzkoffer links und rechts auf Terrassen angelagerten Gemeinschafts- und Abstellräumen. SW-Seite mit vorgehängten Metallbalkonen. Das Ganze inzwischen reichlich patiniert, sichtlich intensiv gebraucht. ok

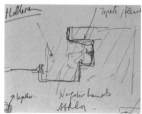

Ideenskizze

Wohnanlage 1998

Schopperstraße 10,12

Ursula Spannberger

Der vier Etagen hohe Block wirkt wie eine Inversion der benachbarten Wohnanlage: Ist jene ins Gelände gesenkt, ohne Tiefgarage, ist diese einen Meter hoch auf ein Plateau übers Terrain gehoben und überdeckt eine Tiefgarage, die zur Straße von einem abgeböschten, bepflanzten Graben aus natürlich belichtet und belüftet ist; folgt jene der Geometrie des Grundstücks, sind hier die Wohnungen aus den Grundstücksachsen herausgeschwenkt, exakt Nord-Süd orientiert, sind beide Fassaden in ein Sägezahnmuster aufgegliedert, was an der Südseite gut separierte Balkone sowie auch Fenster bzw. diagonale Ausblicke nach Westen ergibt; am Westende ist ein „Kopfbau" aus den Schrägen entlassen, auch farblich und mit einem Durchgang vom Übrigen getrennt, zusätzlich funktionell mit einer Arztpraxis differenziert. Zwei Lagen Etagenwohnungen, zum Teil mit durchgebundenen Wohnräumen; die Wohnungen im 2. Obergeschoß über interne Wendeltreppen mit Dachräumen und großen Dachterrassen verbunden. ok

Wohnhausanlage
1960
Itzlinger Hauptstr. 2,2a
Thomas Schwarz:
Wohnhäuser mit
Laubengangerschließung

Erdgeschoß

Heinrich-Salfenauer-Volksschule und Kindergarten 1979

Meierhofweg 4,6

Gerhard Zobl, Engelbert Zobl, Hertha A. Zobl

Das Ensemble aus zwölfklassiger Hallenschule und Kindergarten setzten die Architekten um einen zentralen Vorplatz locker in den Park, um bestehende Eiben möglichst zu schonen. Nach einem Lärmgutachten wurde das Wettbewerbssiegerprojekt 1975 abgeändert und das langgestreckte Nebengebäude zum hermetischen Schallschutzschirm. Die zentrale, in der Höhe durch ein Raumfachwerk reduzierte Pausenhalle lädt mit beheizten Sitzmulden zum Verweilen ein. Die hellen, annähernd quadratischen Klassen sind alternativ zum Frontalunterricht flexibel bestuhlbar und haben manchmal Terrassen zum Freiluftunterricht vorgelagert.

Den von der Oberflächenstruktur geprägten Ortbeton-Baukörper lockerten vorgesetzte rote Jalousienkästen auf. Die 2008 auf die Qualitäten der Volksschule hingewiesene „Stadt Salzburg Immobilien GmbH" ignorierte den angeratenen Sanierungswettbewerb und Innendämmungsoption und sanierte 2009/10 grobschlächtig mit Außendämmung und Fensteraustausch. nm

Wohnanlage 1989

Ratsbriefstraße 3-23

Helmuth Freund

Die Reihenhausanlage mit elf identischen Einheiten gliedert sich in eine Gruppe von sechs und eine von fünf Häusern. Die markante Südfront mit der als Licht- und Sonnenabsorber konzipierten Fassade verleiht der Anlage einen unverwechselbaren Charakter. Helmuth Freund, dessen hohes Maß an Erfahrung im Wohnbau hier zum Tragen kommt, hat lange vor dem Sonnenkollektoren-Boom ein inhaltliches Anliegen zeichenhaft überhöht und auch erkannt, dass sich die Frage möglichst hoher Dämmwerte dem Wohnkomfort unterzuordnen hat. Die im Schnitt stark gegliederten Baukörper schaffen überdies ein hohes Maß an individuell nutzbaren Freiräumen; über einen Lichthof werden die rückwärtigen Wohnräume belichtet, sodass die Nordseite geschlossen bleibt und die Wärmeabstrahlung minimiert werden kann. rh

Wohnanlage 2000
Schwarzparkstr. 3-9/
Ratsbriefstr. 2-12
HALLE 1

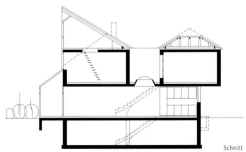

Schnitt

Porsche-Hof 1997

Vogelweiderstraße 69-75

Eduard Widmann, Landschaftsplanung: Anna Detzlhofer

Wohnanlage 1992
Bayerhamerstr. 59
Friedrich Kurrent:
Das Pendant zum
benachbarten
Altbau (Nr. 57)
weicht im Detail
stark von Kurrents
Intention ab

Vom Siegerprojekt des Wettbewerbs 1992 wurde der Flügel an der Vogelweiderstraße nie ausgeführt, sodass das Ensemble städtebaulich unfertig ist: Drei anstelle von nun zwei parallelen Baukörpern sollten – durch einen Quertrakt verbunden – den Verwaltungskomplex im Norden bilden. Im Südosten beherbergt eine Stahlbetonraster-Struktur die Werkstätten im unteren Geschoß und das Autoverkaufsdeck darüber. Zwischen diesen beiden verschwenkten Ensembles vermittelt ein Platz mit Wasserbecken, der auch permanenten Auto-Präsentationen dient. Für den Verwaltungsbau entwickelte Widmann einen zweiseitig belichteten Bürotyp und klappte die Ost- und Westfassaden schuppenartig auf, um jedem Arbeitsplatz Anteil am Südlicht, am Bergpanorama sowie Boden- bis Himmelsbezug zu geben. Manche Details lassen Schärfe und Klarheit vermissen. Später wurde vor den aufgeständerten Büroriegel ein Parkdeck gestellt. Zwischen die Bürotrakte situierten kofler architects einen Veranstaltungsraum (2007). nm

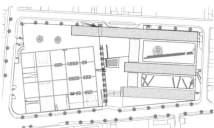

Lageplan

Bürogebäude der SAFE, jetzt Salzburg AG 1996

Bayerhamerstraße 16/Hans-Lechner-Park

Wilhelm Holzbauer

Holzbauer bewegte nach dem Neubau der „NaWi" (s. 3.19) riesige Bauvolumina in Salzburg wie den Bürokomplex am Max-Ott-Platz oder die Bebauung der Preimesbergergründe. Als der landeseigene Energieversorger eine neue Zentrale plante, boten zunächst Umlandgemeinden günstige Grundstücke an und brachten so die Stadtgemeinde unter Druck. Wilhelm Holzbauer rettete das Projekt für die Stadt nicht zuletzt mit dem Schachzug, einen Teil des Grundstücks als Stadtteilpark zu reservieren. Das mächtige dreigeschoßige, rund 100 x 100 Meter messende Gebäude ist an der Südecke aufgebrochen. Anspielungsreich nimmt Holzbauer mit einer riesigen steinernen Schauwand auf das Unternehmen Bezug: Über sie lässt er gestaute Wassermassen in einen künstlichen Teich fallen, in dem wie auf einer Insel die Betriebskantine liegt. Erschlossen wird der Vierkanter über die aus Glasbausteinen gefügte Rotunde. Diesen üppigen Elementen stehen die überaus ökonomischen Grundrisse der Bürotrakte gegenüber. rh

Büro- und Lagerhausanbau 1985
Breitenfelderstr. 43
Fritz Lorenz:
zweigeschoßige
Erweiterung, glasüberdeckte Halle

Wohnanlage 1998
Merianstr. 8
architekten mayer
+ seidl:
Gut ins Umfeld eingebettete Anlage

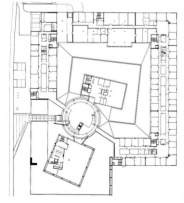

Erdgeschoß

Wohnanlage Prossingergründe 1997

Paracelsusstraße 18-24/Bayerhamerstraße 35,35b

architekten mayer + seidl

Jubiläumskindergarten Schallmoos 1956
Weiserhofstr. 2
Rudolf Raffelsberger

Die „unorthodoxe städtebauliche Lösung im vorhandenen innerstädtischen Antiraum" – so das Juryprotokoll 1994 – brachte den Sieg im salzburgoffenen Wettbewerb. Das Architektenteam Christian Mayer und Franz Seidl komplettierte mit dem Haus Bayerhamerstraße 35-35b die vorhandene Bebauung und brach mit der Rigidität der Nachkriegsbauten. Die Stirn- bzw. Kopfseite des zweiten Baukörpers (Paracelsusstraße 18-24) formuliert den städtebaulichen Schlusspunkt zum Gründerzeitquartier. Die optimale Situierung der beiden Neubauten bewältigte ohne Maßstabsbrüche mit der Nachbarschaft die für Salzburger Verhältnisse beachtlich hohe Gesamtdichte von 1,5. Überwiegend durchgesteckte Einheiten sowie ausgeklügelte Maisonette-Typen prägen die insgesamt 112 geförderten Miet- bzw. Eigentumswohnungen. nm

Lageplan

Weit auskragende Bauteile und eine hoch aufragende, anthropo-
morph geformte Mitte bilden ein fragiles Ensemble kommunizie-
render Körper. Das Projekt bewältigt die hohe Bebauungsdichte
mit einem Bekenntnis zu einem metropolitanen Städtebau. Der
Entwurf transzendiert dabei die 1989 entwickelte Studie Salzburg-
Schallmoos von Ernst Hoffmann, die ihr Heil in mehr oder minder
geschlossenen Blockrandbebauungen sah. Identitätsstiftende Mitte des elastischen Gefüges ist ein in sich gegliederter, 14 Geschoße
hoher Wohnturm, der für den im Wandel befindlichen Stadtteil als
urbanes Merkzeichen fungiert. Die punktuell beträchtliche Höhen-
entwicklung zielt nicht auf die Mechanismen symbolischer Macht,
wie das Hochhäuser im Allgemeinen tun, sondern ermöglicht die
Erhaltung von Freiräumen für gemeinschaftliche Nutzungen. Mit
der präzisen Beschränkung auf wenige Materialien und Weiß als
Farbe der Moderne wird ein homogenes Erscheinungsbild erzielt. rh

Hotel Mercure, ehem. Dorint 1989

Sterneckstraße 20

Johannes Spalt

Mehrfamilienwohn-
haus 1995
Arnog. 7
Lorenz Fritz

Einsatzzentrale
Rotes Kreuz 1996
Dr.-K.-Renner-Str. 7
Johannes Spalt,
Aneta Bulant-
Kamenova

Als Hotel Dorint eröffnet, war das Gebäude äußerlich sofort als Hotel gehobener Kategorie erkennbar: mit der zentralen Vorfahrtsbucht, der dichten Packung der Zimmererker darüber, dem prägnanten Dach und den noblen Rahmen der seitlichen Mauerscheiben, welche die übrige Baumasse vom Straßenlärm abschirmen. Auch im Inneren – mit glasgedeckter Halle, Galerie, Bar, Restaurant und Konferenzräumen – zeigte sich die Spaltsche Handschrift, die urbanes und regionales Flair an Böden, Vertäfelungen, Möbeln und Stoffen erfrischend neu interpretierte. Die Vorgeschichte: 1985 wurde hier ein großes Hotelprojekt vom Gestaltungsbeirat abgelehnt und eine generelle Studie für die Sterneckstraße beauftragt. In deren Rahmen lud man fünf Teilnehmer zu einem Wettbewerb für das Hotel. Spalt siegte, konnte seine Ideen aber nur mit viel Anstrengung, einigen Abstrichen, doch im Kern auch innen umsetzen. Inzwischen unter neuer Flagge, ist das Haus außen in allen Farben verändert (original weißer Putz, Holz natur), innen bis zur Unkenntlichkeit entstellt. ok

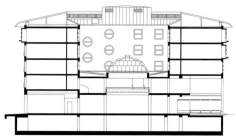

Schnitt

Business Boulevard 2002, 2006

Sterneckstraße 31-37

Müller Reimann Architekten

Exakt 20 Jahre nach der Erstellung der städtebaulichen Studie Salzburg-Schallmoos durch Ernst Hoffmann (Wien) zeigt
sich, dass wohl auch mangels wirtschaftlicher Dynamik die damals formulierten Ziele nicht erreicht wurden. Nach wie vor
prägen große Parkplatzwüsten, eingeschoßige Fachmärkte, Au-
tohändler und Tankstellen die Gegend. Vom vielzitierten „Boulevard Sterneckstraße" ist aber weiterhin nicht viel zu spüren.
Neben dem Objekt Ecke Bayerhamerstraße (2.20) ist, wenn auch
ein wenig behäbig im Ergebnis, der von den Berliner Architekten
geplante Komplex mit Gewerbe- und Dienstleistungsflächen ein
Hoffnungsschimmer für die Entwicklung des Quartiers. Die aus
zwei Bauteilen bestehende Anlage gruppiert sich um ein mit der
Sterneckstraße kommunizierendes Entree. Um diesen Binnenraum
ordnet sich eine Assemblage aus niedrigen, horizontalen und aufgestellten Prismen, die mit ihren klar strukturierten Raster- und
Lochfassaden dem heterogenen Umfeld einen soliden Rahmen vorgeben. rh

Büro- und Ge-
schäftshaus 1994
Sterneckstr. 50
Hundt & Gruber

Gewerbepark
Schallmoos 1994
Vogelweiderstr. 44a
Wolfgang Pessl/
Ulrich Staebner

Wohnbebauung
Robinighof 2010
Sterneckstr. 53
kofler architects

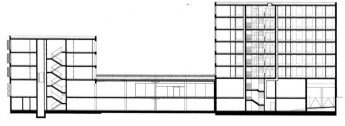

Schnitt

Feuerwache Schallmoos 1999

Schallmooser Hauptstraße 52

HALLE 1

Mit dem Autohaus Pletzer brachte Wolfgang Soyka 1972 architektonische Kultur in die Vorstadt. Das Ensemble, auf dessen Flachdach einst Autos parkten, verfiel und sollte zur Feuerwache adaptiert werden. Der HALLE 1 gelang dies durch eine neue Einheit aus intelligent genutzter Bausubstanz und Neubauteilen. So schälte das Architekturbüro aus der Stahlbetonstruktur im Obergeschoß ein begrüntes Atrium heraus, sodass die Berufsfeuerwehr die weitläufige Dachlandschaft für Übungen und Sport nutzen kann. Präzise weiße Kuben fassen das durch besonders „eingeschlitzte" Fensterbänder lichtdurchflutete Innere. Die zentrale Schildmauer schützt Terrassen und Aufenthaltsräume. Nachdem das nicht geplante Lineament der Schalung an den Tag kam, entschieden die Architekten, die Schildmauer unverputzt zu lassen. So verweist nun auch diese auf den herben Charme des einstigen Autohauses. nm

Büro-, Geschäftshaus Karl am Sterneck 1996

Linzer Bundesstraße 10

Robert Wimmer

Unübersehbar präsentiert sich auf relativ kleiner Eckparzelle der kantige, in kräftigem rot gehaltene Solitär, der – zumindest an einer Kreuzungsecke – dem nach allen Seiten ausfransenden Straßenraum Halt zu geben verspricht. Das Gebäude wirkt an der Südseite höher, als es tatsächlich ist, was durch einen gestalterischen Trick erreicht wurde. Die Perforierung der Fassade mit horizontalen Fensterschlitzen verschleiert die tatsächliche Anzahl von fünf Obergeschoßen. Diese Fassadenstruktur führt dazu, dass nur das mittlere der drei Fenster pro Geschoß auch seiner Funktion gerecht wird, was man von den beiden anderen, die auf Fußbodenniveau bzw. an der Deckenunterkante liegen, nicht behaupten kann. Neben dem großzügigen Stiegenhaus sind die skulpturalen Momente des Baukörpers mit der geböschten, einschwingenden Stirnseite und der terrassierten, kubisch abgestuften Rückseite auffällig. nm+rh

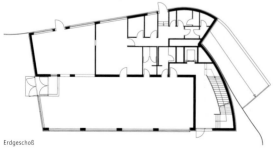

Erdgeschoß

Studentenwohnheim Leonardo 1996

Röcklbrunnstraße 20

Fritz Lorenz

Montagehalle Mein-
gast 1962
Röcklbrunnstr. 11
G. Garstenauer

Hinter dem überwiegend eintönig verbauten Gewerbegebiet und unweit des Robinighofs aus dem 18. Jahrhundert gelegen, überrascht das Studentenheim durch städtebauliche Großzügigkeit und architektonische Unaufgeregtheit. Drei Zeilen zeichnen locker die dreieckige Grundstücksfigur nach. Die einzelnen Funktionen des Ensembles ordnete Fritz Lorenz so an, dass sich die Bewohner angenehm ungezwungen zwischen öffentlich-gemeinschaftlichen und privaten Bereichen entscheiden können. Diese Differenzierung beginnt direkt an der Röcklbrunnstraße mit der großflächig zum Hof öffenbaren Eingangshalle mit Galerie und Infrastruktur für ein Café. Sie führt mit vielfältigen Sichtbezügen über den allen Bewohnern zugänglichen zentralen Grünraum, über offene Stiegen, Verbindungsstege und Laubengänge schließlich zu den Kleingarconnieren. nm

S-Bahn-Station Gnigl 2003

Schwabenwirtsbrücke

HALLE 1

Das im Jahr 2000 durchgeführte baukünstlerische Optimierungs-verfahren für die Gestaltung der S-Bahn-Station „Gnigl – Schwa-benwirtsbrücke" wurde von der Stadt Salzburg angeregt. Es hatte zum Ziel, das von den ÖBB entwickelte Stadtbahn-Design im loka-len Kontext zu interpretieren. Das siegreiche Projekt der HALLE 1 bildete in der Folge die Grundlage für sieben S-Bahn-Haltestellen im Stadtgebiet. Als Antwort auf die komplexe Aufgabenstellung entstand ein prototypisches Leitbild, das es erlaubt, Bestandteile wie die gleich einem Ski ausgeformte Bahnsteigüberdachung an die jeweilige Situation angepasst zu variieren. Diese in unterschiedli-chen Kombinationen und Varianten verwendbaren Module werden nun auch erfolgreich bei Haltestellen in Umlandgemeinden reali-siert. Der Erfolg der neuen S-Bahn basiert auf seinem modernen Image und dem Wiedererkennungseffekt des Verkehrssystems bei gleichzeitiger Wandelbarkeit im örtlichen Kontext. rh

Haltestellen im
Stadtbereich von
Salzburg
Südast:
Parsch, Gnigl, Sam
2003–04
HALLE 1

Westast:
Taxham-Europark
2006,
Aiglhof, Mülln-
Altstadt
beide 2009,
Liefering 2013
Weitere neue
S-Bahn-Haltestellen:
Puch-Urstein,
Oberalm, Kuchl-
Garnei 2006
Basisdesign:
HALLE 1
Umsetzung:
Erich Fally

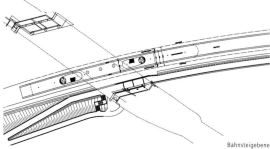

Bahnsteigebene

Atelier W. 1991

Franz-Hattinger-Straße 14

Erich Wagner – Atelier 14

Therapiezentrum
1997
Mühlstr. 4a
Thomas Gruber

Wohnhaus Diakonie-
werk 2005
Leopold-Pfest-Str. 5
Brandmüller +
Brandmüller

Büro architekten
berger.hofmann
2008
Grazer Bundesstr.
26a
berger.hofmann

Geschäftshaus Polz-
hofer 1995, 2009
Mühlstr. 7:
Franz Polzhofer
adaptierte die auf
das Mittelalter
zurückreichende
Mühle zu Ausstel-
lungs- und Ver-
kaufsräumlichkeiten
seines Möbelhandels

An ein bestehendes zweigeschoßiges Wohnhaus hat der Architekt sein in Material und Form deutlich unterschiedenes Atelier ange-baut. Die Glaskonstruktion ist an drei kräftigen Stahlpylonen aufge-hängt und mit einem ebenfalls in Glas ausgebildeten Gang mit dem Haupthaus verbunden. Der eigenwillig expressive Pavillon ist allein auch deshalb beachtlich, weil er eine vergleichsweise frühe Auseinandersetzung mit einer derartigen Glaskonstruktion darstellt. Der bekannte, oftmals publizierte und gewürdigte Wintergarten beim Haus Sailer von Bulant/Wailzer (s. 3.27) wurde dagegen erst 1997 realisiert. rh

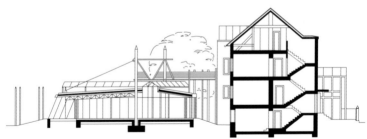

Schnitt

Wohnhäuser und Atelier 1960-86

Heuberg – Mettigweg 34

Koloman Lenk

Der aus Pressburg stammende Architekt kam 1945 nach Salzburg, wo er u.a. anspruchsvolle Einfamilienhäuser realisierte. 1951 thematisierte Koloman Lenk gemeinsam mit Sepp Ullrich in Salzburg den seit den 1920er Jahren virulenten Gedanken vom „wachsenden Haus". In die Praxis umgesetzt hat er ihn beim eigenen Ensemble am Heuberg. Das Wohnhaus von 1960 zeichnet im hinteren Bereich mit kleinen Schlafzimmern den Hangverlauf nach und akzentuiert sich im dreiseitig verglasten Wohnraum auf einem Ziegelsockel. Ein paar Jahre später entstand quer dazu und parallel zum Hang das quaderförmige lagernde Atelier- bzw. Bürogebäude. Das Wohnhaus wuchs in zwei Jahrzehnten um eine unterirdische Schwimmröhre, um ein unter die Wiese gebautes „liegendes" Grünfuttersilo und um einen verschwenkt angedockten hohen Wohn- bzw. Bibliotheksraum. Dem verbindenden Geist einer reduzierten Moderne folgte 1986 das benachbarte Haus Mettigweg 13 mit postmodernen Anklängen. nm

Wohnanlage 1991

Seitenbachweg 12-18

Doris und Ralf Thut

In der Wohnanlage wählen die Bewohner ihr Verhältnis zur Gemeinschaft selber. Doris und Ralph Thut boten halböffentliche und öffentliche Bereiche an, sicherten aber auch die Privatsphäre in den 77 geförderten Einheiten. Der zur Straße und den Einfamilienhäusern orientierte überdachte Vorplatz nimmt Gemeinschaftseinrichtungen wie Waschraum und Fahrradständer auf. Über Stiegen an einer viel genutzten Terrasse vorbei erreichbar, erschließen breite, teilweise als Balkon genutzte Laubengänge die drei Wohnzeilen mit Maisonetten. Der Wohnraum oben erweitert sich zu geräumigen, gut abgeschirmten Dachterrassen. Eine Wegachse verbindet die Wohnhöfe, attraktive Freiräume und ein Spielplatz öffnen sich zum angrenzenden Grüngürtel. Für die Thuts sind weder die materiellen Werte der Baustruktur noch deren ästhetische Gestaltung qualitätsbildend, sondern der „Grad an räumlicher Organisation". nm

Erdgeschoß

Passivwohnanlage Samer Mösl 2006

Lerchenstraße 7-25

sps-architekten

Das Siegerprojekt des Wettbewerbs 2003 reagiert auf die Wohnbebauung im Nordosten mit drei schlanken, leicht aufgefächerten
Baukörpern, öffnet sich mit dem Spielplatz zum Alterbach und
partizipiert am Kleinklima des „Samer Mösl". Hoher Passivhaus-
Standard verbindet sich mit (frei-)räumlichen Qualitäten. Die kon-
struktiven, dreigeschoßigen, farblich aufgelockerten Holzbauten
beherbergen 60 geförderte Mietwohnungen mit attraktiven Terrassen, die sich zu zwei Freibereichen orientieren. Die Baukörper
werden durch die ineinandergreifende Addition dreigeschoßiger,
unterschiedlich großer winkelförmiger Elemente gebildet. An die in
den winkelförmigen Wohnungen zentral situierten Küchen schließen – durch Schiebetüren getrennt – Ess- bzw. Wohnbereich an.
Seit der Realisierung dieser hochgedämmten Außenwände bekom-
men Passivhausprojekte in Salzburg einen Dichte-Bonus von plus
5% der Geschoßflächenzahl. nm

Wohnanlage 1990
Mairwies
Wüstenrotstr. 20-30
Helmut Reitter

Erdgeschoß

Wohnquartier Sam Alterbach mit Kindergarten

Ernst-Mach-Straße/Samerstraße/Bachstraße

architekten mayer + seidl

Christian Mayer und Franz Seidl gewannen 1996 den Wettbewerb für ein kleines Stadtteilzentrum mit Wohnsiedlung, Kirche und Kindergarten. Bis 2008 realisierten sie in fünf Bauetappen 247 geförderte Wohnungen, gemischt in Eigentum, Miete und Mietkauf. Ein Nahversorger war nicht angedacht, die Dichtevorgabe der Stadt war – im Gegensatz zu Anlagen wie „Wohnen im Paradiesgarten" (s. 3.15) – für Salzbug angemessen. So bieten Zeilenbauten mit einem grünen Zentrum und eine kammförmige Bebauung mit offenen Höfen zum Alterbach hochwertigen Wohnraum (Sam I, II). Den sich in einem großen Schwung zu Sonne und Landschaftsraum öffnenden Kindergarten entwickelte das Salzburger Architektenduo um die zentrale Halle mit Rampe und großzügigen Indoor-Spielbereichen. Orientierung, Überschaubarkeit und Transparenz entsprechen dem Konzept des „offenen Kindergartens", den die Kinder unter künstlerischer Anleitung gestalten konnten. Das benachbarte Nachkriegsgebäude plante Diözesanarchitekt Peter Schuh architektonisch bescheiden zur Kirche (Ernst-Mach-Straße 39) um. nm

Fashion Mall 1990

Carl-Zuckmayer-Straße 37

Christian Hundt & Thomas Gruber

Das keilförmige Gebäude hat in den 20 Jahren seit seiner Fertigstellung von seiner Qualtität nichts verloren. In der Gewerbezone
an der Grenze zur Nachbargemeinde Bergheim bietet der zei-
chenhafte Baukörper Maßstab und Orientierung zugleich. Schade
eigentlich nur, dass der Solitär keine Nachahmer gefunden hat.
Funktionell handelt es sich bei dem Ausstellungsgebäude um eine
Art Dauermesse, auf der verschiedenste Mode-Labels den Detail-
verkäufern ihre Ware feilbieten.
Ein fünfgeschoßiger, spitz zulaufender Rücken an der Ostflanke
umfängt einen niedrigeren dreigeschoßigen Baukörper. An der
Schauseite im Westen fügen sich Fenster- und Wandflächen zur
rhythmischen Fassadengestalt, die im Gegensatz zum Inhalt nichts
Modisches hat. In diesem Sinne verweist das Bauwerk auch auf die
Differenz zwischen Architektur und Design, zwischen Modernität
und Mode. rh

Erdgeschoß

Gusswerk Eventfabrik, Erweiterung, Neubau 2007

Söllheimerstraße 16

Diverse Architekten

Beteiligte Architekten:

hobby a.
Objekte 4 und 9

LP architektur
Objekte 7 und 8
sowie Restaurant-
Bar „Pur Pur" im
Objekt 5/6

forsthuber – scheithauer • architekten,
Objekt 5/6

Michael Strobl,
Loft 5a4, Brauerei
Objekt 3

Siemens, Niederlassung Salzburg 2001
Werner-von-Siemens-Pl. 1
Dimitris Manikas:
Bürobau, bei dem
der Bauherr nur
wenig Wert auf die
Detailplanung legte

Die „Gusswerk Eventfabrik GmbH" nutzte das Industrieareal am Nordrand der Stadt vorbildlich nach. Der Bauherr erkannte den unverwechselbaren industriellen Charakter der nicht denkmalgeschützten ehemaligen Glockengießerei Oberascher mit ihren beeindruckenden Produktionshallen. Er entwickelte das Ensemble ressourcenschonend und – mit Ausnahme der unglücklich gewählten neuen Dacheindeckungen – anspruchsvoll weiter. Dem Ideenwettbewerb 2004 entstammt das Gesamtkonzept von LP architektur und hobby a. Die für unterschiedliche Aufgaben beauftragten Salzburger Architekturbüros schufen neue freiräumliche Qualitäten und zeitgemäße Interventionen, die mit der Bausubstanz kommunizieren und neue Identitäten transportieren. Die Indus-triearchitektur bildete die Klammer für die individuellen Neu- und Umbauten mehrerer Architektenteams. Thomas Forsthuber und Christian Scheithauer entwickelten im zentralen Werkhallenkomplex die Hallen mit offenen Gespärre zu attraktiven Eventhallen (5/6) mit rotem Eingangskörper und markantem Turmaufsatz (6d). In das Restaurant „Pur Pur" setzte LP architektur eine organisch geformte Plattform, ebenso verfuhr Michael Strobl im Loft 5a4 mit leichten Plattformen unter dem offenem Dachstuhl, umrahmt von Sichtziegelwänden. Frei in die Stahlbetontragstruktur der alten „Gradierungshalle" integrierte hobby a. die Ausstellungs- und Bürobox (4). Diese Architekten kleideten mit einer bedruckten, textilen Bespannung auch den Nachkriegsbau Halle 9 neu ein. Auch Objekt 7 mit zweigeschoßigen Loftbüros entstand als Umbau und Erweiterung. LP architektur rhythmisierte den 115 Meter langen Baukörper durch eingeschnittene Freiluftbüros und sicherte seinen rohen Charakter mit Cortenstahl, Sichtbetonwänden, Ortbetontreppen und unverputzten Betonsteinwänden. Das Gebäude partizipiert am angrenzenden Waldstreifen und definiert einen Straßenraum, an dessen Südende LP architektur den Büroturm setzte. Der Gestaltungsbeirat motivierte die Bauwerber zur Erhöhung auf acht Geschoße und sicherte damit seine schlanke, emblemhafte Wirkung. nm

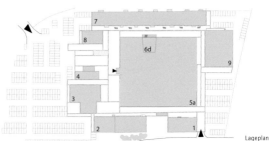

Lageplan

Objekt 8

Objekt 6d

Objekt 4

Schnitt Objekt 5/6

Die südlich des Zentrums gelegenen Stadtteile Aigen und Morzg waren bis 1939 eigenständige Gemeinden, während das Nonntal seit jeher zum Stadtgerichtsbezirk zählte. Aigen – dazu gehören auch Parsch, Glas und die Abhänge des Gaisbergs – war bis weit ins 20. Jahrhundert bäuerlich geprägt und verfügt über kein wirkliches Zentrum. Das Aigner Schloss mit der Kirche und Meierei ist ein alter adeliger Ansitz, der einst durch seinen Naturpark in ganz Europa bekannt war und aufgrund einer Heilquelle in europäischen Adelskreisen als Kurort geschätzt wurde. Bis in die Gegenwart blieb Aigen Anziehungspunkt für die bessere Gesellschaft, die sich hier Villen errichtete. Der Stadtteil beherbergt mit der Parscher Kirche, dem Kolleg St. Josef und dem Bildungshaus St. Virgil – allesamt kirchliche Bauten – auch einige der Ikonen der österreichischen Architekturgeschichte des 20. Jahrhunderts. Gerhard Garstenauers Villa Gänsbrunn sowie sein eigenes Haus, eines der besten Holzwohnhäuser in Österreich, ragen aus der Masse bürgerlicher Wohnbauten heraus. Wenngleich an den Hängen des Gaisbergs in den letzten Jahren auch die eine oder andere ambitionierte Villa entstand, so verkörpern die reichlich vorhandenen Luxusburgen die kulturelle Orientierungslosigkeit der bürgerlichen Eliten.

Das Nonntal ist architekturhistorisch aus ganz anderen Gründen von Interesse. Die geplante Verbauung der Freisaalgründe und das Projekt einer Wohnstadt Salzburg-Süd – entlang der Hellbrunner Allee – führten in den 1970er Jahren zu einem Aufstand der Bevölkerung. Wortführer wie der Kunsthistoriker Hans Sedlmayr mobilisierten gegen diese Großprojekte und für die Rettung der Landschaft. Die fundamentale Umkehr in der Stadtentwicklungspolitik bekam schließlich mit dem wortgewaltigen Bürgerlisten-Stadtrat Johannes Voggenhuber ein Gesicht. Die Grünlanddeklaration wurde erlassen und der Gestaltungsbeirat ins Leben gerufen. Durch dieses Gremium hochrangiger Architekten wurde Salzburg für eine Zeitlang zu einem der Hotspots der europäischen Architekturdebatte.

Die Naturwissenschaftliche Fakultät (Holzbauer, Hübner, Marschalek, Ladstätter) ist das gebaute Manifest dieses Paradigmenwechsel. Die Wirkmächtigkeit dieses Modells, das sich auf ein definiertes Gegenüber von Architektur und Natur beruft, besteht nach wie vor. Das über mehr als ein Jahrzehnt verhandelte Projekt der Neuordnung des Nonntals mit dem Sportzentrum Mitte und dem Universitätsgebäude von Storch, Ehlers und Partner schöpft, wenn auch mit einer vollkommen anderen Formensprache, aus diesem substanziellen Ansatz. Es führt den Naturraum an die Altstadt heran und schreibt den genius loci fort, sodass das Gebaute nicht nur Architektur, sondern Stadt wird, und diese wächst, indem sie sich auf ihre Wurzeln besinnt. rh

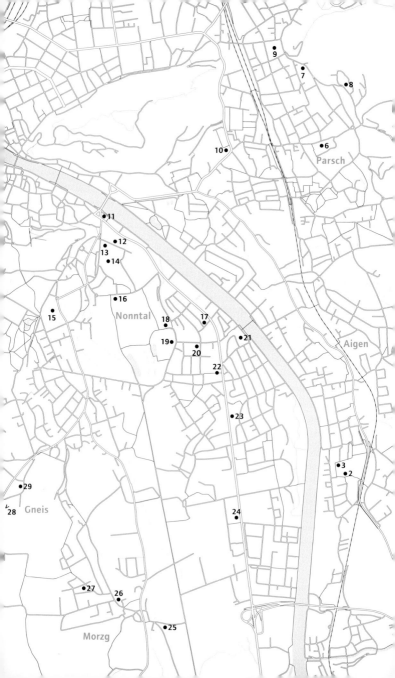

3

1

Wohnanlage Sonnenpark 2009

Glaserstraße 26a-f

archsolar, Freiraumplanung: Otmar Stöckl

Die Wohnanlage Sonnenpark liegt am Rande eines der letzten großen Grünräume im Süden der Stadt. Im Rahmen eines österreichweiten Bewerbungsverfahrens wurden daher interdisziplinäre Teams aus Architekten, Landschaftsplanern sowie Energieexperten für einen Realisierungswettbewerb gesucht, den archsolar mit dem Landschaftsplaner Otmar Stöckl und Erich Six als Energiefachmann für sich entschieden. Ihr Konzept von sechs abgetreppten, mit der Stirnseite zum Grünraum gerichteten Baukörpern bildet einen signifikanten Blickfang und vermeidet, dass den dahinterliegenden Häusern die Sicht ins Grüne verstellt wird.

Durch die Errichtung der 77 Miet- und Eigentumswohnungen samt Tiefgarage gelang auch die Renaturierung des Fagerbachs. Sonnenkollektoren für die Warmwasserbereitung aller Wohnungen, ein aus Biomasse gespeister Fernwärmeanschluss und die Nutzung des passiven Wärmeeintrags bilden ein relativ anspruchsvolles energetisches Paket. rh

Haus Typ A Obergeschoß

Haus Typ A Längsschnitt

Wohnanlage Gartenstadt Aigen X 2004/05

Valkenauerstraße 19-73

forsthuber – scheithauer; Wimmer Zaic

Legt man einmal Marketing-Gags wie „Gartenstadt Aigen" beiseite, dann lohnt der Blick auf diese Wohnanlage. Der im Jahr 2000 durchgeführte Wettbewerb ergab ein Siedlungskonzept, das sich in zwei Abschnitte teilt, die relativ unabhängig voneinander von zwei Architekturbüros bearbeitet wurden. Die drei viergeschoßigen (Bauteil I-III), als Barriere gegen Aigner Straße und Eisenbahn fungierenden Blöcke von Wimmer Zaic kombinieren Zweispänner- mit Maisonette-Typen.

Das Kontrastprogramm bilden die verschachtelten, mit unterschiedlichen Höhen und Baukörpertiefen spielenden, in Quadranten zusammengefassten Objekte von Forsthuber und Scheithauer (Bauteil A-D). Letztere verstehen den Wohnbau nicht als eine Vereinigung von Wohnungen zu einem einzigen Haus, sondern als ein Stapeln und Aneinanderreihen einzelner Häuser. Gegensätzlicher könnte der Ansatz der beiden Bauabschnitte kaum sein. Sie bilden gleichsam These und Antithese des Wohnbaus. rh

forsthuber • scheithauer architekten
Bauteil A-D 2004
Valkenauerstr. 19-41

Wimmer Zaic Architekten
Bauteil I-III 2005
Valkenauerstr. 43-73

Ruperti-Siedlung
1956
Johann-Nestroy-Str./Ferdinand-Raimund-Str.
Thomas Schwarz

Toyota Lexus 2010
Aignerstr. 57-61
Volkmar Burgstaller

Lageplan

3

3

Kindergarten Aigen X 1998

Schwanthalerstraße 102

Max Rieder

Max Rieders frühes Werk, das den Architekturpreis des Landes Salzburg 2000 erhielt, entstand aus der vereinfachenden Umsetzung seines Siegerprojekts des geladenen Wettbewerbs 1992. Dies tat seiner Kreativität keinen Abbruch. Über den konkav einschwingenden Hof im Norden erschlossen, öffnet sich der viergruppige Kindergarten zum Grünraum, in den drei Gebäudetrakte fingerartig vordringen. Zwischen diesen Gruppenraum-Holzboxen im Süden und den beiden Bewegungsräumen vermittelt fließend die helle zentrale Halle. Räumliche Vielfalt verbindet sich mit unterschiedlichen Materialien und Oberflächenstrukturen, z.B. Lärchenholz mit Kupferdächern, Beton mit Zinkblech. Die Kinder können diese Materialien und Raumwirkungen begreifen. Die Architektur bietet den Kindern Spielraum zur kreativen Entfaltung. So besitzt beispielsweise der rotundenförmige Bewegungsraum eine besondere Akustik und härtere Oberflächen als die hölzernen Gruppenräume. Die gestalterische Vielfalt verdichtet sich zur Komplexität in der Einheit. nm

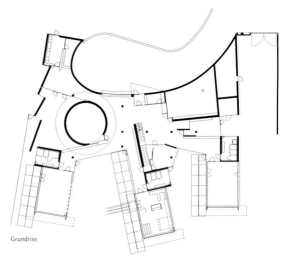

Grundriss

Haus G. mit Atelier 1978

Schwarzenbergpromenade 1

Gerhard Garstenauer

Gerhard Garstenauer bettete das Wohnhaus für seine Familie sensibel in den Landschaftsraum und alten Baumbestand ein. Das große flache Pultdach entspricht dem leicht fallenden Terrain. Passive Solarnutzung verband der Architekt mit attraktiven Ausblicken nach Süden und Westen. Die einzelnen Räume bzw. Raumgruppen liegen – durch Stufen getrennt – auf eigenen Hangniveaus, das Gelände bleibt im Haus spürbar. Das auch innen präsente Pultdach kragt über den Holzständerbau weit aus. Garstenauer verwendete bis hin zur Einrichtung borsalzimprägnierte Lärche massiv oder brettschichtverleimt. Strukturelle Klarheit durch exakte Modularität verbindet sich mit hoher Behaglichkeit. Das Haus wurde beim Österreichischen Holzbaupreis 1984 ausgezeichnet. Konstruktiver Holzschutz, mehrschichtige Decken- bzw. Wandflächen und Dreifachverglasungen tragen zum noch heute hervorragenden Zustand bei. Das Modell einer zeitgemäßen alpinen Wohnform, eine singuläre Leistung im Holzbau in Österreich, fand keine Nachfolger. nm

Friedrich-Spaur-Weg 27a-c

Wolfgang Schwarzenbacher

Die vier reihenhausartig aneinandergekoppelten, in zwei Etappen errichteten Wohnungen betritt man über das Kellergeschoß, das aufgrund der Hanglage nur im rückwärtigen Bereich unter dem Erdbodenniveau liegt. Der bewusst schlicht konzipierten Fassade mit braun lasierten Holzpaneelen steht ein vielfältiges Inneres gegenüber. So ergibt sich über das offene, alle drei Geschoße umfassende Treppenhaus nicht bloß eine selbstverständliche Orientierung, es wird durch das Erlebnis der Vertikalen auch geschickt von der Tatsache abgelenkt, dass die Einheiten eine lichte Weite von gerade einmal 5,6 Metern aufweisen. Die sichtbare Tragstruktur aus hölzernen Balken, Trämen und Stützen vermittelt eine angenehme Wohnatmosphäre. Architekt Schwarzenbacher, der mit seiner Familie die nördliche Einheit bewohnt, gelang es auf dem kleinen Grundstück am Fuße des Gaisbergs, mit der Kompaktheit des Baukörpers noch vor der Entwicklung des Passivhausstandards ein Niedrigenergiehaus zu verwirklichen. rh

Kindergarten und
Hauptschule Parsch
1969
Schlossstr. 21
Wolfgang Soyka

Haus A. 1975
Baumbichlstr. 7
Gernot Kulterer

Haus W. 1990
Derra-de-Moroda-
Str. 4
HALLE 1

Schnitt

Wohnbebauung Fondachhof 2000

Gaisbergstraße/Gustav-Mahler-Promenade

Diverse Planer

Die weitläufige Parklandschaft um den 1792 erbauten Fondachhof ist typisch für repräsentative Ensembles in Parsch und Aigen, die sich mit dem landschaftsnahen Naturraum verzahnen. Seit 1960 ist das 24.500 m² große Areal Bauland. Die Stadt konnte nur mehr den Bereich von 6000 m² vor dem Herrenhaus in Grünland rückwidmen. 1995 sollte ein Gutachterverfahren mit in- und ausländischer Beteiligung einen Masterplan für die Bebauung durch den Bauträger Franz Fürst finden. Das 16-geschoßige Hochhausprojekt von Luigi Snozzi richtete sich gegen die Zerstörung der Parklandschaft, war siegreich und nicht realisierbar. Bei der 2000 abgeschlossenen Verbauung sicherten drei der Gutachter und Ernst Hoffmann architektonische Qualität. Vor Hoffmanns drei Zeilen mit Reihenhäusern vermittelt ein vierter aufgebrochener Baukörper zum angrenzenden Grünland, nordöstlich liegen Mark Macks bunte Stadtvillen.

Nördlich des Teichs setzte Adolf Krischanitz den kompakt-hermetischen, als sechsgeschoßigen Vierspänner konzipierten „Turmblock in Glas und schwarzem Basalt". Im Gegensatz zu diesem solitären Wohnturm gestaltete nordöstlich des Fondachhofs die „assoziation van tach" das viergeschoßige Mehrfamilienhaus, das sie zum Landschaftsraum setzten, leicht und transparent. Schon ihr Beitrag beim Gutachterverfahren bemühte sich im Rahmen der geforderten Bebauungsbedingungen um bestmögliche landschaftsräumliche Durchlässigkeit im leicht abfallenden Hang und die Erhaltung des wertvollen Baumbestands. Über drei Geschoßen mit hellen, durchgesteckten Wohnungen thronen zwei Penthouses. Der Teich als freiräumliches Zentrum der Wohnanlage und sozialer Treffpunkt ist heute leider abgezäunt. nm

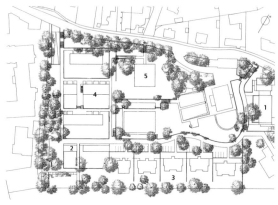

Lageplan

Mark Mack

Wohnbebauung
St. Peter-Ost 1990
A.-Lidauer-Str. 10-24
Ziegelstadlstr.
Peter Petzold

Wohnanlage 1992
Gaisbergstr. 40
Heinz Hochhäusl

Wohnanlage St. Peter
Bauteil I, 1996
Rettenpacherstr.
34-50
Bauteil II, 2003
Rettenpacherstr.
52-64
Hubertus Mayr

Haus G. 2001
Hans-Seebach-Str. 5
HALLE 1

Adolf Krischanitz

„assoziation van tach"

Ernst Hoffmann

Haus D. 2002

Kühbergstraße 28

Max Rieder

Das komplexe Gefüge dieses Hauses zu dechiffrieren, bedarf einiger Akribie. Schlüssel zum Verständnis ist, Widersprüchliches nicht als Mangel zu begreifen sondern als Kommentar zu den teils protzigen Parscher Villenbauten. Die braun gestrichenen Putzoberflächen der agglomerativ verschachtelten Wohnkuben stehen im Kontrast zu offenen Bauteilen – wie der weit auskragenden Plattform des 2. Obergeschoßes samt unterstützenden Pfeilern und dem gedeckten Carport –, die in ungeschönt ruppigem Sichtbeton ausgeführt sind; schärfer könnte die Distanz zum Typus der „Schöner-Wohnen-Häuser" nicht ausfallen. Rieder beruft sich auf den Raumplan, der es ihm erlaubt, einzelne Räume – so den nach Südwest orientierten des 2. Obergeschoßes – wie eine Beletage zu behandeln. An der Kühbergstraße schottet sich das Haus ab. Wie ein Fanal ragt eine fast 12 Meter hohe Schildwand in den Himmel. Sie betont den Ort und verschafft dem Haus Aufmerksamkeit und Distanz zugleich. rh

Haus F./St. 2003

Kühbergstraße 25a

Pichler & Traupmann Architektur

Nicht das üppige Programm, die minimalistische Materialität des Inneren oder die exquisite Lage sind an dem Haus bemerkenswert. Beachtlich ist vielmehr die raum-geometrische und statisch-konstruktive Kunst, aus einer steilen, introvertierten Hangfalte heraus ein Raumgefüge zu entwickeln, das sich leicht und „schwebend" wie ein „Origami" über den Ort stülpt und dessen Werte in erstaunlich abstrakter Weise zur Sprache bringt. Hang und Haus haben zwei einander kreuzende Haupt-Linien: die eine als Blickrichtung zur Festung – die visuelle Achse; die andere quer dazu als Richtung konkreter Bewegungen am Terrain, die Verbindung der Niveaus innen und außen: Rampen, Treppen, Wege. Ein weiteres Beispiel dafür, wie diese Architekten die Hülle einer Raumfigur in eine von der Statik „befreite" kontinuierliche Geste verwandeln, welche die gewohnten Unterscheidungen zwischen Boden, Wand, Decke, Stützen, Fenstern überwindet. Das Haus ist das Resultat eines von der Bauherrschaft initiierten Wettbewerbs unter drei Teams. ok

Villa K. 1962
Joh.-Freumbichler-
Weg 19
Verena Achammer:
Gelungener Umbau
und Renovierung
durch Fritz Lorenz
2002

Schnitt

Pfarrkirche zum
Kostbaren Blut
1956
Geißmayerstr. 6
arbeitsgruppe 4

Wohnanlage „Streckhof" 1993

Parscher Straße 39,41,41a,43,45

Friedrich Brandstätter

Jeweils zwei eng aneinandergerückte Häuserzeilen sind durch eine enge Gasse voneinander getrennt. Der Lageplan entschlüsselt diese Struktur als Teil einer Wohnbauphilosophie, die sich im Hinblick auf den Freiraum an den Begriffen Platz, Gasse und Anger orientiert. Dieser Ansatz, der die 1980er Jahre bestimmt hatte, ist als Diskurselement zu Unrecht aus der gegenwärtigen Wohnbaudebatte mehr oder minder verschwunden. Dabei hat die Anlage neben den offen zutage tretenden Schwächen – nicht wenige Wohnungen sind hinsichtlich Besonnung und Aussicht benachteiligt – durchaus Vorzüge. Durch die Dachform – aufgesetzte Halbtonnen der Maisonetten – und dem insgesamt stark gegliederten Gefüge gelingt es, die Anlage mit ihrer im Vergleich zur umgebenden Siedlungshaus-Bebauung hohen Dichte selbstverständlich in diese Struktur einzufügen. rh

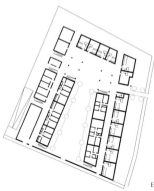

Erdgeschoß

Büro- und Geschäftshaus Arenberg 1989

Eberhard-Fugger-Straße 1

Lankmayer/Schmidt LASCH-H.W.

Nimmt man die im Norden anschließende Bebauung auf dem Gelände der ehemaligen Postgarage, die im Jahr 2006 fertig gestellt wurde, oder den nordöstlich jenseits der Eberhard-Fugger-Straße gelegenen, 2009 errichteten Turm als Maßstab, dann wirkt dieser Büro- und Geschäftsbau wie ein Relikt der Stadtentwicklung. Er demonstriert damit nicht nur die Schnelllebigkeit städtebaulicher Ideologien, sondern leider auch den Verlust an kontextuellem Baubewusstsein. Indem er den gekrümmten Verlauf der Straße aufnimmt, den Kreuzungsbereich definiert und mit einer Kolonnade einen Fußgängerbereich vom Autoverkehr abgrenzt, wurden Referenzen an den klassischen Stadtbegriff evoziert, Elemente, die die eingangs erwähnten jüngeren Bauten vermissen lassen. Der bogenförmige Trakt liegt wie ein schützender Schirm vor dem zweiten Gebäudeschenkel im Westen, der mit seiner Laubengangerschließung und der ausgewogenen, aus einem strengen Raster heraus entwickelten Ansicht auch einen präzisen Umgang mit Form und Detail erkennen lässt. rh

Wohnanlage 1967
Muracherstr. 4-12,
E.-Fugger-Str. 8-20,
Fürbergstr. 56-62,
Gaisbergstr. 13a-c
Erich Engels

Wohnanlage 1976
Parkstr. 1-18
Wolfgang Soyka

Post- und Wählamt
1989
E.-Fugger-Str. 7
Wilhelm Holzbauer

Wohn- und
Geschäftsanlage
2006
E.-Fugger-Str. 3,5
Ernst Linsberger

Business Point
Parsch 2009
E.-Fugger-Str. 2a
Hubertus Mayr

Wohnanlage Muracherstraße 2011
Muracherstr. 3,5,7
Hubertus Mayr

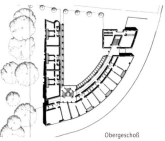

Obergeschoß

Bezirksgericht Um- und Zubau 2002, 2010

Hellbrunner Straße 1

HALLE 1

Künstlerhaus
Hellbrunner Str. 3:
Im 1884 erbauten
Künstlerhaus
(E: Hyazinth Michel)
hat auch die INITIA-
TIVE ARCHITEKTUR
ihren Sitz. 1999
adaptierte Elsa
Prochazka das Café
Cult. Die salzach-
seitige Glasterrasse
entstand nach dem
Entwurf der HALLE 1
(2001). Der Koch
und Lokalpächter
bringt exzellente
Mahlzeiten mit
dem wahrscheinlich
besten Preis-
Leistungs-Verhältnis
in der Stadt auf
den Tisch. Im Zuge
einer neuerlichen
Sanierung (2010)
durch Flöckner
Schnöll erhielt das
Haus einen dunkel-
roten Anstrich.

Der durch Fensterbänder horizontal betonte fünfgeschoßige Baukörper aus Sichtbeton wurde gleich einer Klammer an der Südseite der ehemaligen Polizeidirektion angefügt. Dieses 1930-31 von Wunibald Deininger errichtete Gebäude wurde 1950 im Zuge eines Umbaus entstellt. Das Konzept der HALLE 1 hatte zum Ziel, die Anmutung von Deiningers Entwurf wiederherzustellen. Entfernt wurde das wuchtige Walmdach und die der architektonischen Heimatkunde geschuldeten Details. Der Neubau nimmt die Trauflinie des Bestands auf, setzt sich in Struktur, Material und Farbigkeit aber klar ab. Exakt werden die Schnittstellen von Alt und Neu definiert. Mobile Elemente, wie eine sich beim Vorbeigehen drehende Laterne oder die mit der Bewegung des Fahrstuhls synchronisierte Flagge auf dem Dach, gehören zu Werner Reiterers Kunstprojekt, das mit hintergründiger Ironie die Funktion des Gebäudes thematisiert. rh

Erdgeschoß

Europa- u. Bundesgymnasium, Revitalisierung

2004 – Josef-Preis-Allee 3,5,7

Hansjürg Zeitler

Den österreichweiten Wettbewerb 1953 hatten Wilhelm Hubatsch und Hans Riedl gewonnen. Sie hatten den Klassentrakt an die ruhige Allee gerückt und die Räumlichkeiten an einem langen Gang aufgefädelt. Den Pausenhof hatten sie an die verkehrsreiche Hellbrunner Straße gelegt. Nicht allein die Raumnot löste das Siegerprojekt des Gutachterverfahrens 1993 mit internationaler Beteiligung. Hansjürg Zeitler vergrößerte die Foyers, ergänzte zum Bestand Klassentrakte als zweite Hüfte und schaltete – anstelle der Gänge – großzügig breite, helle Aufenthaltsbereiche dazwischen. Direkt an die Hellbrunner Straße wurden die Turnsäle mit begleitender Schallschutzmauer gelegt. Ihre begehbaren Dächer wurden Teil des attraktiven Pausenhofs. Alle Schulen nutzen die Bibliothek und die Gemeinschaftsräume im Annexbau. Die hohen konzeptiven Qualitäten lassen über Detailschwächen hinwegsehen. nm

Wohnhaus 1959
Franz-Hinterholzer-
Kai 2b
Thomas Schwarz

Appartement- und
Bürohaus 1960
Künstlerhausg. 1
G. Garstenauer

Villa Vanja 2008
Petersbrunnstr. 4
Valentin Jurjevec,
office for architec-
ture+design

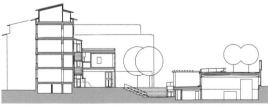

Schnitt

Kultur- und geisteswissenschaftliche Fakultät 2011

Josef-Preis-Allee

Storch Ehlers Partner Architekten

Galerie Fotohof
1993
Erhardpl. 3
Ursula Spannberger

Orchesterhaus
Probengebäude für
das Mozarteum-
orchester 1991
Erzbischof-Gebhard-
Str. 10
Franz Fonatsch

Bürohaus 2001
Erzabt-Klotz-Str. 21a
Eduard Widmann

Es stellt ein gewisses Wagnis dar, einen noch nicht fertiggestellten Bau in einen Architekturführer aufzunehmen. Das Versprechen
des Konzepts und die Überzeugung, die der Rohbau ausspricht,
rechtfertigt in diesem Fall die Entscheidung. Der Neubau ersetzt
die in den 1970er Jahren errichteten provisorischen Institutsbau-
ten an der Akademiestraße. Mit dem Abbruch dieser vollkommen
desolaten Objekte wird der Landschaftsraum von Freisaal tief in die
Stadt hereingeführt. Der Neubau nimmt dieses Thema auf, indem
die Erdgeschoßzone weitgehend als offener Platz ausgebildet wird,
sodass Landschaftsraum und urbaner Raum miteinander verschmel-
zen. Lage und Dimension der kompakten Großform verbinden die
Bundesschulen an der Josef-Preis-Allee und die Berchtoldvilla, einen biedermeierlichen Gutshof, der heute eine Kultureinrichtung
beherbergt, in einem perspektivisch angelegten Straßenraum. Das
Geniale des Entwurfs besteht darin, dass er dem pittoresken Bild
von Kloster Nonnberg und Festung eine Basis gibt und gleichzeitig
den Umschlagplatz von Stadt und Landschaft definiert. In dieser
exakten Vielfalt setzt das mächtige Objekt im Nonntal nicht bloß
einen architektonischen Akzent, sondern bietet eine stadträumliche Perspektive für das gesamte Quartier. rh

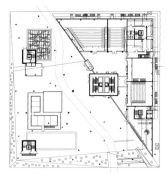

Erdgeschoß

Obergeschoß Fachbereich 2

Lageplan, stadträumliche Bezüge

Sportzentrum Mitte 2008

Ulrike-Gschwandter-Straße 6

Andreas Senn

Die Neugestaltung des Übergangs von der Altstadt zur Landschaft Freisaal war nur möglich, weil die hier etablierten Sportvereine und die ARGE Nonntal dem Revirement der Grundstücke und der Neuerrichtung ihrer Anlagen zustimmten. Die Planung des Sportzentrums erfolgte nach EU-weitem Wettbewerb durch Andreas Senn. Die Halle und die Freiplatztribüne sind streng prismatisch als Drehpunkte der Freiraumsequenz und Reverenz an die Festung. Der hermetische Block der Halle, gehüllt in weiße Betontafeln, hat ein reiches Innenleben, dreidimensional gestaffelte Säle mit zentraler Lage der Garderoben, Stiegen: ebenerdig die Doppelhalle und zwei kleine Hallen jeweils zwei Etagen hoch; im 2. Obergeschoß vier weitere Säle, als Zwischengeschoß die Büros für Vereine und Sportunion; Belichtung über hohe Bandfenster bzw. Oberlichte vom Dach. Für 1500 Schüler/Studenten und 3500 SportlerInnen aus 20 Vereinen in allen Altersgruppen ein echtes Dorado in Bestlage. ok

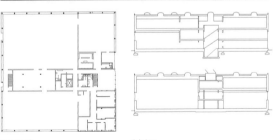

Erdgeschoß   Schnitte

kofler architects

Lange lag der mächtige Gutshof des Klosters Nonnberg verschlafen inmitten des von einer Mauer umfriedeten, zwei Hektar großen Obst- und Gemüsegartens. Allerdings ist er seit 1960 Bauland in bester innerstädtischer Lage. Als Kompromiss wurde im Nordwesten ein abgezäunter Bereich freigehalten, der allerdings der Wohnverbauung im Süden nicht zugute kommt. Beim Wettbewerb 2005 rangen die Architekten mit der Dichte von ca. 1,15 schwer. Im Gegensatz zu den meisten Teilnehmern, die bis zu sechs Geschoße vorschlugen, sprengte die relativ lockere und versetzte Bebauung im Siegerprojekt den Maßstab der Umgebung am geringsten. Den zentralen Freiraum dehnen aufgeständerte Eingangszonen etwas aus. Wo sind paradiesische Gärten? Schon beim Wettbewerb hat das Büro Kofler auf den geforderten Landschaftsarchitekten vergessen. Für die mäßigen Details der Ausführungsplanung ist die Hillebrand GmbH verantwortlich. nm

Ehem. Haus Holzmeister 1962
Brunnhausg. 14a
C. Holzmeister

Eich- und Vermessungsamt 1973
Georg-Wagner-G. 8
Wilhelm Holzbauer

Stadtvillen 1990
Fürstenallee 17-19
Wolfgang Soyka

Haus H. 2006
Brunnhausg. 7
Kaschl-Mühlfellner

Wohnanlage 2008
Brunnhausg. 27
Fritz Lorenz

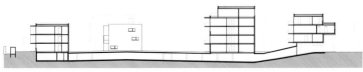

Schnitt

Pädagogische Akademie, Umbau 2003

Akademiestraße 23

Fasch & Fuchs

ORF-Landesstudio
1973
Nonntaler Hauptstr.
49d
Gustav Peichl

BRG Akademiestr.
Erweiterung 2005
Akademiestr. 19
Resmann & Schindl-
meier, Staebner

Die aufgelassene Schwimmhalle der Pädagogischen Akademie war ein Teil des Schulkomplexes entlang der Akademiestraße von 1968 (Architekten Willi Reichel und Hans Riedl). Sie wurde nach einem geladenen Wettbewerb 1999 zu Bibliothek und Mediencenter umgebaut. Fasch & Fuchs bauten mit ihrem siegreichen Konzept sensibel und intelligent an der Baustruktur mit Rasterfassade weiter. Ins ehemalige Schwimmbecken stellte das Architektenduo unkonventionell zweigeschoßige Bücherwände, die Stiegen und Glasstege vom Beckenrand erschließen. Die Räume für Informatik im Obergeschoß wurden als Galerie in leichter Stahlkonstruktion eingehängt, sodass die Arbeitsplätze an der Großzügigkeit der hellen Halle und den Ausblicken partizipieren. Neben offenen Leseplätzen bieten andere Bereiche Rückzugsmöglichkeiten. Das Lichtkonzept von Thomas Hamann unterstreicht die räumliche Großzügigkeit.

Strukturbetonplatten, die mit Adneter Marmorstaub eingefärbt sind, prägen das besondere Erscheinungsbild der bestehenden Stahlbetonskelett-Bauten. Eine Innendämmung sicherte die Oberflächen mit ihren haptisch unterschiedlichen Qualitäten. Die Glaskörper des neuen Stiegenhauses, der Teilausbau der Aufständerung zum Sportplatz und neu gegliederte Fensteröffnungen bzw. Erneuerungen der nicht mehr originalen Fenster tragen Fasch & Fuchs vorbildliche Transformation nach außen. Das Pilotprojekt eines respektvollen Umgangs mit Bauten der 1960er Jahre fand in Salzburg kaum Nachfolger. nm

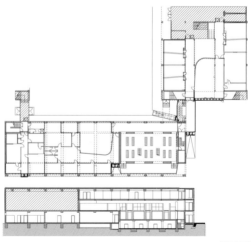

Erdgeschoß, Schnitt

135

Galerie Ruzicska 2004

Faistauergasse 12

cp architektur

Schwesternwohn-
heim 1999
Alpenstr. 24
Ulrich Staebner/
Erich Wagner

Die ehemalige Wagenschmiede ist ein Relikt aus einer Zeit, als die Gegend noch von Wiesen und Auwäldern geprägt war. Heute steht der Stadel inmitten von Einfamilienhäusern, Wohnblocks und dem Amtssitz der Landesregierung. Die Galerie betritt man über das 4 x 4 Meter große Tor aus zwei hölzernen Türflügeln, die während der Öffnungszeiten offen stehen und zum Betreten einladen. Weiße Wände und ein dezenter Estrich, der an den Rändern von Licht-bändern gefasst ist, bilden die Folie, auf denen die ausgestellten Bilder, Skulpturen und Installationen ihre Strahlkraft entwickeln. Durch wenige Elemente wie die Fußbodenteilung und der strenge Raster der Deckenkonstruktion erhält der Raum seine suggestive Wirkung. Im Dachgeschoß, das man über die mitten im Raum plat-zierte Treppe erreicht, wurde das Gebälk des Dachstuhls erhalten und ein loftartiges Ambiente geschaffen, das im kontrastreichen Zusammenspiel von Alt und Neu brilliert. rh

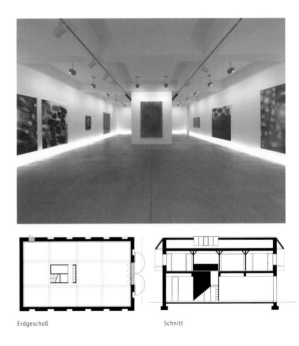

Erdgeschoß   Schnitt

Seniorenwohnheim, Erweiterung 2007

Hellbrunner Straße 30

lechner-lechner-schallhammer

Der Zubau bildet eine essenzielle Erweiterung der städtischen Seniorenwohnanlage in der Hellbrunner Straße. In Ergänzung zum wuchtigen Bestandsbau – einer Kaserne aus der K.-u.-K.-Ära – beschreitet der dreigeschoßige Neubau zukunftsweisende Wege in der Senioren- und Dementenbetreuung: Hotelatmosphäre mit vielfältigen Blicken in den umgebenden Landschaftsraum, offene Rezeptionsbereiche zum Atrium, sonnendurchflutete Wohnzimmer, abends stimmungsvolle Lounges mit Kaminfeuer. Das Projekt ist 2004 aus einem österreichoffenen, kombinierten Architekten- und Bauträgerwettbewerb mit Kostengarantie als Sieger hervorgegangen. Zusammen mit Baumeister Steiner aus Radstadt als Partner konnten die Architekten den Bau vom Entwurf bis zur Ausführung in einem durchgängigen Prozess entwickeln. Das Haus ist in Passivbauweise errichtet und sowohl ökologisch als auch in den Betriebskosten optimiert. rh

Betreutes Wohnen
Haus Radauer
2009
Konrad-Laib-Str. 6
lechner-lechner-
schallhammer:
Der Bau entstand
als Folgeauftrag
und steht auch
organisatorisch in
Verbindung mit
dem Senioren-
heim Hellbrunn

Lageplan

Naturwissenschaftliche Fakultät 1986

Hellbrunner Straße 36

ARGE Holzbauer, Hübner, Ekhart, Marschalek, Ladstätter

Haus H. 1991
Hellbrunner Allee 7
Wilhelm Holzbauer

Vom Wettbewerb 1973 bis zur Ausführung war ein mühevoller Weg zurückzulegen. Die damals prämierten Projekte enthielten auch noch die geisteswissenschaftliche Fakultät und waren großflächig und schematisch über das Grünland bei Schloss Freisaal ausgebreitet. Holzbauer bezeichnet rückblickend die Ablehnung durch die in diesen Jahren entstandene Bürgerinitiative und die spätere Reduzierung und Neuformulierung des Programms als entscheidenden Lernprozess für alle Beteiligten. Von der ursprünglichen Konzeption – die Geisteswissenschaften wurden inzwischen in der Altstadt untergebracht – blieb nur das Prinzip der im Winkel zueinander stehenden Seitenflügel, die durch ein kreisförmiges, den öffentlichen Zentralbereich beherbergendes Gelenk verbunden sind. Das immer noch beachtliche Volumen wurde dann ganz an die Hellbrunner Straße gerückt, kompakter gemacht und in eine Abfolge von Höfen gegliedert, die auf maßliche, räumliche und formale Charakteristika des Stadtzentrums anspielen: Die Campus-Universität mutierte zur stadtähnlich dichten Raumtypologie, die zugleich den grandiosen Landschaftsraum schont und in Szene setzt. Das für Institute, Seminar- und Laborräume praktikable Prinzip der Hoftrakte wird von einer Sequenz öffentlicher Bauteile bedient, die auch die gemeinsamen Funktionen – Hörsäle, Mensa, Bibliothek – erschließen. Die Raumfolge, am Vorhof an der Straße beginnend, führt über den monumentalen „Ehrenhof", der die Universität als erzbischöfliche Gründung ausweist, zur gläsernen Halle und entwickelt sich aus dieser zur Landschaft in die Breite, steigt mit Stiegenkaskaden zu den Galerien der Etagen hoch, denen als „Filter" zur Natur die Gewächshäuser vorgelagert sind. So erhält der Universitätsbau innere Transparenz und vielfältige Begegnungsräume, die zu Kontakten, zum informellen Gespräch und Flanieren einladen – eine Grundlage des universitären Lebensgefühls seit den Peripatetikern. ok

Axonometrie/Relation Universitätskomplex zur Stadt

Wohnanlage 1999

Michael-Pacher-Straße 21/Marx-Reichlich-Straße 2-6a

Wimmer Zaic Architekten

Amtsgebäude 1965
M.-Pacher-Str. 36
Platz- und Eingangs-
gestaltung 1996
G. Mitterberger

Das Quartier wird von (Wohn-)Bauten aus den 1960er Jahren bestimmt, auf deren Bebauungsstruktur der Entwurf zurückgreift.
Eine durchgehende Schottenstruktur lässt größtmögliche Variabili-
tät zu und ermöglicht durchgespannte, ost-west-orientierte Grundrisse für die als Zweispänner ausgebildeten Geschoßwohnungen. In
den beiden obersten Etagen liegen Maisonetten, denen Terrassen
in den Baukörpereinschnitten und auf dem Dach zugeordnet sind.
Sowohl die Ostseite mit Bandfenstern als auch die Westfassade mit
raumbreiten, geschoßhohen Öffnungen zeichnen das konstruktive
Konzept der Schottenstruktur nach. Die Erdgeschoßzone bildet
eine kritische Schnittstelle zwischen Privatem und Öffentlichem.
Dieser Herausforderung konnte begegnet werden, indem das Erdgeschoß gegenüber dem Straßenniveau angehoben wurde. Eine gemeinsame Grünfläche mit Obstgarten, der durch seine leichte Erhöhung einen privaten Charakter hat, würde man in dieser bestenfalls
von Abstandsgrünflächen gefassten Gegend nicht erwarten. rh

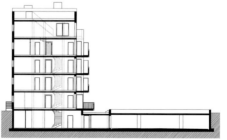

Querschnitt

Franz-Hinterholzer-Kai 38,40,42

Wolfgang, Robert und Georg Soyka

Die romantisierende Bezeichnung der mit allerlei Schifffahrts-metaphern spielenden Wohnanlage rührt von der Überfuhr, einer Rollseilfähre, die seit dem 19. Jahrhundert Aigen mit der Josefiau verband. Sie stellte im Herbst 1965 ihren Betrieb ein und verkehrte also bei der Errichtung des Wohnbaus bereits seit 30 Jahren nicht mehr. Der Überfuhrsteg wurde erst 1980 eröffnet.

Zu- und Umbau
Haus S. 2001
Rottmayrg. 23
Michael Strobl

Die Wohnanlage auf dem Gelände des ehemaligen „Teufelwirts" be-stand zunächst aus einer zweigeschoßigen Zeile mit zurückgesetz-tem, segmentbogenförmigem Dachgeschoß südlich und einer nörd-lich des alten Gasthauses. Das baufällige Objekt wurde schließlich durch ein drittes Wohnhaus ersetzt, das in Lage und Dimension das Altobjekt fortschreibt. Der noch vom alten Gastgarten stammende Baumbestand wurde ergänzt und trägt zum wohnlichen Charakter der in Massivbauweise mit horizontal geschuppten Lärchenholz-brettern verschalten Anlage bei. rh

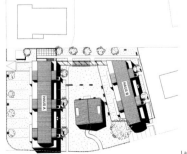

Lageplan

Zentrum Herrnau 1994

Alpenstraße 48

Ernst Hoffmann

Siedlung Herrnau
1949-51
Eichenweg, Georg-
Kropp-, Fischer-v.-
Erlach-Str.
Otto Ponholzer

Pfarrkirche zur
Hl. Erentrudis,
Pfarrzentrum und
Kloster Herrnau
1962
Erentrudisstr. 5
Robert Kramreiter

Dies zählt zum Besten, was in Salzburg an Städtebau und Quartiersplanung realisiert wurde. Wo einst ein Motel, eine Kfz-Werkstatt samt Autofriedhof standen und sich ein Supermarkt angesiedelt hatte, im diffusen Raum zwischen den Bezirken Herrnau und Josefiau, plante Ernst Hoffmann auf Grundlage eines 1989 gewonnenen Wettbewerbes eine urbane Anlage, eine neue Mitte für die ganze Umgebung. Sein Motto: „Hier beginnt die Stadt, wie sie von uns gesehen wird: eine Bebauung nicht als Barriere, sondern als Verknüpfung mit dem Umfeld; Durchgänge, Plätze, Gassen, Arkaden, Atrien, Terrassen, Stege, Stiegen, Rampen, Pergolen, Mauern, Durchblicke, Ausblicke." Die hohe Zeile entlang der Alpenstraße mit Läden und Büros bildet auch einen Lärmschild. Dahinter liegen zwei leicht verschwenkte Wohnzeilen, nach Westen auf vier bzw. auf drei Etagen heruntergestaffelt, mit westorientierten Wohngärten im Erdgeschoß sowie Terrassen und Balkonen in den oberen Etagen. Eine große Öffnung im Bürotrakt weist von der Straße weg in die Tiefe des Areals, und in dieser Richtung verbindet eine autofreie Erschließung auf mehreren Ebenen zu allen angrenzenden Nutzungen. Diese zur Bocksbergstraße und dem neu angelegten Park reichende Achse ist so attraktiv, weil die Stiegentürme sowie weitere Rampen und Gänge über große Lichthöfe zu den im Untergeschoß situierten Geschäften und Parkplätzen leiten und auch ebenerdig bzw. im 1. Stock Querwege eröffnen zu den in die Wohnzeilen eingefügten Geschäfts- und Gewerbetrakten. Das nach allen Richtungen – bei gesicherter Intimität der Gärten und Wohnungen – durchlässige Areal mündet an der Friedrichstraße in den „Marktplatz" und Gastgarten, der primär vom anliegenden „Rossbräu" versorgt wird. Der Mix – zwei Supermärkte, Bankfiliale, Bäckerei, Reisebüro, Drogerie, Schuhladen, Kosmetik, Elektronik, Bioläden etc. – wurde 2004 erfolgreich nachgerüstet: eine nachhaltige Alternative zur üblichen Trennung zwischen eindimensionalen Wohnanlagen und Stadtrandmärkten. ok

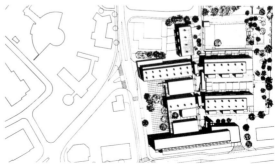

Schnitt

Wüstenrot Versicherungs-Center 1991

Alpenstraße 61

Josef Lackner

Bausparkasse Wüstenrot Salzburg
2005
Alpenstr. 70
TSB Architekten:
Expressive, umstrittene Sanierung des
Bestandsbaus

Fotostudio Kaindl-Hönig
Eschenbachg. 6
Christian Prasser/
Philipp Lutz (1997,
Umbau, Fotostudio)
forsthuber –
scheithauer •
architekten (2006
Um- und Zubau)

Lackner kreiert die Struktur des Verwaltungsgebäudes mit den Werkzeugen der elementaren Geometrie: Der segmentbogenförmige Bürotrakt, die Linie der gläsernen Lärmschutzwand und der zylindrische, über eine Brücke mit dem Haupthaus verbundene Annex leben von der Symbolik der reinen Formen. Das Gebäude definiert sich so aus sich selbst: Nicht Kontextualtiät, sondern Differenz zur Banalität der Umgebung, zu den nichtssagenden Baublöcken entlang der Alpenstraße kommt hier zum Ausdruck.

Lackner hat mit diesem Gebäude ein architektonisches Vermächtnis hinterlassen und ein prototypisches Büro als Arbeitsplatz der Zukunft eingerichtet. Während die Mittelzone mit Erschließung und Nebenräumen eingeschoßig ausgeführt ist, erzeugen die zweigeschoßigen Büros ein großzügiges Arbeitsambiente und erlauben überdies eine vorzügliche Belüftung und eine blendfreie Belichtung. Etwas unklar definiert sind leider der Eingangsbereich sowie die Zone zwischen Glaswand und Bürotrakt. Das Gebäude erhielt 1992 den Architekturpreis des Landes Salzburg. rh

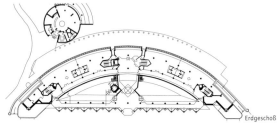

Erdgeschoß

Cziharz + Meixner

Immer großvolumiger wachsen die Neubauten entlang der Alpenstraße, wie bereits die 1996 fertiggestellte Oberbank-Zentrale
von Klaus Franzmair zeigt. Als daneben Anfang der 1980er Jahre
Cziharz + Meixner den lagernden Baukörper der Sport- und Mehrzweckhalle konzipierten, mussten die Architekten noch andere
Nachbarabstände einhalten. So konnte das Raumprogramm nur bewältigt werden, indem die Architekten die Halle nach unten legten.
Im Gegensatz zu ihrem etwas früher realisierten Pressegroßvertrieb
in Anif (siehe 1.39) wird die Konstruktion nur dezent nach außen
getragen. Neun dreidimensionale, 2 Meter hohe Stahlbinder überspannen mit 39 Metern fast die gesamte Breite des Bauwerks, das
mit bis zu drei getrennten Spielfeldern hohe Flexibilität auszeichnet. Die Fertigstellung der Halle fällt mit dem Beginn der Tätigkeit
des Gestaltungsbeirats zusammen. Aus postmodern-ideologischer
Sicht wurde das Gebäude als „Wellblechgarage" kritisiert. nm

Autohaus Ford
Schmidt 1970
Alpenstr. 122
G. Garstenauer:
Fassaden aus
stranggepressten
Betonteilen

Wohnanlage Myslik
1988
Adolf-Schemel-/
Robert-Preussler-Str.
Fritz Lorenz

Umbau Haus St.
1988
Robert-Preussler-Str.
Kaschl-Mühlfellner

Oberbank-Zentrale
1996
Alpenstr. 98
Klaus Franzmair

Polizeisportverein
2003
Frohnburgweg 5
one room mit Walter
Schuster

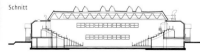

Schnitt

Haus und Atelier F. u. N., Revitalisierung 2004

Bliemhofweg 20

Maria Flöckner

Am Rande der Wiese westlich der Hellbrunner Allee entstand nach Plänen von Martin Knoll – wie es im Collaudierungs-Protokoll 1915 hieß – in „einem geschmackvollen" Baustil mit steilem Walmdach und neobiedermeierlichen, ländlichen und Jugendstil-Elementen dieses Würfelhaus mit niedrigem Anbau. Auf den ersten Blick von außen scheint es kaum verändert worden zu sein. Maria Flöckner adaptierte für sich und ihren Lebensgefährten das nicht denkmalgeschützte Haus uneitel dezent, vermied Fenstervergrößerung und Vollwärmeschutz. Die wieder mit Lärchenschindeln gedeckten Dächer wurden nordseitig aufgeschnitten. Bündige Atelierverglasungen und aufgeschlitzte Zwischendecken bringen Licht nach unten. Die Eingangsloggia kann nun durch eine mobile Glaswand geöffnet werden. Anstelle gemauerter dienen hölzerne „Kamine" der Entlüftung. Erd- und Obergeschoß wurden zur großen, annähernd sechs Meter hohen Halle, der Dachboden zum „Zelt" freigeräumt. Dieser gut innengedämmte, vom warmen Braun von Dachstuhl und Dampfbremse geprägte Raum bietet mit einer gläsernen Dachfläche unmittelbaren Landschafts- und Himmelsblick und wird im Winter bevorzugt. Im räumlichen Spektrum des mit Erdwärme versorgten Hauses wird in der warmen Jahreszeit vorwiegend die Halle genutzt. Ihr alter Gartenzugang reicht. Es gibt keine neue Wandöffnung, die Hellbrunner Allee oder Bergsilhouetten – bildhaft gerahmt – in die Halle hereinholt und ihre Konzentration und Neutralität untergraben würde. nm

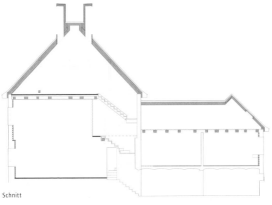

Schnitt

Haus K. u. N. 2000

Gneiserstraße 57a,b

Reiner Kaschl – Heide Mühlfellner

Nachverdichtungen erschöpfen sich leider oft in baulichem Auffüllen und machen Freiräume zum Abstandsgrün. Dies konnten die Architekten bei den beiden schlanken Häusern auf Parzellen von 380 m² im ehemaligen Garten einer Vorstadtvilla der Jahrhundertwende in Morzg vermeiden. Sie bebauten den kostbaren städtischen Grund sparsam und intelligent, sodass Architektur und Freiraum gleichwertig erscheinen. Die zweigeschoßigen Bauten dominieren den Raum nicht, sind durch großflächige Verglasungen durchlässig und feingliedrig detailliert. Großzügige Grundrisse wie der 65 m² große Wohn- und Essraum und vielfältige Aus- und Fernblicke sichern hohe Wohnqualität, zudem optimale Besonnung und passive Solarnutzung mit gesteuerten Außenlamellen. Das schwebende Dach schützt die Außenwände aus Systemfertigteilen und unterstützt die optische Leichtigkeit der Gebäude mit Zwischendecken aus vorgefertigten Holzleimträgern. nm

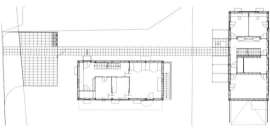

Erdgeschoß

Anna-Lülja Praun 1979; Bulant & Wailzer 1996

Die Garage aus Sichtbeton und der offene, glasüberdeckte Gang am Gebäude verweisen auf die letzte, zeitgemäße Überformung. Der Nukleus, ein kleines Würfelhaus von 1939, wuchs an zwei Umbauten bzw. Ergänzungen gestalterisch wie räumlich. Durch relativ kleine Eingriffe eröffnete 1978/79 die Wiener Architektin Anna-Lülja Praun eine neue Durchlässigkeit der Wohnbereiche. 1996 wurde die attraktive Terrassenplattform von Aneta Bulant-Kamenova und Klaus Wailzer fertig. An den Wohnraum angebunden, bieten der gläserne, selbsttragende Kubus und die verzinkte Metallpergola mit der Gartenmauer unterschiedliche (Frei-)Raumbildungen im Übergang von innen nach außen. Exponiert und gleichzeitig im Glaskörper geschützt, erlebt der Bewohner unmittelbar Natur und Wetter im Wandel der Jahreszeiten. Ein wahrhaft gläsernes Zimmer, ein Hightech-Kleinod, ein stupender Aufwand für die Konstruktion, um sie gleichsam „unsichtbar" zu machen. nm

Haus K. 1987
Angerweg 5
HALLE 1:
Feines Holzhaus,
gleichzeitig das
Erstlingswerk des
Salzburger Büros

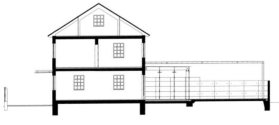

Schnitt

Wohnanlage mit Büros und Geschäften 2002

Berchtesgadener Straße 35a-e

Reiner Kaschl – Heide Mühlfellner; Ursula Spannberger

Auf Veranlassung des Frauenbüros der Stadt Salzburg wurde 1996 ein Gutachterverfahren ausgelobt, dessen Ziel die Errichtung eines frauenspezifischen Wohnbaus war. Den ersten Preis teilten sich Heide Mühlfellner, Ursula Spannberger und Gisela Voss-Geiger, die später ausschied. Von den ursprünglichen Anliegen mussten im Zuge der Umsetzung immer mehr Abstriche gemacht werden, aus dem alltagsgerecht geplanten Langhaus mit 60 Wohnungen wurde schließlich ein „Gesundheitszentrum". Hier verblieben nur mehr wenige Maisonettewohnungen, die allerdings mit Gartenanteil, Dachterrasse, zweigeschoßiger Glasveranda und Balkonen eine überdurchschnittlich hohe Wohnqualität besitzen. Gestrichen wurden auch die als zentrale Inhalte des Frauenwohnprojekts angesehenen Gemeinschaftseinrichtungen wie Waschküche, Bügelraum, Kinderspielraum im Dachgeschoß. Dieses Scheitern in Bezug auf die politischen Inhalte des Projekts schmälert aber in keiner Weise die architektonische Leistung. rh

Wohnanlage am Kommunalfriedhof 2000

Dr.-Adolf-Altmann-Straße 16-24

Ralf und Doris Thut

Ein unattraktiver Parkplatz im Osten und ein evangelisches Kirchenzentrum befinden sich in unmittelbarer Nachbarschaft der Wohnanlage, die auf einem überzeugenden städtebaulichen Konzept fußt. Es besteht aus einer dreigeschoßigen Zeile und zwei unterschiedlich großen Punkthäusern. Das Langhaus wird an der Nordwestseite mit über die Flucht vorspringenden Stiegenhäusern rhythmisiert. Im Zusammenwirken mit der vorgelagerten Passarelle werden diese Zugangsräume so gekonnt zoniert.

Die Punkthäuser sind schwächer ausgefallen, die Systematik der Loggien des Haupttrakts wirkt im Verhältnis zur Dimension zu wuchtig, Details wie die Lochblechbrüstungen erscheinen hier plump. Die Tiefgarageneinfahrt liegt am Punkt mit der kürzesten Anbindung an die Altmann-Straße. Dadurch wird der Verkehr auf bestmögliche Weise aus dem Quartier herausgehalten, wiewohl das dunkle Einfahrtsloch unter dem auf Stelzen ruhenden Kopfteil des Langhauses der schwächste Punkt der Wohnanlage ist. rh

Haus K. 1958
Thumeggerstr. 25
Franz Kiener

Haus D. 1961
Esserg. 17
Raimund Abraham:
Wohnhaus des Fotografen von Abrahams legendärem
Buch *Elementare
Architektur*

Wohn- und Bürohaus K. 1991
G.-Muffat-Str. 12
Fritz Lorenz

Haus H. 1994
Anton-Bruckner-
Str. 2
Volker Hagn

Die vom Zentrum aus gesehen südwestlichen Stadtteile zwischen dem Almkanal im Osten und mit der Bahnstrecke Richtung München im Westen sind in sich sehr unterschiedlich strukturiert. Das hat geografische stärker aber historisch-politische Ursachen, die zu sehr unterschiedlichen Siedlungsformen führten.

Die Riedenburg, die man geografisch in einen inneren und äußeren Bereich gliedert, ist besonders in jenem zwischen Mönchs- und Rainberg liegenden Kessel von einer offenen gründerzeitlichen Bebauung geprägt. Dieser Bereich liegt zum größeren Teil heute im Altstadtschutzgebiet (Zone 2). Das „Blaue Haus" (HALLE 1) sowie zwei Bürobauten von Fritz Lorenz (1992) bzw. Kaschl–Mühlfellner (2007) sind architektonisch gelungene, das vorhandene Gefüge respektierende Objekte. Verkehrlich ans Stadtzentrum angebunden wird die Riedenburg durch eine ingenieurstechnische Meisterleistung des ausgehenden Ancien régime, das durch den Konglomeratfelsen des Mönchsbergs geschlagene Neutor, das in seiner spätbarocken Pracht dem Auftraggeber Fürsterzbischof Sigismund von Schrattenbach gewidmet ist.

Fürsterzbischof Leopold Anton Freiherr von Firmian (1679-1744). ließ das bis an den Fuß des Unterbergs reichende Moor trocken legen und Schloss Leopoldoldskron erbauen. Die Anlage der Moosstraße (ab 1803) brachte der kleinbäuerlichen Ansiedlung nicht den erhofften ökonomischen Aufschwung. 1939 eingemeindet, besitzt Leopoldskron bis heute kein wirkliches Zentrum. Beim altdeutschneugotischen Kirchlein „Maria Hilf" (1859) wurde 1979 von Heinz Tesar ein Pfarrhaus errichtet. Der Lehrbauhof, am Ende der Moosstraße vom Schweizer Michael Alder in „calvinistischer Strenge" (F. Achleitner) geplant, wird vom jungen Architekturbüro soma mit einem motivischen Kontrapunkt im Eingang erweitert.

Maxglan war bis 1935 eine eigenständige Gemeinde. Die bäuerliche Ansiedlung auf der Anhöhe über die Glan, die Anfang des 19. Jahrhunderts gerade einmal 800 Einwohner besaß, war zu Anfang des 20. Jahrhunderts, wenn man von der Stadt selbst absieht, zeitweise die bevölkerungsreichste Gemeinde des Landes. Der alte Ortskern, an dem die Klessheimer Allee, die Siezenheimer Straße und die Innsbrucker Bundesstraße als Entwicklungsachsen vorbeilaufen, ist heute kaum mehr ablesbar. Garstenauers ÖFAG-Gebäude, das Bürohaus der HALLE 1 und zuletzt wiederum ein Autohaus von kadawittfeldarchitektur spiegeln den aufs Automobil ausgerichteten Standard. Große Verkehrsprobleme und die gestalterischen Mängel im Bereich des Hans-Schmid-Platzes und entlang der Klessheimer Allee sind mehr als deutliche Hinweise auf das Scheitern der traditionellen Planungsinstrumente, die nicht im Stande sind, wirtschaftliche Dynamik in städtebaulich ansprechende Gestalt zu bringen. rh

Maxglan

1 **Landeskrankenhaus Salzburg**
Chirurgie West
Müllner Hauptstr. 48

2 **Wohnanlage**
Zaunerg. 14-16

3 **Wohnanlage Rauchgründe**
Zaunerg. 7-45
Innsbrucker Bundesstr. 36-38c

4 **Zentrum Maxglan**
Hans-Schmid-Platz
Innsbrucker Bundesstr. 41

5 **Hauptfeuerwache**
Jägermüllerstr. 3

Riedenburg

6 **Magazin**
Augustinerg. 13a

7 **Das blaue Haus**
Reichenhaller Str. 10b

8 **Bürohaus**
Rainbergstr. 3c

9 **Büro- und Geschäftshaus**
Rainbergstr. 3

Leopoldskron

10 **Wohnanlage Lanserhofwiese**
Moosstr. 46a-e

11 **Büro- und Wohnhaus**
Moosstr. 37

12 **Solarsiedlung**
Sandor-Vegh-Str. 6-28

13 **Lehrbauhof**
Moosstr. 197

Maxglan West

14 **Holzwohnbau Glantreppelweg**
Irma-von-Troll-Str. 24-28

15 **Salzburger Blumenhof**
Mehrlgutweg 29

16 **Modellwohnbau Stieglgründe**
Klostermaierhofweg 8-30

17 **Wohnanlage Oasis**
Steinerstr. 3-11

18 **Bürogebäude**
Innsbrucker Bundesstr. 71

19 **Autohaus Mercedes Benz**
Innsbrucker Bundesstr. 111

20 **Hangar 7, Hangar 8**
Wilhelm-Spazier-Str. 7a

21 **Wohnanlage Loig**
Dr.-Matthias-Laireiter-Str. 4,6,8,10

Landeskrankenhaus Salzburg, Chirurgie West 2001,2011

Müllner Hauptstraße 48

Markus Pernthaler, Reinhold Tinchon

Betriebskinder-
garten des LKH
Salzburg 2008
Lindhofstr. 20
kofler architects

Altar für die
Johannes-Spital-
Kirche 1975, 2010
Heinz Tesar

Eltern-Baby-Zentrum
Perinatalzentrum,
LKH Salzburg 2010
an der Lindhofstr.
W. Schwarzenbacher

Moderne Krankenhäuser sind hochkomplexe Maschinerien, was die Schaffung von Übersichtlichkeit, von humanen Maßstäben und von Aufenthaltsqualität für Patienten, Personal und BesucherInnen nicht gerade erleichtert. Für die neue Chirurgie war ein enormes Raumprogramm an der Südwestecke des Areals zu situieren. Aus einem zweistufigen Architektenwettbewerb ging 1995 das Projekt von Pernthaler und Tinchon siegreich hervor, weil es die funktionellen Anforderungen mit einer den rektangulären Strukturen des bestehenden Spitals „fremden Baukörperform" am besten und kompaktesten erfüllte. In der Detailplanung mit den Nutzern wurde der Raumbedarf noch erweitert, in Abstimmung mit dem Gestaltungsbeirat auch die äußere Erscheinung der Baukörper und die dominante Wirkung des Heliports an der Straßenkreuzung farblich und bauplastisch gestrafft. Der niedrige Funktionstrakt mit Notfalleinrichtungen, Operationssälen und ihren Nebenräumen liegt an der Aiglhofstraße, der hohe Bettentrakt dahinter ist zum Park hin weggedreht, im Zwickel dazwischen enthält ein „Gelenk" die Ambulanzen sowie die Zonen der Vor- und Nachbetreuung von Operationen. Trotz kleiner Lichthöfe wirkt diese Zone eher dunkel, etwas hermetisch. Im gebogenen, zweihüftigen Bettentrakt sind die Patientenzimmer an der Innenseite nach Osten zum Grünbereich orientiert, die Serviceräume des Personals gegenüber an der Außenseite, nach Westen. So ist die Kommunikation intern übersichtlich und kurz, auch der Längsgang wirkt durch die Krümmung optisch verkürzt. Zwischen Operationssälen und der straßenseitigen Fassade dient ein Gang zur Ver- und Entsorgung des Sterilgutes und zusätzlich als Schallschutz.

Differenziert sind künstlerische Applikationen eingebunden, die von Serge Spitzer (Fassade), Claudia Hirtl (zentrale Halle), Valie Export (Lichtboxen), Christina Breitfuß, Gabriele Klein, Suse Krawagna, Franz Motschnig, Barbara Reisinger und Johannes Ziegler stammen. Derzeit wird die zweite Bauetappe realisiert: die Verlängerung des Bettentraktes mit kammartig gegliederten Sockeltrakten. ok

Erdgeschoß

4

2

Wohnanlage Zaunergasse 1996

Zaunergasse 14,14a,16-16b

Wimmer Zaic Architekten

Wohnanlage
1952-59
Rudolf-Biebl-,
Leonhard-von-
Keutschach-,
Roseggerstr. und
Strubergasse
Stadtbauamt

Bahnlärm und nahe Hauptverkehrsstraße forderten eine anspruchsvolle Lösung. Dennoch entstanden 72 Eigentumswohnungen direkt
am Bahndamm zwischen Zaunergasse und Rudolf-Biebl-Straße.
Robert Wimmer und Michael Zaic planten den 100 Meter langen,
sechsgeschoßigen Baukörper und verankerten ihn an der Böschung
zur tiefer gelegenen Hauptstraße mit einem markanten Stiegen-
turm. Während an der Bahn- bzw. Nordseite vorwiegend Nebenräume der unterschiedlich großen Wohnungen untergebracht sind,
befinden sich an der Südseite Wohn- und Schlafräume mit vorgelagerten Freibereichen. Das schlanke, durch farbliche und bauplas-
tische Akzentuierungen aufgelockerte Gebäude entlastet auch das
Gebiet vom Bahnlärm. Ein kleiner Hof mit Spielplatz vermittelt zum
gleichzeitig errichteten dreigeschoßigen Wohnhaus an der Zaunergasse, dieses zu den südlich angrenzenden Einfamilienhäusern. nm

Wohnanlage Rauchgründe 1992

Zaunergasse 7-45/Innsbrucker Bundesstr. 36-38c

Schmidsberger & Knall

Siegfried Schmidsberger und Peter Knall boten im Siegerprojekt des Architekturwettbewerbs von 1988 in zwei unterschiedlichen Bebauungsstrukturen Raum für 175 geförderte Wohnungen. An das kleinteilige Ensemble beiderseits des Mühlbachmäanders dockt das zweigeschoßige Tageszentrum mit Sozialstation, Gemeinschafts- und Therapieräumen an. Es markiert das Entree der Anlage zur Innsbrucker Bundesstraße. Die andere, viergeschoßige Bebauungsstruktur ordneten die Architekten in lang gezogener Kurve zwischen Bahndamm bzw. Industriegleis und einem landschaftlich bemerkenswerten Grünraum an. Der besondere Querschnitt resultiert aus dem damals notwendigen Schallschutz zur Bahn mit vorgelagerten, straßenbegleitenden Garagenanlagen. Deren begehbare Dächer dienen als begrünte Freiräume und zur Erschließung des Hauptgebäudes. Brücken führen vor die Wohnungen des 1. Obergeschoßes, Treppen hinauf zu den 70-80 m² großen Maisonetten. nm

Kinderhort Aiglhof
Zubau „Das Ufo"
2005
Böhm-Ermolli-Str. 7
Hans Schmidt

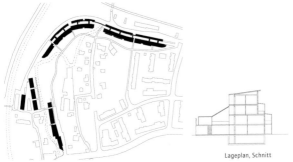

Lageplan, Schnitt

Zentrum Maxglan 2001

Hans-Schmid-Platz/Innsbrucker Bundesstraße 41

Lankmayer Staebner Wieser

Geschäfts- u. Büro-
bau 1996
Innsbrucker Bundes-
str. 47,47a
Jean-Pierre Dürig
& Philippe Rämi

Ambitionierter Bau am Glanbach an einer stadträumlichen Naht-
stelle. Für den schmalen Streifen an der Straße zwischen dem Kern
von Maxglan, der Feuerwache und dem Übergang zum Stölzlpark
gab es 1999 einen zweistufigen Wettbewerb. Das Siegerprojekt,
mit dem Gestaltungsbeirat noch optimiert, kam nur im Südteil zur
Ausführung und folgte dem Motto „Die bewohnbare Stadtmauer".
Westseitig entlang der Straße entspricht ein niedriger Trakt dem
Maß der Umgebung, wirkt als Schallschutz für den Wohnhof dahinter und lässt Süd- und Westsonne dorthin ein. Unten sind Läden,
darüber liegt der verglaste Laubengang mit Wohnungen, die zum
Hof blicken und intime Terrassen mit Südsonne haben. Der hohe
Trakt am Bach enthält durchgesteckte Wohnungen, Vorgärten unten, ab dem 2. Obergeschoß Maisonetten mit Terrassen oben. Der
Kopfbau an der Kreuzung hat einen Vorplatz und beherbergt in
gutem Mix Läden, Beratungsstellen und Büros. Von dem zuerst als
sakrosankt eingeschätzten Altbau Feuerwache blieb nur die Haupt-
fassade und der Umriss des Volumens. ok

Hauptfeuerwache 1993

Jägermüllerstraße 3

Ernst Hoffmann

Der langgestreckte, zweigeschoßige Baukörper mit zurückgesetztem Dachgeschoß bildet den Verlauf des Glanbachs nach. Hoffmann gelingt es überzeugend, die insgesamt 19 seriell angeordneten Garagentore, die das zeitgleiche Ausrücken der Einsatzfahrzeuge gewährleisten, so in das Gebäude zu integrieren, dass ihre funktionelle und technische Ausrichtung in den Hintergrund tritt. Der Knick in der Gebäudemitte, der durch eine im Prinzip nicht notwendige Außentreppe betont wird, lenkt das wandernde Auge ab vom Funktionalismus der seriell aneinandergereihten Feuerwehrausfahrten. Auf dem im Westen liegenden Hofbereich des dreieckigen Grundstücks findet sich noch ein Servicetrakt mit dem obligaten Schlauchturm, der den Berufsfeuerwehrmännern auch für Übungszwecke dient. rh

Hauptschule
Maxglan 2006
Erweiterung und
Sanierung
Wiesbauerstr. 3/
Pillweinstr. 18
Christian Schmirl

Hotel Snooze 2008
Maxglaner Hauptstr.
68
forsthuber – scheithauer • architekten

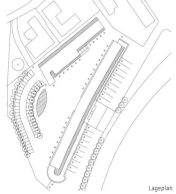

Magazin 2004

Augustinergasse 13a

planquadr.at, Thomas Wizany

Haus A. 1986
Bayernstr. 17
Fritz Lorenz

Der Gebäudebestand mit einem bescheidenen Objekt aus dem 19. Jahrhundert und einem zumindest im 18. Jahrhundert schon nachweisbaren „Stöckl" verweist auf den vorstädtischen Ursprung der Riedenburg. Diese beiden Häuser wurden von Thomas Wizany sanft erneuert und durch einen Zubau im Hofbereich auf ein neues architektonisches Niveau gehoben. Das auf hohen Stahlpfeilern ruhende zweigeschoßige Brückengebäude ergänzt den Bestand nicht nur flächenmäßig, sondern verleiht ihm durch den Kontrast von altem Mauerwerk, skarpierter Mönchsberg-Wand und moderner Stahl- und Glaskonstruktion eine völlig neue architektonische Identität. Solch gekonnte Eingriffe sind für die Altstadt, in deren Schutzzone dieser Bau liegt, von essenzieller Bedeutung. rh

Wohnbebauung Das blaue Haus 1992

Reichenhaller Straße 10b

HALLE 1

Das viergeschoßige Wohnhaus mit zurückgesetztem Attikageschoß war einer der ersten Bauten, die eine neue architektonische Praxis im Altstadtschutzgebiet signalisierten. Er gliedert sich in zwei Hälften, die mit einem transparenten, als öffentliche Zone verstandenen Erschließungskern miteinander verbunden sind. Maßstäblich und typologisch orientiert sich das Haus an den gründerzeitlichen Objekten des Stadtteils, wobei hier die Topografie zum zentralen Faktor des Entwurfs wird: Der leicht zurückspringende Westteil des Hauses, der Platz für Balkone schafft, schließt sich dem Geländeverlauf an. Der trampolinartig in den Straßenraum reichende Steg im obersten Geschoß heftet das Haus wie ein Anker an die Wand des Mönchsbergs. Die Geländesituation wird durch die schwindelerregende Höhe spürbar, in der sich dieser Ausguck befindet. Die tiefblaue Farbe des Hauses unterstreicht seine Individualität und bildet bis heute einen gezielten Kontrapunkt zur ideologisch motivierten „Farblosigkeit" der Altstadthäuser. rh

3. Obergeschoß

Bürohaus Rainbergstraße 2007

Rainbergstraße 3c

Reiner Kaschl – Heide Mühlfellner

Rainberghof 1999
Neutorstr. 21,21a
Erio K. Hofmann

Auf den ersten Blick paradox: ein Glasbau-Würfel direkt unter der senkrechten Felswand! Näher betrachtet, ist es ein eleganter, im aufwändigen Behördenverfahren ausgeklügelter Bau mit Verstärkungen an den durch Steinschlag gefährdeten Bereichen. Das Volumen ist hart an den Fels gesetzt und hat dort, an der verschatteten Südseite, Stiegenhaus, Lift und eine massive Außenwand, die selektive Blicke zum Berg freigibt. Die anderen Fassaden sind Glas-Stahlmembranen mit Brüstungen aus Eichenholz, die auch innen umlaufende Regale bilden. Die ebenfalls in Eiche gehaltenen Jalousien und die in die Glashaut integrierten, öffenbaren Metallpaneele machen die Licht- und Sichtsituation der Büros individuell regulierbar. Das Architektenteam, das hier auch residiert, gestaltete das sehr variabel nutzbare Haus auch in der Außenwirkung wie ein nobles „Büro-Regal". Ebenerdig ist eine Galerie mit eigenem Eingang untergebracht. Gemeinsam nutzbare Dachterrasse. ok

Schnitt

Büro- und Geschäftshaus 1992

Rainbergstraße 3

Fritz Lorenz

Die senkrecht abfallende Wand des Rainbergs prägt das Grundstück, zu dem auch eine Kaverne gehört. Fritz Lorenz adaptierte diese 1991 zur Probebühne des Salzburger Landestheaters und setzte ein gebogenes Sichtbeton-Schild vor den Felsen. Wies Lorenz auf die beiden Eingänge nur mit Metallvordächern hin, so wurden später plumpe Betondächer ergänzt. Beim Bürohaus-Neubau davor rückte Lorenz die westliche Gebäudehüfte zurück und schuf an diesem Schnittpunkt dreier Straßen einen kleinen Vorplatz. Von diesem erschließt sich die lichte, großzügige Halle im Zentrum des Bürohauses. Die gläserne Rückwand und die beiden Lichtbänder im Hallendach geben der imposanten Felswand Präsenz. Das Haus im Schatten des Bergs prägen große, präzis gesetzte Verglasungen und das mit dem Felsen affine Grau des Sichtbetons. Die robuste Materialität in sehr sorgsamer Detailgestaltung ermöglicht dem Haus langfristig ein Altern in Würde. nm

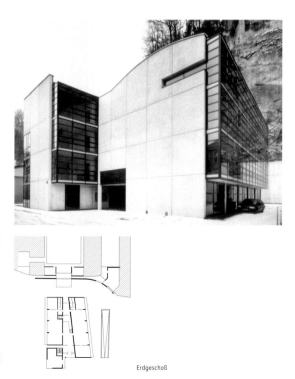

Erdgeschoß

Wohnanlage Lanserhofwiese 2007

Moosstraße 46a-e

Wimmer Zaic Architekten

Leopolskroner
Freibad 1964
Leopoldskronstr. 50
F. Grünberger

Terrassenwohn-
anlage 1980
Leopoldskronstr. 10,
Sinnhubstr. 8
Helmuth Freund,
Adolf Steindl

Freund realisierte
mehrere Anlagen
dieser Art: autonom,
dicht und intro-
vertiert, private
Terrassen, Beton-
struktur begrünt

Das Image der Anlage konfrontiert die benachbarte, niedrig gehaltene Nachkriegssiedlung vor allem mit dem sechsstöckigen, zentralen Wohnturm auf eigenartig monumentale Art und Weise. Trotzdem entstand eine im Wesentlichen gelungene innerstädtische
Nachverdichtung. Dazu nutzten Wimmer/Zaic unverbaute Bereiche
der Siedlung, besonders den früheren Parkplatz an der Moosstraße. Nun nimmt hier eine Großgarage alle Parkplätze auf. In vier
leicht versetzten Riegeln entlang der Moosstraße und im zentralen Solitär entstanden in Ergänzung zum benachbarten Kleinwoh-
nungsbestand 82 Wohnungen. Der Gestaltungsbeirat sprach sich
gegen die zuerst geplante Aufständerung der Riegel mit ebener-
diger Parkierung aus und schlug die Tieferlegung der Garage um
ein Halbgeschoß vor. So verbindet sich natürliche Belichtung und
Belüftung mit verbessertem Lärmschutz und reduzierter Bauhöhe.
Die Freiraumgestaltung ist unbefriedigend. nm+ok

Büro- und Wohnhaus, Umbau 1997

Moosstraße 37

Wimmer Zaic Architekten

Die Stelle markiert den Rand des locker bebauten Geländes an der Moosstraße. Mit einer Kante senkt sich die Landschaft hier zur tiefer gelegenen, nach Süden ausgestreckten Moor-Ebene. Und diese Kante erscheint auch im Raumprofil des radikalen, vom Architekten für eigenen Wohn- und Atelierbedarf erstellten Umbaus. Ursprünglich stand da ein banales Haus mit riesigem Satteldach und Laderampe. Dieser Bestand ist, von außen nicht mehr kenntlich, immer noch rudimentärer Kern der neuen Baufigur: Scharf geschnittene Kuben, schwarz verputzt, bilden den Hauptteil. Sie enthalten auf mehreren Ebenen Büros, öffnen sich mit zweigeschoßiger Glasfront und Halle zum abfallenden Gelände und lassen farblich das Moor und alte Scheunen assoziieren. Auf den dunklen Block, den „Bau der Arbeit", ist ein mit hellen Metallpaneelen verkleideter Pavillon aufgesetzt: ein Penthouse, leicht nach Süden aufgespreizt, umrandet von Terrassen. Weiße Mauern bilden Paravents zwischen Straße, Vorplatz, Park- und Gartenflächen. ok

Wohnbau Am Wildbachgraben 2007
Leopoldskronstr. 33
forsthuber – scheithauer • architekten

Haus F./W. 2008
Schwimmschulstr. 31
Stephan Unger

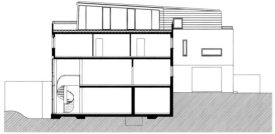

Schnitt

Solarsiedlung 2000

Sandor-Vegh-Straße 6-28

Georg W. Reinberg

Schon das Entree mit dem markanten 100.000-Liter-Speicher soll den „Energiegehalt" der Siedlung mit 61 Wohnungen symbolisieren. Die vier südorientierten Zeilen öffnen sich im Westen zur Moorlandschaft. Höhe, Gestaltung und Abstand sind für die passive Solarnutzung optimiert. Das nördlichste Dach als 410 m² große Kollektorenfläche anstelle einer Deckung speist ein Drittel der Energie für Heizung und Warmwasser – ergänzt um Biomasse – ein. Der Vorkämpfer für eine ökologische Architektur setzte zudem auf kontrollierte, im Wintergarten vorgewärmte Lüftungen, Grasdächer zur Regenwasserrückhaltung, Sickermulden, Eigenkompostierung und hohe Wärmedämmung. Mit der Realisierung des Siegerprojekts des Gutachterverfahrens konnte Georg. W. Reinberg hohe, landschaftsbezogene Wohnqualität mit einem solaren Niedrigenergiekonzept verbinden, was manches gestalterisch mäßige Detail hell überstrahlt. nm

Schnitt

Lehrbauhof 1989

Moosstraße 197

Michael Alder, Hanspeter Müller

Kurz bevor das Leopoldskroner Moor an der A 10 endet, liegt der Lehrbauhof an der als Damm geführten Moosstraße. Er verdeutlicht diese Grenzlage, zieht südwärts mit großer Kontur das Gelände nach und entsendet nordwärts, zur Stadt hin, offene Trakte und Höfe und den klar markierten Vorplatz. Die horizontale Silhouette des Ganzen antwortet auf den Landschaftsraum. Attraktiv ist im Inneren die Verbindung von Theorie und Praxis gestaltet: Über galerieartige, zweigeschoßige Gänge gelangt man von den auf durchgehendem Sockel hochgehobenen Klassen im Südtrakt zu den zur Morgensonne geöffneten Werkhallen. Ein Lehrstück moderner Betontechnik, vom Sichtmauerwerk über Säulen und Decken in Ortbeton bis zu den vorgespannten Tragschalen der Hallen. Ein statischer Adaptierungsplan der Hallen von Klaus Kada wurde verändert und in Eigenregie umgesetzt. Der aktuelle Umbauplan für den Eingang und die zunehmend für Ausstellungen und Theater genutzte Festhalle steht in deutlichem Kontrast zur Architektur Alders, die 1990 mit dem Landesbaupreis ausgezeichnet wurde. ok

Pfarrhaus Leopoldskron 1980
Moosstr. 73
Heinz Tesar

Kindergarten Leopoldskron 2001
Schwarzgrabenweg 1
one room

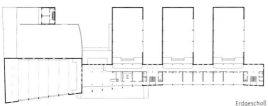

Erdgeschoß

4

14

Holzwohnbau Glantreppelweg 1999

Irma-von-Troll-Straße 24-28

HALLE 1

Wohnanlage 1992
Glanfeldstr. 3-13
Helmut Reitter

Erst die Bautechnikgesetznovelle 1997 ermöglichte dreigeschoßige Holzbauten größeren Ausmaßes in Salzburg und die Realisierung dieses Wettbewerbssiegerprojekts. Im schlanken „Holzriegel" orientierten Gerhard Sailer und Heinz Lang die 14 geförderten Wohnungen zum Garten im Südwesten und situierten unter der Auskragung des Hauses einladend den multifunktionalen, lichtdurchfluteten Gemeinschaftsraum. Die im Holzständerleichtbau integrierten drei Stiegenhäuser aus Betonfertigteilen erleichterten Aussteifung und Brandschutz. Brettstapeldecken tragen die großzügigen Verandazonen und bringen die sensitiven Holzqualitäten in die Wohnungen: jeweils 86 m² für 4-5 Personen: An den zentralen, beidseitig belichteten Wohn-Essraum mit Küche schließen sich drei Zimmer, Diele, Bad, WC und Abstellraum an. Der Modellcharakter des Pilotprojekts beruht nicht allein auf der Bauweise, die hohe Wohnqualität stellte die üblichen Anforderungen im geförderten Mietwohnbau infrage. nm

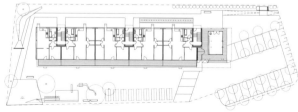

Erdgeschoß

Salzburger Blumenhof 1994

Mehrlgutweg 29

Robert Wimmer

Auch ein scheinbar belangloser Platz, ein wenig aufregendes Programm können Architektur werden. Der Grund hier ist bretteleben, Nordecke der „Kendlersiedlung", daneben die Südschleife des Salzburger Flugfeldes; die „Gartenbau Einkaufs- und Verkaufsgenossenschaft", die Blumenläden im weiten Umkreis beliefert, brauchte eine kleine Verkaufshalle, ein paar Büros und riesige fensterlose Lagerhallen. Und doch machten die Architekten daraus eine prägnante Baugestalt, fassten alle nötigen Fensterflächen in eine zweigeschoßige, aufs Flugfeld gerichtete Eingangs-Glaswand zusammen, die dem langen Schwung der Straße folgt, und spitzten das Nordende mit der innen freistehenden Bürotreppe zu einer grandiosen Ecke zu. Walter Zschokke schrieb: „Die Polarisierung von Wand- und Fensterflächen zur Spitze hin verleiht dem Gebäude ein monumentales Aussehen, das im Maßstab bestens zu den startenden und landenden Flugzeugen auf der nahen Rollbahn passt." Der Vorplatz ist jetzt mit stattlichen Bäumen bewachsen. ok

Pfarrzentrum
St. Vitalis 1972
Kendlerstr. 148
Wilhelm Holzbauer

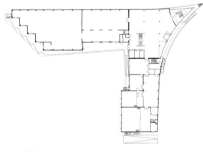

Erdgeschoß

Modellwohnbau Stieglgründe 2002

Klostermaierhofweg 8-30

archsolar, Landschaftsplanung: ARGE Hattinger – Stöckl

Der Wohnanlage mit 128 Wohnungen setzt auf einem Masterplan auf, den One Architecture (Joost Meuwissen/Matthijs Bouw) 1996 entwickelt haben. Dieser sollte die sogenannten Stieglgründe funktionell und städtebaulich gliedern, und zwar in Bereiche für sozialen und studentischen Wohnbau, Altenwohnungen sowie für Freizeit- und Sporteinrichtungen. Allerdings kann nur die von Schwarzenbacher/Oberholzer geplante Wohnanlage, für die ein sozialorganisatorisches Begleitprogramm entwickelt und die 2003 mit dem Landesenergiepreis ausgezeichnet wurde, auch in der Umsetzung überzeugen. Die Wohnungen, die mit einer Komfortlüftung mit Wärmerückgewinnung ausgestattet sind, werden über eine zentrale Holzpellets-Heizung sowie 380 m2 Sonnenkollektoren thermisch versorgt. Zeilenförmige, viergeschoßige Baukörper mit zurückgesetzten Attikaaufsätzen, die in Nord-Süd-Richtung verlaufen, öffnen sich zum Landschaftsraum im Süden. Ein dazu quer liegender kürzerer Bauteil schließt die Anlage im Norden ab. rh

Wohnanlage Oasis 2000

Steinerstraße 3-11

Rieder-Tschapeller-Wörndl

Der Boden weitum ist Moor, wurde zum Torfstechen genutzt, ein erhöhter Damm begleitet den Glanbach. Das Projekt wurde von Beginn an in Konsultationen mit dem Gestaltungsbeirat entwickelt. Eine Siedlung sollte das Muster der Bodenbearbeitung in ein Wohnrelief transformieren: Dämme, Gräben der Drainage, Gliederung des Terrains in Feldern. So strahlen jetzt zwei gebaute „Dämme" quer übers Gelände aus und bilden die Stege der Erschließung. Die Senke ist in ein Netz kleiner Wälle und „grüner" Kammern aufgeteilt – sichtgeschützte Privatgärten mit Annexen der zum Grün nach unten aufgeweiteten Reihenhauswohnungen; darüber eine Lage Maisonetten mit Terrassen im Dach. Im Kontrast fassen die Enden der Trakte zwei hohe Kopfbauten – „Schachfiguren" auf der quadrierten Ebene; die Fertigteilfassaden sind teilweise mit Membranen überspannt, wohnlich gemacht, entgeometrisiert, übertapeziert. Im Zuge der Fertigstellung kam es zu Änderungen durch den Bauträger: Der poetische Ansatz wurde nicht zu Ende gebracht. ok

Bürogebäude 2001

Innsbrucker Bundesstraße 71

HALLE 1

Die Innsbrucker Bundesstraße verbindet als Entwicklungsachse von wachsender Bedeutung das Stadtzentrum mit der Peripherie. Mit den Möglichkeiten, die sich aus der Behandlung einer Parzelle ergeben, sollte mit diesem Objekt ein Gegenpol zur dominanten Bewegungsrichtung des Verkehrs entstehen. Aus diesem Grund wurde der Baukörper deutlich von der Straße abgesetzt und der entstehende Freibereich mit einem enorm auskragenden Vordach umhüllt. Durch diesen markigen Akzent wurde der in einer substanziellen Wandlung begriffene Straßenzug pointiert neu definiert.

An der nach Süden zum Grünraum orientierten Gebäudeseite sind die Geschoße kaskadenartig gestaffelt, sodass unmittelbar an einer der frequentiertesten Straßen Salzburgs tiefe und ruhige Terrassen entstehen konnten. Sie bieten herrliche Ausblicke in eine Landschaft, die sich, je nach Witterung, Tages- und Jahreszeit als stets neues Naturschauspiel entfaltet. rh

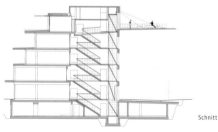

Schnitt

kadawittfeldarchitektur

Am Rande der Stadt, an der Grenze zur Gemeinde Wals, treffen die unterschiedlichen Planungsphilosophien mit der Wucht alltäglicher Banalität aufeinander. Während man in der Stadt um Architekturqualität bemüht ist, schwört man jenseits der Grenze auf die Kräfte des entfesselten Markts. Mit provokanter Gelassenheit haben die Architekten dieses schneidige Stück Architektur in die bauliche Wüste gesetzt. Ein weit ausladender Dachschirm, der auf schräg gestellten, trapezförmigen Flächen zu ruhen scheint, betont das Monumentale des Objekts. Auf der erhabenen Hauptebene, über breite Rampen automobil erschlossen, präsentieren sich unter dem Vordach und hinter den Scheiben des riesigen Schauraums die Nobelkarossen. Im Untergeschoß, wo sich Großwerkstätte, Lehrbetrieb und Ersatzteillager befinden, werden Schadensfälle abgewickelt. Ein fünfgeschoßiger Bürotrakt ist so unauffällig ins Haus integriert, dass er von der Straße aus kaum wahrnehmbar ist. rh

ÖFAG Automobil-Ausstellungshalle u. Bürohaus 1974
Innsbrucker Bundesstr. 128
G. Garstenauer
Umbau und Erweiterung ab 2010
HALLE 1

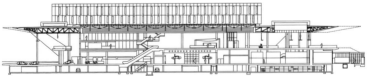

Längsschnitt

Hangar 7 2003, **Hangar 8** 2004

Wilhelm-Spazier-Straße 7a

Volkmar Burgstaller

Flora Blumengroß-
handel 1985
Karolingerstr. 22
Franz Kiener

Im heterogenen Flughafenumfeld ist das signifikante Zeichen des in jeder Hinsicht aufwändigen Hangars 7 leicht zu finden. Einzelbesucher können die multifunktionale Halle für Dietrich Mateschitzs Flugzeug-Oldtimer sowie für Kunst und Kulinarik besichtigen. Mit dem dominanten Stahl-Tragwerk und den etwas unbeholfen in die Hangar-Schale eingeschnittenen Glaszylindern entspricht das leicht gekippte Ellipsoid wesentlich weniger der Maxime des Architekten „reduced to the max" als der benachbarte, ebenfalls gläsern umhüllte Hangar 8. Diese Flugzeugwerft ist etwas kleiner und war weit kostengünstiger. Eine elliptische, nur 26 cm starke Netzwerkschale mit dreiecksförmiger Teilung überspannt leicht, elegant und effizient die Fläche von 63 x 58 Metern. Die 1650 zweisinnig gekrümmten, auf Halterungsleisten geklebten Isolierglasscheiben sind überwiegend durchscheinend. Gleichmäßig gestreutes Licht schafft optimale Arbeitsbedingungen. nm

Wohnanlage Loig 1996

Dr.-Matthias-Laireiter-Straße 4,6,8,10

HALLE 1

Das dörflich-landwirtschaftlich geprägte unmittelbare Umfeld der Wohnanlage steht in hartem Kontrast zur weiteren Umgebung mit Flughafen, Hotels und Einkaufszentren. Die drei Baukörper der Anlage, die in je zwei Häuser gegliedert sind, bilden mit Vorplatz und grünem Anger die zeitgemäße Interpretation einer dörflichen Struktur. Sogar vorhandene Obstbäume blieben erhalten und sind in die Freiraumgestaltung integriert. Leitmotiv des Projekts ist die Übertragung der Qualitäten des Einfamilienhauses auf den Geschoßwohnbau. Formal zeigt sich das in der starken Gliederung der Bauteile. Terrassen, Loggien, bzw. die ebenerdigen, fingerartig in den Raum ausgreifenden Bauteile schaffen geschützte Freibereiche und individuelle Wohnsituationen, wie man sie im Allgmeinen nur beim Einfamilienhaus findet. Die Tiefe der Laubengänge ist über das übliche Maß hinaus aufgeweitet, sodass kommunikative Zonen entstehen. Die Dachterrasse im nordseitigen Baukörper ist für Gemeinschaftsaktivitäten der Bewohner reserviert. rh

WTC Wals Trade
Center 2007
Airportcenter
F.-Brötzner-Str. 11-15
Fritz Lorenz,
Manfred Otte,
Wolfgang Pessl

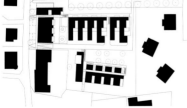

Lageplan

Direkt an Deutschland grenzt der Nordwesten der Stadt Salzburg. Diesen Bereich außerhalb des Autobahnrings prägte einst ein Bauern- und Fischerdorf. Das heutige „Alt-Liefering" liegt auf einer teilweise durch nacheiszeitliche Ablagerungen von Salzach und Saalach entstandenen Terrasse. Das rund zehn Meter tiefer liegende Überschwemmungsgebiet bildete große Augebiete in Liefering und im Stadtteil Lehen, dem Mülln am Rande der Altstadt benachbart ist. Die Flussregulierungen von Salzach, Saalach und Glan, um 1900 der Bau der heutigen Lehener Brücke und der Ignaz-Harrer-Straße sowie deren Verlängerung 1938/39 waren wichtige Impulse für die Besiedelung und Bebauung. Zäsuren bildeten der Bau von Bahn 1860 und Autobahn im Dritten Reich. Südlich ihrer Kreuzung entstand auf der Grünen Wiese die „Schlafstadt" Taxham, leider nicht nach dem im Wettbewerb 1954 ignorierten, innovativen Konzept der arbeitsgruppe 4. Ihr südlicher Teil wurde mit der Flughafenvergrößerung gestrichen. Bauboom und Massenwohnbau ab den 1950er Jahren prägten auch das Erscheinungsbild von Lehen und Liefering und führten zu Bauspekulation und sehr hohen Bebauungs- bzw. Bevölkerungsdichten. Dagegen wehrten sich die Lehener in den 1970er Jahren und zwangen die Politik, Parks auf teuer gekauften Bauparzellen zu schaffen. Mitte der 1980er Jahre entstanden mit der Forellenwegsiedlung und dem Hans-Sachs-Hof Vorzeigeprojekte am Beginn der Architekturreform. Die Ignaz-Harrer-Straße, einst belebte Wohnstraße und Salzburgs modernste Einkaufsstraße, zerschneidet heute als überlastete Verkehrsader Lehen. Sie kämpft ums Überleben zwischen Shopping in Altstadt und Speckgürtel. Mit dem Projekt „Entwicklungskorridor Ignaz-Harrer-Straße/Münchner Bundesstraße" ging die Stadtplanung 1998 in die Offensive: Die Neunutzung von Orten mit Entwicklungspotenzial sollte die Lebens- und Wohnqualität erhöhen. Alle Ideen für Liefering versandeten. In Lehen sind hingegen die Projekte der HALLE 1 an der Ignaz-Harrer-Straße und die „Neue Mitte" Realität. In Umsetzung sind die Neunutzungen der ehemaligen Areale der Stadtwerke und der Reparaturwerkstätte von Mercedes in der Siebenstädterstraße.

Auf Stadtgebiet haben sich noch große Grünräume zwischen Saalach und Salzach erhalten. Allerdings setzte auf dem Gelände der ehemaligen Trabrennbahn der FC Red Bull ohne Wettbewerb – der Gestaltungsbeirat forderte diesen erfolglos – den Bau einer Fußballakademie durch. Die Umlandgemeinde Wals-Siezenheim setzte mit dem 2003 eröffneten Stadion im Landschaftsschutzgebiet vor Schloß Klessheim die Verbauung des dortigen Grünbereichs fort. Auch der Grüngürtel um die Stadt zieht sich durch diese Speckgürtel-Gemeinde. Deren Bürgermeister Ludwig Bieringer erklärte 2005 offen: „Wir haben 48 Prozent Grünland und werden das nicht verbauen. Außer es kommt einer, der unbedingt dort hin will." nm

Lehen
1 **Bundeshandelsakademie
 und -handelsschule**
 Johann-Brunauer-Str. 2-4
2 **Wohnanlage Hans-Sachs-Hof**
 Schießstattstr. 7-13
 Siebenstädterstr. 14-18
3 **Wohn- und Geschäftshaus @fallnhauser**
 Ignaz-Harrer-Str. 36
4 **Stadtwerkeareal**
 Rosegger-, Gaswerk-, Struberg-,
 Ignaz-Harrer-Str.
5 **Neue Mitte Lehen**
 Schumacherstr. 14/Tulpenstr. 1
6 **Wohnanlage**
 Fasaneriestr. 31/Paumannstr. 4,6
7 **Verwaltungsbebäude GSWB**
 Ignaz-Harrer-Str. 84
8 **Christian-Doppler-Klinik
 Schwesternheim**
 Guggenmoosstr. 47

Liefering
9 **Wohnbebauung**
 Kapellenweg 23-29
10 **Wohnanlage Karlbauernweg**
 Leonhard-Steinwender-Weg 6
11 **Wohnanlage**
 Leonhard-Steinwender-Weg 8-22

Taxham
12 **Kinder- und Jugendhort Taxham**
 Otto-von-Lilienthal-Str. 1
13 **Europark I, Europark II**
 Europastr. 1

Gemeinde Wals
14 **Stadion Salzburg**
 Wals – Stadionstr. 1
15 **Landwirtschaftl. Fachschule Klessheim**
 Wals – Klessheim 16

Liefering Nord
16 **Wohnanlage Forellenweg**
 Eugen-Müller-Str. 15-101
17 **HALE electronic**
 Eugen-Müller-Str. 18
18 **Montessori Kinderhaus Liefering**
 Laufenstr. 49
19 **Kinder- und Jugendhaus**
 Laufenstr. 43

Bundeshandelsakademie u. -handelsschule 2007

Johann-Brunauer-Straße 2-4

one room

Berufsschule II 1951
Makartkai 1
Erich Horvath

Wohn- und
Geschäftshaus
Menapace 1956
Ignaz-Harrer-Str. 8
Thomas Schwarz

Der Ansturm von mehr als 1000 SchülerInnen auf insgesamt vier Schulen sowie die Abendschule für Erwerbstätige erforderte eine räumliche Erweiterung der kubischen Bestandsbauten, die 1969–1971 von den Architekten Wolfgang Soyka, Hans Rauth und Werner Maiacher realisiert wurden. Durch die Intervention wurden sie in ihrer Wertigkeit bestätigt, mit der hinzugefügten konkaven Spange aber nicht nur baulich, sondern auch formal und inhaltlich erweitert. Der aufgeständerte Neubau definiert eine Vor- und Zugangszone sowie einen introvertierten Hof. Im 1. Obergeschoß verbindet der Trakt in einem lichtdurchfluteten Ambiente die Pausenhallen der beiden Schultypen miteinander. Der überdeckte Vorbereich ist ein vermittelnd-begrenzendes Element zum Straßenraum und verankert mit seiner Durchlässigkeit die Schulen im Kontext der Uferzone an der Salzach. Verblüffend ist die Stringenz der architektonischen Mittel, die sich trotz – oder vielleicht gerade wegen – ihrer weichen Form gegenüber dem Bestand behauptet. rh

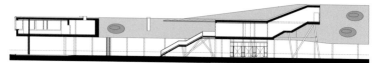

Schnitt

Wohnanlage Hans-Sachs-Hof 1989

Schießstattstraße 7-13a, Siebenstädterstraße 14-18

Diener & Diener Architekten

Nach der Forellenwegsiedlung (siehe 5.16) war diese Anlage mit 85 Eigentumswohnungen, Geschäften und Büros das zweite frühe Vorzeigeprojekt der „Architekturreform". Aus einem salzburgoffenen Wettbewerb 1986 mit internationalen Zuladungen gingen Diener & Diener siegreich hervor. Die Baseler Architekten thematisierten die städtebauliche Bruchstelle zwischen gründerzeitlicher Blockrandbebauung und Wohnsolitären der 1960er Jahre. Zwischen geschlossener und offener Bebauung vermitteln ihre drei in rot, gelb und blau gehaltenen, reduziert zwischen Loch- und Rasterfassade formulierten Baukörper. Diese begrenzen den trapezförmigen, durch Blickverbindungen und Passagen geöffneten, begrünten Hof mit Kinderspielplatz. Das gelbe Haus beherbergt Gemeinschaftsräume direkt am Hof, das rote Haus eine attraktive Gemeinschafts-Dachterrasse. Hohe Wohnqualität in Maisonetten, Garçonnièren und bis zu 4-Zimmer-Wohnungen entstand bei der für Salzburg hohen, hier gut bewältigten Geschoßflächenzahl von 1,68. nm

Lehener Hochhaus
1959
Siebenstädterstr. 23
Karl S. Huber

Wohnhaus 1964
A.-Stockinger-Str. 11
G. Garstenauer

Laubenganghaus
1964
Althofenstr. 3
F. Medicus,
G. Garstenauer und
H. Freund

Wohnhochhaus
1971
Althofenstr. 1
G. Garstenauer

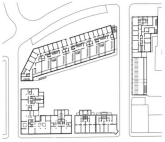

 Erdgeschoß

Wohn- und Geschäfthaus @fallnhauser 2006

Ignaz-Harrer-Straße 36

HALLE 1

Das Wohn- und Geschäfthaus schließt an die bestimmende spätgründerzeitliche, allerdings durch Bauten aus den 1950er bis 1970er Jahren gestörte Blockrandbebauung an. Auf dem rund 2500 m² großen Areal wurden insgesamt drei Objekte situiert, wobei nur zwei davon, der leicht nach innen geknickte Trakt an der Ignaz-Harrer-Straße und der Hoftrakt, direkt zusammenhängen. Der dritte Bauteil an der Alois-Stockinger-Straße ist durch ein bestehendes Gebäude im Block getrennt. Mit seiner zweischaligen, gläsernen Fassade erweckt das Objekt an der enorm verkehrsbelasteten Hauptstraße die Anmutung eines städtischen Geschäftshauses. Das nordsüdorientierte „Hofhaus" enthält Split-Level-Wohnungen in klassischer Manier, wie sie Le Corbusier entwickelt hat. Der dritte Bauteil an der Ostseite des Bauplatzes setzt die Blockrandstruktur an der Stockinger-Straße in einem amorph ausschwingenden Baukörper fort, der eine weiche Übergangszone zu den Nachbarobjekten an der Nordseite bildet. rh

Stadtwerkeareal, Neubebauung ab 2004

Rosegger-, Gaswerk-, Struberg./Ignaz-Harrer-Str.

Max Rieder mit slowfuture.com, Jürg Dietiker

Das Stadtwerke-Hochhaus von 1968 (E: Erich Horvath/Josef Hawranek) wird trotz Aufstockung bei der Nachnutzung des gut angebundenen, ca. 4,25 Hektar großen Industrie- und Verwaltungsareals an Markanz verlieren. Die für Salzburg hohe Dichte mit einer GFZ 1,6 bei 46% Freibereichen soll nach Max Rieders Masterplan „innerstädtisches Leben" generieren. transparadiso (Barbara Holub, Paul Rajakovics, Bernd Vlay) gab nach dem dreistufigen Wettbewerb 2006 das Leitprojekt vor und realisiert den Großteil der 289 geförderten Mietwohnungen in streifenförmigen Bebauungen und Punkthäusern nördlich des zentralen Boulevards. Zu diesem öffnet sich die „urbane Sockelzone". Ein Bonuskubatur-Modell gewährleistet zusätzliche Dichte für den Hochbau, um diese 1600 m² für NGOs, soziale und kulturelle Einrichtungen leistbar zu machen. Ein vielfältiges Wohnmilieu und „urbanes Leben" sollen durch attraktive innerstädtische Räume, hohe Wohnqualität und öffentliche Freiräume verwirklicht werden, so die Jury 2006 zuversichtlich. nm

Architekten:
transparadiso
149 WE u. Sockelzone, Bauteil der GSWB

Bernd Vlay
86 WE u. Sockelzone, Bauteil der Heimat Österreich

Feichtinger Architects
54 WE u. Kindergarten

forsthuber – scheithauer • architekten
Studentenheim u. Gewerbeflächen im Bauteil der Heimat Österreich

Land-in-Sicht, Thomas Proksch
Freiraumplanung, Wohnbau u. Sockelzone

Berger+Parkkinen
Gewerbeteil im Süden des Areals: 2010-14
Kernzone mit Competence Park

Riepl Riepl Architekten
Sanierung und Aufstockung des Hochhauses

Boris Podrecca
Hotel

agenceter
Freiraumplanung und Gewerbeteil

Modell, Blick von Süden

Neue Mitte Lehen 2009

Bau West: Schumacherstraße 14/Bau Ost: Tulpenstraße 1

HALLE 1

Hauptschule Lehen
1961
Siebenstädterstr. 34
Rudolf Raffelsberger

Wohnhäuser und
Geschäftszeile 1963
I.-Harrer-Str. 56/
Schuhmacherstr. 1-7
Josef Becvar

Laubenganghaus
1973
Schuhmacherstr. 11
Wolfgang Soyka

Nur der Fußballclub machte den dicht besiedelten, überwiegend im Wiederaufbau-Boom entstandenen Stadtteil im Nordwesten überregional bekannt. Jedoch wurde das Stadion 2003 in den Speckgürtel vor Schloss Klessheim abgesiedelt. Identitätssichernde Signifikanz setzte das Siegerprojekt im EU-weiten Wettbewerb gegenüber dem heterogenen Umfeld ab. Die HALLE 1 machte das Spielfeld zum öffentlichen Park, die freiräumliche Gestaltung besitzt allerdings noch Entwicklungspotenzial. Zwei Neubauten ersetzen die Tribünen. Im Bauteil Ost spannt sich über Seniorentreff und Veranstaltungssaal brückenartig das dreigeschoßige Laubenganghaus mit 48 westorientierten Wohnungen. Die den Straßenverlauf nachzeichnende Auskragung im Bauteil West beherbergt die großzügige und allseitig transparente Stadtbibliothek mit offener Leseloggia. Darunter gibt es Büros, Gastronomie und Geschäfte. Die markante, über dem ehemaligen Fußballrasen sitzende Panorama-Bar soll als Eyecatcher und „Attraktor" zur Altstadt vermitteln. nm

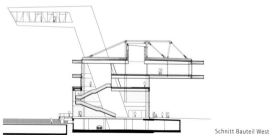

Schnitt Bauteil West

5

6

Wohnanlage 1980

Fasaneriestraße 31/Paumannstraße 4,6

Gerhard Garstenauer

Mercedes Benz,
Zentralersatzteil-
lager 1974
Siebenstädterstr. 49
G. Garstenauer

Parklife: Betreu-
bares Wohnen samt
Seniorenwohnhaus,
Tagesstätte, Ver-
brauchermarkt und
Park 2010-12
Siebenstädterstr.
50, 52,
Franz-Martin-Str. 26,
Revierstr. 1
Touzimsky Herold
Architektur mit
Wolfram Mehlem:
Der siegreiche
Entwurf des Euro-
pan Wettbewerbs
2002/03 entsteht
anstelle der LKW-
Reparaturwerkstät-
te von Mercedes, ei-
ner Pionierleistung
im Industriebau von
G. Garstenauer/
W. Soyka aus den
Jahren 1960-62

Gerhard Garstenauer bezog sich mit dem höheren Wohntrakt auf sein benachbartes Mercedes-Zentralersatzteillager und erreichte zudem eine Abschirmung zur Straße im Norden. In diesem Schutz öffnet sich der zweite, niedrigere, lagernde Trakt – dem Sonnen-kreis von Süd nach West folgend – mit Terrassenwohnungen groß-zügig zum Park. So wurden auch die Wohnungen am zentralen Hof mit Gemeinschaftsräumen und Blickbeziehungen direkt besonnt. Errungenschaften der Moderne mit möglichst viel „Licht, Luft und Sonne" für die 65 geförderten Wohnungen verbinden sich synthe-tisch mit freiräumlich-städtebaulicher Klarheit und kontextueller Maßstäblichkeit. Das Beispiel einer „differenzierten Moderne" er-reicht zwischen den Dogmen von Moderne und Postmoderne und ihren oberflächlichen Formalismen eine eigenständige, strukturelle Qualität. Diese überstrahlt spielend unbedarfte Umgestaltungen wie Gelbfärbelung anstelle warmer Sandfarbe, Verhüttelung der Terrassen und unpassende Nadelbäume im Hof. nm

Verwaltungsbebäude GSWB 1991

Ignaz-Harrer-Straße 84

Gerhard Garstenauer

5

7

Selbst ein so eingefleischter Modernist wie Garstenauer musste (und konnte) das damals aktuelle Revival tradierter Kompositorik mitgehen, allerdings nie nur äußerlich, vielmehr stets von räumlich-konstruktiver Logik bestimmt. Zwei Trakte ergänzen höhere Bauten im Hintergrund zu einem Geviert mit Innenhof. Der dreigeschoßige Teil an der Ignaz-Harrer-Straße reagiert auf den Kurvenverlauf, die gebogene Fassade vermittelt mehr noch auf den westlich anschließenden Grünraum des Glanbaches, den eine markante „Baumkulisse" in gegenläufiger Kurve begleitet. Die gebaute Kurve ist zur General-Arnold-Straße hin nicht abgehackt, sondern konsequent in eine „runde Ecke" eingerollt, deren äußere Hermetik Vertikalität signalisiert und die an dieser Kreuzung aufeinandertreffenden Raumrichtungen fokussiert. Die Hermetik der Rundung ist auch innen begründet, indem sich hier die Sanitärräume konzentrieren und die Stiegenhalle die ganze Bauhöhe ausspielt. Die Rundung leitet zudem zum niedrigen Seitenteil an der General-Arnold-Straße über, der viel Ostlicht in den Hof lässt. Das Achsenkreuz der inneren Wege öffnet sich schließlich nach außen in die große Glasfläche beim Eingang. ok

Wohnanlage 1964
Guggenmoosstr.
41-45
Thomas Schwarz

Hypo-Bank 1983
I.-Harrer-Str. 79a
G. Garstenauer

HBLWM 1959
Salzburg Annahof
Guggenmoosstr. 44
Anton Frisch,
Max Ripper,
Hermann Rehrl;
Generalsanierung
und Erweiterung
2002
Schmidsberger
& Knall

Christian-Doppler-Klinik, Schwesternheim 1996

Guggenmoosstraße 47

Wolfgang Pessl, Ulrich Staebner

Christian-Doppler-
Klinik, Geriatrie
1992
Ignaz-Harrer-Str. 79
Fritz Lorenz:
Im großen, viertel-
kreisförmigen Bogen
wird die Anlage
Richtung Südwesten
abgeschlossen.
Großzügige Patien-
tenräume, mit ver-
glasten Erkern

Christian-Doppler-
Klinik, Universitäts-
klinik für Psychiatrie
und Psychotherapie
2001
F. Brandstätter:
Ambitioniertes Pro-
jekt, ursprünglich
in Holzbauweise
geplant

Ulrich Staebner konnte die Personalwohnungen auf der Restfläche an der Geländekante zwischen der höhergelegenen Terrasse und der salzachnahen Alluvialebene so situieren, dass der Hang spürbar blieb. Er setzte unten wie oben zwei dreigeschoßige Laubengang-häuser. Die Wohnungen mit Balkonzonen sind südwestorientiert, der Gemeinschaftsraum öffnet sich zum Garten. Die profilitverglas-te Verbindungsbrücke vermittelt zu den ebenfalls lichtdurchflute-ten Erschließungen und bildet mit den Dreigeschoßern eine haken-förmige Gesamtfigur.

Auf der Terrassenebene war das Krankenhaus 1898 im damals mo-dernen Pavillonsystem realisiert worden. Im Zentrum der Anlage besetzten vier Gebäude die Ecken des parkartigen Grünraums. Die-ser sollte in den 1980er Jahren mit der Geriatrie verbaut werden. Der damalige Planer Fritz Lorenz äußerte starke Bedenken und realisierte schließlich westlich ein attraktives Gebäude. 2001 for-mulierte Friedrich Brandstätter mit der Psychiatrie und Psychothe-rapie II eines der vier Eckgebäude des Parks neu. nm

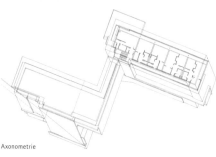

Axonometrie

Wohnbebauung Kapellenweg 2008

Kapellenweg 23,25,27,29

lankmayer wieser cernek architektur

Das Siegerprojekt des geladenen Wettbewerbs 2006 ermöglichte einen großzügigen durchgehenden Freiraum im Südwesten. Die Architekten Wilhelm Lankmayer, Michael Wieser und Walter Cernek situierten nämlich parallel zum Kapellenweg eine dreigeschoßige Zeile. Diese gibt – aus fünf feingliedrigen Körpern locker gebildet – dem heterogenen Gebiet eine klare Struktur. Trotz einer Gebäudetiefe von annähernd 14 Metern sind die 24 hochwertigen, geförderten Wohnungen hell. Dies ermöglichen zwischengeschaltete Erschließungszonen, große Fensterflächen und großzügige, gedeckte Terrassen. Die 2-, 3- und 4-Zimmer-Wohnungen sind barrierefrei und öffnen ihre Wohnräume mit großzügigen Freibereichen – Gartenanteile oder attraktive Terrassen – nach Südwesten. Die optimale Anwendung der Wohnbauförderung für Barrierefreiheit und energieökologische Maßnahmen ermöglichte die Realisierung der hohen Wohn- und Architekturqualität. nm

Lageplan

Wohnanlage Karlbauernweg 1997

Leonhard-Steinwender-Weg 6

HALLE 1

Die kleine zweigeschoßige Wohnanlage integriert sich selbstverständlich in die umgebende Wohnbebauung und schafft eine Schnittstelle zwischen dem dörflich strukturierten Alt-Maxglan und den anschließenden gewerblichen Objekten. Die L-förmige Anlage, im programmatischen Weiß der klassischen Moderne gehalten, setzt sich aus drei Bauteilen zusammen. Die Wohnungen verfügen mit ihren großzügigen Gartenanteilen und Terrassenflächen über jene Qualitäten, die für ein urbanes Wohnen heute unerlässlich sind.

Seit der Errichtung dieser relativ kleinen Anlage entstanden in der Umgebung einige größere Siedlungen, welche die Maßstäblichkeit dieses Objekts, insbesondere das ausgewogene Verhältnis von Bebauungsdichte und Freiraumangebot, leider vermissen lassen. rh

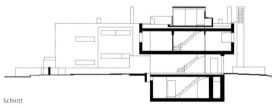

Schnitt

Wohnanlage 2004

Leonhard-Steinwender-Weg 8-22

one room

Im Kontext aufgelassener und zum Teil noch gewerblich genutzter Flächen bildet die Wohnanlage ein ordnendes Rückgrat. Sie definiert sich weniger aus dem Vorhandensein der Baukörper als aus der Verästelung von Wegen, Platzräumen und sonstigen Freiflächen. Entlang der in Nord-Süd-Richtung verlaufenden Mittelachse bilden öffentliche und halböffentliche Zonen den Übergang zu den privaten Freibereichen. Das Ergebnis ist ein dichtes Flechtwerk aus Körpern und Räumen. Die Wohnungen in den acht in kräftigem Orange gehaltenen drei- bis fünfgeschoßigen Baukörpern, die übrigens von einem privaten bzw. einem genossenschaftlichen Bauträger realisiert wurden, sind konsequent nach Süden orientiert. Diese Gleichbehandlung schafft – in Verbindung mit der räumlichen Differenz – jene homogene Wohnatmosphäre, die überdies verhindert, dass die unterschiedlichen Besitzverhältnisse innerhalb der Anlage spürbar werden. rh

Spedition Lagermax
Truckterminal 1999
Radingerstr. 16/
Siezenheimer Str.
Klaus Kada

Wohnanlage Solaris
2005
Klessheimer
Allee 41,43/Julius-
Welser-Str. 16-26,
21,21a
kofler architects

Kinder- und Jugendhort Taxham 2000

Otto-von-Lilienthal-Straße 1

Maria Flöckner und Hermann Schnöll

Altbestand

Die Architekten setzten eine leichte „Holzhaube" auf den bestehenden Sporthallentrakt, dessen einstiger Wärmeverlust nun annähernd dem Fremdenergiebedarf des Horts entspricht. Zudem spielte diese intelligente Entscheidung im besten Sinn „ökonomisch" den kostbaren Pausenhof frei, statt ihn – wie die anderen Vorschläge im Bauträgerwettbewerb 1998 – zu verbauen. Verbindungstreppen öffnen den Hof Richtung Wohnquartier, Pfarrzentrum und zu den Freizeiträumen. Der Körper aus vorgefertigten, hochgedämmten Holzelementen bietet mit seinen eigenwilligen Faltungen, Klappungen und Auskragungen regengeschützte Bereiche. Die wärmende „Haube" umhüllt ein lichtes Inneres mit zwei von sechs Gruppenräumen in einer Turmspirale und einer Haupthalle mit Bewegungs- und Rückzugsmöglichkeiten für die Kinder und Jugendlichen. Aufgeklappte Dachflächen tragen zur differenzierten Lichtregie bei. Hinter transluziden Glaswänden finden sich Sanitärbereiche, Werkraum, Garderobe. Warme Farbtöne – es dominiert Ocker – sind mit Holzwand und -decke aus Birkensperrholz abgestimmt. Das großzügige Raumkontinuum forderte die Pädagogen heraus. Nun erlaubt gruppenübergreifendes Arbeiten und Spielen ein breiteres Spektrum an Kontakten und Erfahrungen. nm

Schnitt, Ebene Hort

Europark I 1997, **Europark II** 2005

Europastraße 1

Massimiliano Fuksas

Das Spar-Management wollte unbedingt die „zugeschüttete Kiste" eines Innsbrucker Großbüros realisieren und drohte (dem Gestaltungsbeirat) der Stadt sogar mit Abwanderung. Zähneknirschend akzeptierte Österreichs größter Shoppingcenter-Betreiber 1993 einen geladenen Wettbewerb. Die vom Sieger Massimiliano Fuksas geplante Mall wurde zum Goldesel. Milieus mit „Piazzetta" und Brunnen sollen innerstädtischen Images entsprechen. Die signifikante rote Streckmetallgitter-Welle über dem Parkdeck am Dach prägt den gläsernen Baukörper von 320 x 120 Metern mit seiner kristallinen Wirkung bei Nacht. Auch die angenehme Lichtstimmung mit Tageslichtkonzept und blendungsfreiem Kunstlicht konzipierte das Bartenbach LichtLabor.

Der römische Architekt steigerte bei der Erweiterung die mediterran beschwingte Leichtigkeit von Europark I. Dessen gebrochene, orthogonale Formen gehen in fließende Linien über. Die Mall entwickelte sich organisch zwischen drei inselförmigen Raumkörpern. Diese integrieren die Dachlandschaft mit Haustechnik-Aufbauten und lockern die beachtliche Baumasse auf. Fuksas bemühte plakativ Salzburgs Altstadtbild und Topografie mit der Mall als Fluss zwischen drei Inseln, den Stadtbergen. Schriftzüge und Firmenlogos wurden auf die innenliegende Schicht der zweischaligen Fassade verbannt. Die ruhig-lagernde Außenerscheinung umgrenzt das „brodelnde" Kaufeldorado.

Über der übersichtlichen Großgarage entstand mit dem architektonisch unbedarften IKEA-Container die U-förmige Shoppinginsel, um die der Autobahnzubringer extra verlegt wurde. Der Vorplatz dazwischen wurde durch Hartnäckigkeit des Gestaltungsbeirats etwas vergrößert. Bereits der Europark I etablierte sich während der Öffnungszeiten als attraktiver Treffpunkt, der im angrenzenden Stadtteil Taxham fehlt. Dazu tragen die gastronomisch genutzten, großzügigen Terrassen und der Theater- und Veranstaltungsraum „Oval" bei. nm

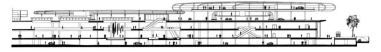

Europark II, Schnitt

Stadion Salzburg 2003, 2008

Wals – Stadionstraße 1

Schuster Architekten, Albert Wimmer

Stadion mit 18.500
Plätzen;
2008 Erweiterung
für die EURO 08
auf 30.300 Plätze

Die falsche Standortwahl vor dem Barockschloss Klessheim provozierte eine „Verschwindungsästhetik" (Gestaltungsbeirat der Stadt) und verhinderte einen prägnanten Akzent für den heimischen Fußball. Schuster Architekten gruben ihr Siegerprojekt des Wettbewerbs 1999 bis zum Grundwasser ein. Ihr Stadionrechteck als gebößchter, begehbarer Erdwall „begrub" Bauherr Land Salzburg und ließ es zu einem mit stilisierten Wall-Wänden verkleideten, konventionellen Vierkanter umplanen. Das Dach, das als „fliegender Teppich" die lagernde Großform einbetten sollte, wurde 2008 auf doppelte Höhe angehoben. Mit der grobschlächtig detaillierten Tribünenerweiterung dazwischen und umringt von plumpen Treppengestellen geriet der Koloss gänzlich aus den Fugen. Die Politik ließ den von ihr versprochenen Rückbau des sperrigen Baustellenprovisoriums nach der EURO 2008 fallen, nachdem der Besitzer des Bundesligisten Red Bull Salzburg, Dietrich Mateschitz, mit einem Ausstieg gedroht hatte. nm

Landwirtschaftl. Fachschule Klessheim 1998

Wals – Klessheim 16

Fritz Lorenz, Christian Schmirl

Die Jury betonte die Eindeutigkeit ihrer Entscheidung für das 1992 siegreiche Wettbewerbsprojekt, indem sie keinen zweiten Preis vergab. Der städtebauliche Ansatz überzeugt. Die Architekten konnten den Lehr-Obstgarten gänzlich freihalten und den Baukörper sensibel zwischen dem Baubestand situieren. Das annähernd H-förmige Schul- und Internatsgebäude mit nordseitig höherem Schenkel ist gleichermaßen kompakt wie räumlich großzügig. Die zentrale, lichtdurchflutete Eingangshalle – die farbige Deckenverglasung schuf die Künstlerin Regina Öschlberger – verbindet übersichtlich die beiden Trakte mit Unterrichtsräumen im Erdgeschoß und den Zimmern, die zum Teil durch südseitige Fensterbänder zusätzlich belichtet werden, darüber. Direkt an die Halle im Untergeschoß angebunden ist der durch Schiebetüren öffenbare Festsaal sowie im Obergeschoß die Bibliothek und Aufenthaltsräume. Der Schulbau formuliert mit der Schlossmauer und den seitlichen Bestandsbauten vielfältige Außenräume. nm

Tourismusschule,
Burscheninternat
2000
Klessheimer Str. 2
Erio K. Hofmann

Schnitt

Wohnanlage Forellenweg 1987-90

Eugen-Müller-Straße 15-101

Oswald Matthias Ungers und andere

Die Siedlung für rund 1000 Menschen markiert den Beginn der so-genannten „Architekturreform". Bevor sie national und internatio-nal als Modellprojekt ausgezeichnet wurde, hatten Lokalpolitik und Wohnbaugenossenschaften die paradigmatische Alternative zum dogmatischen Städtebau der „Moderne" und zu Salzburgs konven-tionellem Siedlungsbau vehement bekämpft. Deren Mangel an at-traktivem öffentlichem Raum und städtebaulichem Anspruch stellte Oswald Matthias Ungers' Projekt im Gutachterverfahren 1983 eine „Rückkehr zum Urbanen" entgegen. Der Kölner Architekt wollte auf dem äußerst peripheren Bauplatz mit Gassen, Plätzen, Höfen und Torsituation die Raumformen von Salzburgs Altstadt zeitgemäß interpretieren. Im Programm des Gutachterverfahrens waren u. a. Reihenhäuser verboten, und eine betont „urbane Wohnanlage" war gewünscht. Ungers modifizierte sein Siegerprojekt zum Masterplan und teilte sich mit den anderen sieben Gutachtern die Planung für insgesamt 304 Wohnungen. Das beschränkte Einzugsgebiet ermöglichte nur Nahversorger wie Bäckerei, Trafik und Friseur am „Stadtplatz". Dort eröffnete 1989 Salzburgs erstes Bewohnerser-vice, das kulturelle und soziale Aktivitäten unterstützte und einen Wochenmarkt initiierte. Der „Stadtplatz" nimmt Feste, der Kul-turpavillon den Jugendtreff und Mehrzweckraum auf. Das direkte Nebeneinander von Privatgärten, Erschließungswegen und (Kin-derspiel-)Platz in den Gassen war aber nicht konfliktfrei. So ließen 1998 die Wohnungseigentümer die offene Loggia am Stadtplatz, die bei Jugendlichen sehr beliebt gewesen war, abschließen. Zum hohen Identitätswert des unverwechselbaren Ensembles mit seinen doch beachtlichen freiräumlichen Qualitäten tragen auch Bewoh-nerservice, Vereine und Initiativen bei. nm+ok

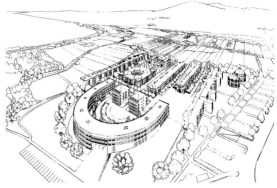

Schaubild 1984

Bauteil Ungers

Bauteil Ungers (M. l.), Bauteil Krischanitz/Kapfinger (M. r.), Kindergarten Fonatsch/Wondra (u. l.), Bauteil Pontiller (u. r.)

Betriebsbau HALE electronic 1994

Eugen-Müller-Straße 18

Reiner Kaschl – Heide Mühlfellner

Wohnanlage 1997
Münchner Bundes-
str. 107a
B. Rosensteiner

Wohnanlage 2000
Keltenweg
Georg Huber

Haus B. 2003
Törringstr. 7
C. Brandstätter

Die Firma HALE electronic ist ein führender Hersteller von Taxa-
metern, die sich in rund 80% der österreichischen Taxis befinden.
Die rasante Entwicklung im Elektronikbereich sollte auch im 1994
fertiggestellten zweigeschoßigen Firmengebäude zum Ausdruck
kommen, das Produktion und Verwaltung sinnfällig unter einem
markanten Dach vereint.
Dieses besteht aus einem Stahlfachwerk, das auf dünnen Stahlstützen aufliegt und wie eine Zeltplane über der Produktionshalle und
dem westseitig situierten Verwaltungstrakt gespannt ist. Während
die Wellblechverkleidung des Produktionsbereichs formal an Me-
chanik und Technik erinnert, ist der Büroteil in Massivbauweise ausgeführt. Getrennt sind diese Bereiche durch eine vermittelnde, in
Nord-Süd-Richtung durch das Gebäude verlaufende Erschließungszone. Diese wird über eine durchgehende Verglasung im Dachbe-
reich belichtet. rh

Laufenstraße 49

berger.hofmann

Beim Umbau des Montessori-Kinderhauses in Liefering ist unabhängig von der Größenordnung des Objekts spürbar, dass es mit Sorgfalt und Aufmerksamkeit entwickelt und ausgeführt wurde. Das beginnt beim Bewerbungsverfahren, das die Stadtgemeinde Salzburg durchgeführt hat, und zieht sich als roter Faden bis zur Umsetzung der für die Montessori-Pädagogik erforderlichen Räume durch. So entstanden ein „Kosmischer Raum", eine Bibliothek, ein „Snoezelenraum" und zwei separate Bewegungsräume. Die einzelnen Raumzonen sind für die Kinder spontan durch in den Boden eingelassene Piktogramme ablesbar. Wert wurde auch auf die Differenz zwischen hellen Spiel- und Gruppenräumen und den gleichsam privaten Rückzugszonen für die Kinder gelegt. Spielerisch, gleich Bauklötzen sind die Zubauten in die bestehende Struktur integriert, wobei die akzentuierten Farben und Materialien (schwarze Kuben und gelb verputztes Mauerwerk) das Additive unterstützen. rh

Montessori Kindergarten 1992
Waginger Str. 7
Resmann, Schindlmeier, Staebner

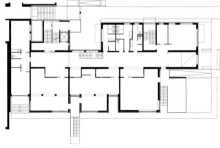

Erdgeschoß

Kinder- und Jugendhaus 2001

Laufenstraße 43

Thomas Forsthuber

Von Politik und Verwaltung lange unbeachtet, wuchs die Konzentration sozial Schwächerer im Südosten Lieferings. Für 1300 Kinder und Jugendliche fehlte ein offenes Haus. Die private „Initiative für ein Kinder- und Jugendhaus in Liefering-Süd" suchte und fand den Bauplatz, organisierte 1998 einen österreichweiten Architektenwettbewerb und ein Drittel der Baukosten, sodass die Stadtpolitik in Zugzwang kam. Das Siegerprojekt von Thomas Forsthuber generierte für den Stadtteil einen sozial und architektonisch anspruchsvollen Baustein, der sich mit seiner Niroblech-Außenhülle im harten Kontext von Wohnblöcken und Parkplätzen behauptet. Für die Spannbreite von sechsjährigen Kindern bis zu Teenagern entstand eine begehbare, räumlich vielfältige „Landschaft". Sie wird geprägt von einem markanten Turm, einem exponierten Basketballplatz und drei jeweils zweigeschoßigen Kinder- und Jugendhäusern. Diese öffnen sich über geschützte Zonen zu Terrassen. Der räumliche Fluss über Plätze, Atrien, Rampen, Stiegen, Tunnel und einen Innensteg schafft für bis zu 150 Jugendliche eine äußerst anregende „Raumwelt". Diese Dynamik entspricht dem Bewegungsdrang der Kinder, die sie skatend, umrundend und erkletternd ausleben können. Gleichzeitig schaffen zahlreiche Nischenbildungen Rückzugsmöglichkeiten, ruhige Plätze. Auch der zentrale Veranstaltungsraum mit Bar bietet einen niedrigen, geborgenen Bereich, der in den hohen, großzügigen Saal übergeht. Im Gegensatz zu dem oft sehr beengten Wohnverhältnissen erhalten die Kinder und Jugendlichen hier den dringend notwendigen Begegnungs-, Frei- und Entfaltungsraum. nm

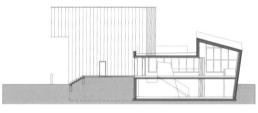

Schnitte

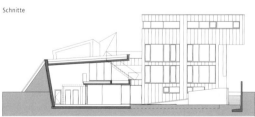

Linke Altstadt, Rechte Altstadt, Andräviertel, Äußerer Stein

Hier gelten klischeehaft die Superlative: *Die ganze Stadt ist Bühne*, oder: *Das Rom des Nordens* usw. In dem vom Fluss durchschnittenen Raum zwischen den Stadtbergen treffen in seltener Dichte landschaftliche, geschichtliche und bauliche Vektoren auf massive kommerzielle und ideologische Interessen. Mönchsberg, Kapuzinerberg, Rainberg sind uralte Siedlungsplätze; Linzergasse, Getreidegasse, Steingasse wurden von den Römern angelegt, definierten den Brückenkopf des Municipiums an der Stelle der heutigen Staatsbrücke. Die mittelalterliche Stadt begann um 700 mit den Klöstern St. Peter und Nonnberg. 739 wurde Salzburg Bischofssitz, 798 Erzbistum: Links vom Fluss entstand mit Dom, Bischofsresidenz, Domkloster ein geistlicher Bezirk; die Bürgerstadt füllte den Raum bis zur Wasserkante, griff entlang von Stein- und Linzergasse aufs rechte Ufer. Ab 1077 entstand die Festung.

Ende des 16. Jahrhunderts wurde unter Wolf Dietrich von Raitenau Salzburg zur barocken Residenzstadt umgestaltet. Der Idealplan von Vincenzo Scamozzi mit Blickachsen und Platzräumen rund um den neuen Dom folgte römischem Vorbild. Dieser wurde 1614-28 von Santino Solari realisiert. Schloss und Garten Mirabell entstanden nördlich des rechtsufrigen Stadtbereichs und wurden während des 30-jährigen Krieges unter Paris Lodron mit Bastionen entlang der heutigen Franz-Josef-Straße umgürtet. Ab 1860, im Zuge des Eisenbahnbaus Wien–München und der Salzachregulierung brach man die Befestigung ab und legte planmäßig die gründerzeitliche Neustadt in Richtung Bahntrasse und Schallmoos an. Ab 1925 begann der etappenweise Umbau des ehemaligen Hofmarstalls nach Plänen von Clemens Holzmeister zum Festspielbezirk. Im 2. Weltkrieg gab es Bombenschäden am Dom, am Residenz-Neugebäude, im Kaiviertel und am Gries. Der Wiederaufbau um 1950 erfolgte zum Teil durch Rekonstruktion, zum Teil durch schlichte Neubauten.

Seit 1967 ist die Altstadt durch das erste Gesetz dieser Art in Österreich als *Stadtbild* geschützt. Ab 1980 ist darüber hinaus konkret der Schutz von 1400 Gebäuden geregelt. Als Exekutivorgan fungiert eine Sachverständigenkommission (SVK), gebildet aus lokalen Fachleuten, nominiert von Gemeinderat, Landesregierung und Bundesdenkmalamt. 1997 von der UNESCO mit dem Status *Weltkulturerbe* geadelt, ist der Umgang mit Alt und Neu hier bei Architekten und Historikern immer wieder umstritten – etwa der historisierende Nachbau von Mozarts Wohnhaus am Makartplatz, oder der Abbruch schützenswerter Substanz beim Umbau des Kleinen Festspielhauses, oder generell die Tendenz zur Ausblendung aller neueren Fakten des Stadtgefüges zugunsten einer retrospektiv geschönten Homogenität. Diese Auseinandersetzung kulminierte im letzten Jahrzehnt rund um Festspielbezirk, Museum der Moderne und Kongresshaus. ok

Andräviertel

Rechte Altstadt

Linke Altstadt

Äußerer Stein

Linke Altstadt, Rechte Altstadt, Andräviertel, Äußerer Stein

Revitalisierung Steinerhäuser 1994

Judengasse 5-7

Fritz Lorenz

Die beiden mehrfach umgebauten Häuser lassen sich bis ins 12. Jahrhundert nachweisen. Fritz Lorenz schälte aus der heterogenen Bausubstanz den zentralen Licht- und Innenhof mit Laubengängen heraus, der die 17 Wohnungen vom dritten bis fünften Obergeschoß erschließt. Zwei Licht- bzw. kleine Wohnatrien, die in Gegensatz zu Flächenfenster- oder Gaupenstakkati die Dachlandschaft nicht stören, bringen Licht in die obersten Wohnungen. Die skulptural anmutende Stahlbeton-Treppe des Stiegenhauses (Nr. 7) strahlt friedfertiges Selbstbewusstsein aus und bildet mit der 18 Meter hohen, alten Feuermauer eine beeindruckende „Schlucht". Für vorbildliches Sanieren und Bauen in der Altstadt prämierte die Stadt 1997 diese Neustrukturierung. Mit ihr wanderte aber auch nach 300 Jahren in der Judengasse der wichtige Fachgeschäft-Nahversorger „Eisen Steiner" in den Speckgürtel ab und machte Lokalen und Luxuswohnungen Platz. nm

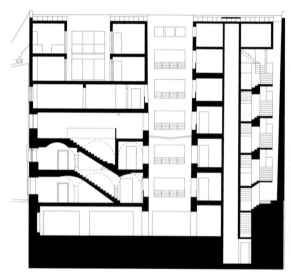

Schnitt

Salzburg Museum 2006

Mozartplatz 1

Reiner Kaschl – Heide Mühlfellner

Die „Neue Residenz" stand am Beginn von Erzbischof Wolf Dietrichs Umgestaltung der „Fürstenstadt" mit Domneubau um 1600. Einen Teil dieses Bauwerks adaptierten Heide Mühlfellner und Reiner Kaschl zum Stadt-Land-Museum. Ihre wettbewerbsentscheidende Überdachung des Hofs wurde eingespart, er blieb damit offen und öffentlich. Seine Bodengestaltung zeichnet die Ausgrabungen des römischen Iuvavum mit seltenen Wandmalereien nach, die dem Bau der Kunsthalle wichen. Denkmalpflegerische Restaurierungen bzw. Rückführungen traten in fruchtbaren Dialog mit zeitgemäßen Interventionen, dem Eingangsportal, den beiden eleganten Stiegen, Café und Shop/Garderobe mit rotbraunen bzw. anthrazitfarbenen MDF-Korpi sowie den abgehängten Deckenelementen für direkte und indirekte Beleuchtung. Manchmal treten hinter diese Deckenspiegel und den Hängewänden als „schwebendes Band", dem Prinzip der Ausstellungsgestalter, die Räume selbst und ihre Außenbezüge zurück. nm

Ausstellungsgestaltung im Salzburg Museum
BWM Architekten und Rainer Verbizh

K+K Restaurant
1974
Waagpl. 2
G. Garstenauer

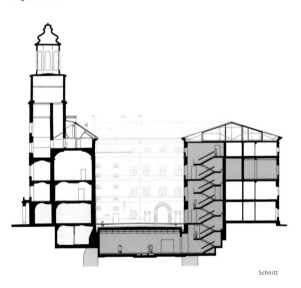

Schnitt

Firmian-Salm-Haus, Adaptierung 1993

Kapitelgasse 5,7

Franz Fonatsch

Bürohaus 1951
Nonnbergstiege 2
L. Regnier Perin

Institutsgebäude
der Universität
Salzburg 1987
Revitalisierung
Residenzpl. 9,
Zugang Kapitelg. 5
Franz Fonatsch

Altstadtuniversität
Palais Liechtenstein
u. Domdechantei
1994
Kapitelg. 6/Kaig. 12
Kaschl-Mühlfellner

Alumnihaus 1997
Kaig. 17
Fritz Lorenz

Teil des Wieder-
aufbaus Kaigasse/
Nonnbergstiege
weitere Bauten von
Otto Prossinger,
Paul Geppert d. J.,
Josef Holzinger so-
wie Hans Hofmann

Alle drei Kapitelhäuser wurden Teil der Altstadtuniversität. Das Büro Prossinger-Windisch revitalisierte das Kapitelhaus (Kapitelgasse 4) mit großem, unteridischem Hörsaalneubau im Hof und Kaschl-Mühlfellner die ehemalige Domdechantei (Kapitelgasse 6/Kaigasse 12). Franz Fonatsch erreichte bei der inhomogensten Bausubstanz des Firmian-Salm-Hauses (Kapitelgasse 5 und 7) aus dem frühen 17. Jahrhundert die schlüssigste Symbiose aus historischer Bausubstanz und zeitgemäßer Architektur. Das teilweise freistehende Stiegengebilde in Stahlbeton entwickelt sich über vier Geschoße um den zentralen Liftzylinder. Fonatsch vermied den totalen Kontrast und verband zeitgemäße und historische Formen und Materialien wie verputzte Brüstungen und Adneter Marmor. In den wiederentdeckten Wappenfreskensaal im zweiten Obergeschoß integrierte er die Bibliothek als freistehendes, metallisch glänzendes Stahlmöbel mit Formrohr-Stützen und drei auskragenden I-Träger-Ebenen. nm

Flavio Thonet

Das dreiteilige historische Bauensemble mit dem erzbischöflichen Kornspeicher und Innenhof wurde teilweise entkernt und das Dach erneuert. Es beherbergt nun den Wissensspeicher. Flavio Thonet konzipierte vom Tiefspeicher bis zum Lesesaal das attraktive Diözesanarchiv. Zudem führt das von präzisen Sichtbetonflächen geprägte Stiegenhaus zum großzügigen, stützenfreien Proberaum der Dommusik hinauf: 17 Meter frei gespannte Fachwerkbinder bilden als Faltwerkkonstruktion das neue Grabendach. Martin Rauchs gestampfte Lehmwand ist Kunstwerk, Schallschutz, Klimaregulator, Träger der Wandheizung und unterstützt die ausgezeichnete Akustik. Vom kleinkarierten Feng Shui-Innenhof aus zeigt sich die kleinteilige Stahl-Glasfassade des Neubaus. Mit kontrastierender Materialität ordnet er sich dem historischen Ensemble unter. Glas, Stahl und Sichtbeton bilden mit traditionellen Materialien wie Kalkputz, Naturstein und Holzböden eine neue, stimmige Einheit. nm

Kapitelhaus 1963
Umbau u. Revitalisierung
Kapitelpl. 6
Otto Prossinger

Schnitt

6

5

Juridische Fakultät Toskanatrakt 1992

Churfürststraße 1/Sigmund-Haffner-Gasse 11

Gerhard Garstenauer, Prossinger/Windisch

Wallistrakt und
Studiengebäude
1965
Franziskanerg. 1
Otto Prossinger

Umbauten in der
Alten Residenz für
die Universität Salz-
burg, Fachbereich
Altertumwissen-
schaften, Abguss-
sammlung 1997
Residenzpl. 1
Franz Fonatsch

Dom zu den Hll.
Rupert und Virgil
Wiederaufbau 1959
Unter Karl Holey
Rekonstruktion der
durch eine Bombe
zerstörten Kuppel
und Fresken
Krypta: Pfaffenbich-
ler, Wieser, Bamer
Installation in
der Krypta von
Christian Boltanski,
Vanitas, 2009

Confiserie Braun
2010
Churfürststr. 4
Luigi Blau

Dieser Teil der bischöflichen Residenz entstand Anfang des 17. Jahrhunderts unter Erzbischof Wolf-Dietrich und wurde im späten 18. und 19. Jahrhundert meist respektlos verändert. Erst die Adaptierung zur „Juridischen Fakultät" gab die neun Meter hohe Sala terrena und ihre Stuckdecke mit hochqualitativen Malereien sowie die Seccomalereien der Landkartengalerie frei. Diese ist Teil der Fakultätsbibliothek, die unter dem ersten Hof drei Tiefgeschoße erhielt. Neben dem Bibliothekseingang verdeutlicht die plump und raumgreifend in einen Lichthof gestellte Stiege 4, dass die Qualitäten primär in der Restaurierung bedeutender Bausubstanz liegen. (So sind der schöne Dachstuhl des Grabendachs oder die Wendeltreppe zu besichtigen.) Vom Abschluss des einstigen Renaissancegartens Dietrichsruh zur Sigmund-Haffner-Gasse mit abgestuften Riesenpilastern hat sich nur eine Seite erhalten. Gerhard Garstenauer wollte nun diesen Hof durch ein zeitgemäßes Gitter öffnen. Ihm gelangen Detailerfolge wie die teils sehr anspruchsvollen, zeitgemäßen Leuchtkörper. nm

ICT&S Center, Universität Salzburg 2004

Sigmund-Haffner-Gasse 18

Ursula Spannberger

Das Bürgerhaus, dessen Kern auf das 13. Jahrhundert zurückgeht und zwischen zwei Gassen liegt, baute der Pustet-Verlag 1897 teilweise zur Druckerei um. Ursula Spannberger adaptierte Erd- und Teile des 1. Obergeschoßes zum ICT&S Center der Universität. Auf den an die Wiener-Philharmoniker-Gasse verlegten Haupteingang verweist am Ende eines schmalen Hofs ein gläserner Erker. Das „große Kolleg" hinter der Gassenfront mit seinen putzbündigen Fenstern bietet flexibel Raum für Vorträge, Konferenzen und Einzelarbeitsplätze, die von einer Deckenschiene versorgt werden. Sie können gemeinsam mit ebenfalls mobilen Trennwänden weggerollt werden. Die Architektin entfernte die Bogenausmauerungen zum Innenhof, den – nun neu gepflastert – ein vorgesetztes Glaselement mit Schiebetür großzügig mit der Teeküche verbindet. In diesem hellen, attraktiven Begegnungsort kommunizieren – stellvertretend für die gesamte Intervention – zeitgemäße Materialien wie Glas und Metall mit sorgfältig restaurierter Bausubstanz wie geschlemmte Pfeiler. nm

Musikhaus Katholnig
1963
S.-Haffner-G. 16
Caius Dürfeld

Studentenheim
Kapellhaus 1966
S.-Haffner-G. 20
Wilhelm Holzbauer

Rupertinum
Revitalisierung,
Dachaufbau 1982
Wr.-Philharm.-G. 9
G. Garstenauer

Ehem. Galerie Sailer
Neugestaltung Stiege ins Obergeschoß
1984
Wr.-Philharm.-G. 3
Anna-Lülja Praun

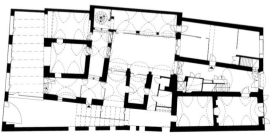

Erdgeschoß

Haus für Mozart 2006

Hofstallgasse 1

Holzbauer, Irresberger, Hermann und Valentiny

Großes Festspiel-
haus 1960
Hofstallg. 1
C. Holzmeister

Buffet im ebenerdi-
gen Pausenraum
und Direktion mit
gläsernem Bespre-
chungsraum im
Obergeschoß 2006
one room

1925 etablierte sich der Festspielbezirk, ab 1926 trat Clemens Holzmeister als Planer in Aktion. 1937/38 drehte er den Zuschauersaal um 180 Grad und interpretierte den Bühnenturm als „Bastion" des Mönchsbergkonglomerats. Nach Umbauten 1939 (Benno von Arent) und 1963 (Hans Hofmann und Erich Engels) sowie einem folgenlosen Gutachterverfahren 1988 (Holzbauer, Kurrent, Hollein) konkretisierten sich weitere Überlegungen ab 2001. Dabei bemühten sich die Festspiele weder um eine Gesamtlösung mit Einbeziehung der Felsenreitschule noch um eine sachliche Optimierung des Verhandlungsverfahrens. Juror Carl Fingerhuth fühlte sich nachträglich „getäuscht": Obwohl Architekten wie Bétrix & Consolascio vorgereiht wurden, erhielt schließlich Wilhelm Holzbauer den Auftrag. Zu seiner ARGE kam Francois Valentiny aus einem anderen Team hinzu. Entgegen anfänglicher Beteuerungen wurde Holzmeisters Fassade (1926) abgebrochen und auch die zweite Längswand erneuert, ohne den schmalen Zuschauerraum signifikant zu verbreitern! Nicht die intime Spannung der Kunst Mozarts ist in diesem Raum zum Maßstab genommen, sondern Sitzplatz-Maximierung und kraftloses Pathos. Reichlich applizierte Goldfarbe übertüncht nicht die gestalterischen Defizite. nm+ok

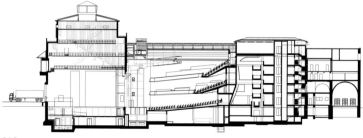

Längsschnitt

HALLE 1

Clemens Holzmeister transformierte 1968/70 mit der fixen Überdachung von zwei Dritteln der Felsenreitschule den einst offenen Hof zum Auditorium und Raum, der nur mehr über der Bühne öffenbar ist. Die 1693 in den Mönchsbergfels geschlagenen Besucher-Arkadengeschoße mutierten zum Bühnenbild. Holzmeisters bewusst provisorisch-hölzerner Charakter ist Vergangenheit. 2004/05 wurde die Tribüne muschelförmig umgestaltet. HALLE 1 erneuert 2010/11 den Dachkörper und fügt ein zusätzlich nutzbares Geschoß ein. Das leicht geneigte Pultdach aus drei mobilen Segmentflächen fügt sich in die umgebende Dachlandschaft ein und ist szenisch einsetzbar. Auf fünf Teleskoparmen aus- und einfahrbar, deckt es die Bühne witterungs- und brandfest ab. nm

Edmundsburg
Salzburg Centre of European Union Studies, Stefan Zweig Centre 2008
Umbau,
Mönchsberg 2
Fritz Genböck

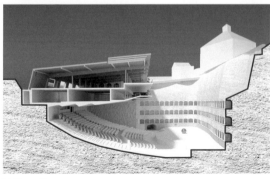

Schnittperspektive   217

Festspielbezirk

Hofstallgasse, Max-Reinhardt-Platz, Furtwänglergarten

Treppenaufgang zur
Aula academica
2005
one room

Universität, Aula
academica 2005
Neugestaltung
Franz Fonatsch

Hofstallgasse 2006
Neugestaltung
one room

Furtwänglergarten
2008
Neugestaltung
Auböck+Kárász

Pavillon für Anselm
Kiefers Werk
„A.E.I.O.U." 2002,
2008
Fritz Lorenz,
Andreas Knittel

Die neue Aufgangstreppe zur Aula academica samt großem Foyer und Garderoben dient nicht sosehr einer Verbesserung des Lehrbetriebs, sondern soll synergetische Möglichkeiten bieten, die Uni-Aula als weiteren Auftrittsort in den Festspielbezirk und seine Events zu integrieren. Den Stiegenvorbau in der Gartenecke plante „one room". Die Architekten hatten 2003 den internationalen Wettbewerb für die Gestaltung von Furtwänglergarten, Max-Reinhardt-Platz und Hofstallgasse gewonnen. Davon wurde primär der asymmetrisch gelagerte, etwas sperrig detaillierte Metall-Glaskorpus der Stiege umgesetzt; ihr daran angebundenes Pavillonprojekt wurde verworfen, die Bodengestaltung mit „goldgelbem" Asphalt und integrierten Lichtstreifen nur in der Hofstallgasse realisiert. Nach einem weiteren, beschränkten Wettbewerb 2007 reformierten Maria Auböck und Janos Kárász den leicht vergrößerten Furtwänglergarten. Otto Prossingers „Universitätsgarten" von 1975, ein Refugium ohne Konsumzwang in der Altstadt, erhielt eine zeitgemäß-ambitionierte Gestaltung, verlor aber an Ungezwungenheit. Die Metallstühle sind mit Abstand unverrückbar fixiert, was die Kommunikation erschwert und auch unerwünschte Bevölkerungsgruppen auf Parkbänken vertreibt. Seit 2008 steht das „Haus für Kiefer" – vereinfacht ausgeführt und städtebaulich unentschieden – hinter der Universitätskirche. Dennoch ist der Standort ungleich besser als der zuvor dominierende in Gartenmitte. Der Max-Reinhardt-Platz harrt noch der Gestaltung. Zu erhalten gilt es die spezifische Qualität dieses Stadtraums als „Oszillieren zwischen Platz, Garten und Vedute" (Gerhard Plasser). nm+ok

Furtwänglergarten in Richtung Haus für Mozart, im Hintergrund: Edmundsburg

Aula academica

Universitäts-
bibliothek 1982
Hofstallgasse 2-4
Otto Prossinger

Universitätsplatz
1991
Boris Podrecca

Treppenaufgang zur Aula academica (M.), Ansicht (u.)

Haus-Revitalisierung 2005

Getreidegasse 47, Bürgerspitalgasse 1

Fritz Genböck

Büro-, Geschäfts-
und Wohnhaus
1952
Getreideg. 50
Carl Appel

Wohn- und Ge-
schäftshaus 1954
Getreideg. 48
Richard Bandian

Café Restaurant
Carpe Diem 2005
Getreideg. 50/
Bürgerspitalpl. 1
Lechner & Lechner

Durch die bestimmende Lage am Kreuzungspunkt von Getreide-
und Bürgerspitalgasse mit Blick zum Chorhaupt der Bürgerspital-
kirche war die überfällige Sanierung des Objekts für die Altstadt
auch von strategischer Bedeutung. In der historischen Wegführung
bildet das Haus für die von Norden über Gries- bzw. Gstättentor in
die Stadt kommenden Reisenden das Entree in die „Bürgerstadt".
Fritz Genböck hat den erstmals 1322 erwähnten Gebäudekomplex, der aus vier nach und nach zusammengewachsenen Häusern
besteht, in seiner gewohnt unspektakulären Weise erneuert. Die
vorhandenen erdgeschoßigen Geschäfte, der Einbau eines Lifts im
Stiegenhaus und das ausgebaute Dachgeschoß mit flächenbündi-
gen Dachflächenfenstern stehen für eine in Salzburg charakteristische Methode, kunsthistorisch wertvolle Elemente, etwa die 1699
geschaffene repräsentative Treppe, wie in einem Passepartout zu
rahmen, während gleichzeitig die zeitgenössischen Eingriffe mehr
oder minder unsichtbar bleiben. rh

Erdgeschoß

Arthotel Blaue Gans, div. Umbauten 2005-08

Getreidegasse 43

cp architektur

2002 ließ die Hoteliersfamilie Gfrerer den Arkadenhof teilweise wieder freilegen und verglasen. Eine neue Treppe erschließt die Obergeschoße (E: Axel Hupfauer). So bekam das auf das Mittelalter zurückgehende Haus wieder eine helle, großzügige Mitte. Seit 2005 integriert Christian Prasser zeitgemäße Hotelstandards in die Bausubstanz. Die Rezeption mit Wartezone und Toiletten sowie der von warmen Farben und variantenreicher Lichtregie geprägte Umbau von Restaurant, Bar und Frühstücksraum strahlen gediegene Eleganz aus, die an die Atmosphäre der 1920er Jahre anschließt. Auch 18 zum Teil neu konfigurierte Zimmer werden nun von Frische und Leichtigkeit geprägt. Satiniertes Glas bringt zusätzliches Licht in die Bäder. Materialien wie gewalkte Wollstoffe vermitteln zur unregelmäßigen Altbausubstanz, während geradlinige Möbel mit solitärem Charakter dazu kontrastieren. nm

Veranstaltungszentrum republic, Umbau 2002, 2004

Anton-Neumayr-Platz 2

Lankmayer Staebner Wieser

Griesgassendurch-
bruch 1953
Münzg. 1,2
Josef Becvar

Münzturm 1956
Griesg./Münzg. 4
Sepp Ullrich u.
Erich Horvath

Das ehemals mondäne Stadtkino mit der noch erhaltenen Bar, 1949/50 anstelle des zerbombten Museums errichtet (Architekt Josef Hawranek), 1985 geschlossen und im Saal schon „abgeräumt", wurde Spielstätte der „Szene Salzburg". Es war auch Schauplatz wichtiger Architekturevents, beginnend 1986 mit der Ausstellung „Grundsteine" als Bilanz des 1. Gestaltungsbeirates, mit der öffentlichen Jury des Gutachterverfahrens „Umbau Casino Winkler" und mit der Präsentation von Álvaro Sizas Siegerprojekt. Bei der Adaptierung für den zeitgemäßen Betrieb 2001/02 blieb die „nackte" Innenhülle des Kinosaales erhalten, der Boden wurde abgesenkt und neu unterkellert sowie eine flexibel aus- und einfahrbare Tribüne eingebaut, die bei Bedarf den Raum ganz freigibt. Die Zugänge vom Platz wurden vergrößert, das Foyer – unter Bewahrung der historischen Nirosta-Bar Hawranks – sowie die Nebenräume und die Verwaltung wurden neu organisiert. 2004 bekam der Vorplatz ein Betonplateau mit Möblierung. Ein Ort kultureller Offenheit, alltägliche Gegenwelt zu Festspielglamour und Tourismuskommerz. ok

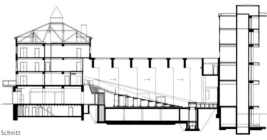

Schnitt

Friedrich Hoff Zwink Architekten

Mit der Errichtung des Museums an der Stelle des verwaisten Café Winkler wollte der damalige Landeshauptmann Schausberger den Stillstand in der Diskussion über die Errichtung eines Guggenheim-Museums nach dem aufsehenerregenden Entwurf von Hans Hollein mit einem Paukenschlag beenden. Die Hypothek, die dadurch von Anfang an auf dem Projekt lastete, wurde nicht geringer, als ein bis dato nicht in Erscheinung getretenes junges Münchner Architektenteam den internationalen Wettbewerb für sich entschied. Die Fassade aus hellem Untersberger Marmor fand bei den Kritikern ebenso wenig Zuspruch (C. Fingerhuth: „Eiskasten am Berg") wie die ursprünglich vorgesehene Verkleidung mit dem Konglomerat des Mönchsbergs. In diesem Dickicht aus Kritik und Häme wird geflissentlich übersehen, dass das Ausstellungshaus seinen Zweck vorzüglich erfüllt. Der Hybrid stellt in der Kombination von Museum und Restauration eine einzigartige Win-Win-Situation dar; von der Terrasse genießt man überdies den schönsten Blick auf die Altstadt. rh

Ehem. Haus M.
1956
Mönchsberg 27a,
benachbart Schloss
Mönchstein
Oswald Haerdtl

Wohnhaus 1988
Mönchsberg 17b
Koloman Lenk

Schnitt

Haus der Natur 2008

Museumsplatz 5

Fritz Lorenz

Büro-, Geschäfts-
und Wohnhaus 1964
Gstätteng. 21
Erich Horvath

Aufstockung „loft"
2005
Müllner Hauptstr. 1
Margarethe Cufer

Das „Haus der Natur" gehört zu den erfolgreichsten Museen Österreichs mit Besucherzahlen, von denen andere Häuser nur träumen
können. Sein langjähriger Direktor hat es stets verstanden, kompli-
zierte naturwissenschaftliche Sachverhalte populär zu vermitteln.
Als sich die Gelegenheit bot, das Haus um die Räume des einstigen
Museums C. A. zu erweitern, musste auch ein neues Entree geschaffen und die beiden Häuser, die Rücken an Rücken stehen, aber keine
interne Verbindung besaßen, miteinander verknüpft werden. Fritz
Lorenz hat entgegen der Empfehlung von Vorstudien den Platz vor
der Fassade des ehemaligen Ursulinenklosters nicht frei gelassen,
sondern darauf eine frei geformte Betonskulptur platziert, die als
Foyer dient und deren Dachfläche als Schanigarten genutzt wird.
Der objektive Verlust, der durch diese spinnenartige Erweiterung
entsteht, wird durch die funktionelle Bereicherung des Stadtraums
aber locker kompensiert. rh

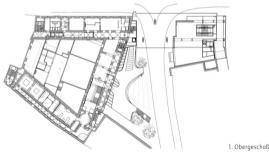

1. Obergeschoß

Makartsteg 2001

Elisabethkai/Ferdinand-Hanusch-Platz

HALLE 1

Von der Bevölkerung sehr positiv aufgenommen, schreibt sich mit dem Neubau des baufällig gewordenen Makartstegs zeitgemäße Architektur mit elegantem Schwung erstmals direkt in die altehrwürdige Altstadtsilhouette ein. Das Architekturbüro HALLE 1 entwickelte gemeinsam mit Tragwerksplaner Johann Lienbacher im Siegerprojekt eines EU-weiten Wettbewerbs diese zweifeldrige Stahl-Balkenbrücke. Das dynamische Design eines „sanft über den Fluss gelegten Blatts" verankert nur ein leicht gekippter, asymmetrisch platzierter Pfeiler. Mit silberfarbenem „Bauch", in dem sich die Farbschattierungen des Wassers spiegeln sollen, und reduzierten Nironetz-Brüstungen bemühten sich die Architekten um die visuelle Entmaterialisierung des 400 Tonnen schweren Bauwerks. Der Steg vermittelt – schleifenförmig ähnlich einem Salzachbogen – zwischen Makart- und Hanuschplatz und eröffnet im Gehen sich verändernde Stadtansichten. nm

Kassensaal Bankhaus Spängler
ca. 1957
Schwarzstr. 1
Helmut Keidel

Ehem. Café Arabia
Portal 1958
Schwarzstr. 10
Oswald Haerdtl
Sanierung: Fritz Lorenz

Platzgestaltung
Platzl mit Brunnen
2003
Eduard Widmann

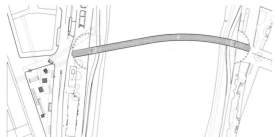

Lageplan

Hochwasserschutzanlage mit Gestaltungelementen 2006

Elisabethkai

E: Dobrzanski u. Krauss; Ausführungsplanung: Werner Consult

Als im Jahr 2003 die Stadt Salzburg nur knapp einer Hochwasserkatastrophe entging, läuteten bei den verantwortlichen Stellen die Alarmglocken. Rasch wurde ein Projekt zum Schutz der besonders gefährdeten Altstadtbereiche erstellt. Dabei kam es in der Eile auch zu manchem Fehlgriff, wie der Schutzdamm am Rudolfskai belegt. Bereichert durch diese Erfahrung entwickelte die Stadtgemeinde für den Elisabethkai ein alternatives Konzept, das den geforderten Hochwasserschutz mit einer durchdachten Gestaltung des öffentlichen Raums verbindet. Die bis zu 80 cm hohen Schutzwände sind immer wieder unterbrochen, werden zwischen dem alten Baumbestand am Kai vor- und zurückspringend geführt, sodass eine harte Uferkante vermieden wurde. Ziel war es, die charakteristische, landschaftliche Anmutung des Flussraums, der sich als grünes Band durch die Stadt zieht, zu erhalten. Mit Holz belegte Plattformen und Parkbänke, die schon bei den ersten wärmenden Sonnenstrahlen zum Verweilen einladen, ergänzen diesen Ansatz, der aus der Not wahrlich eine Tugend machte. rh

Makartplatz

Franz Fonatsch

Über das Mittelmaß hinausgehende Kleinarchitekturen und Stadt-
möblierungen sind in Salzburg selten. Die gläsernen Fahrgastunter-
stände von Franz Fonatsch bilden zwischen Altstadt und – leicht
variiert – Peripherie eine bereichernde Ausnahme. Die Fahrgäste
werden wohl bedacht und umhüllt. Die Verkehrsbetriebe traten an
das damalige Ersatzmitglied der Sachverständigenkommission für
die Altstadterhaltung heran. Fonatsch entwickelte für verschieden
lange Glasumhausungen eine einheitliche Stahlkonstruktion. Anstelle von üblicherweise mindestens sechs reichten zwei zur Bü-
gelform verbundene Steher. Diese silberfarbenen Formrohre nehmen Regenrinne und Leuchtenverkabelung auf. City-Lights dienen
der Finanzierung der Pavillons, beschränken aber ihre Leichtigkeit.
Nach rund Dutzend Unterständen entstanden halbherzige Nach-
bauten, beispielsweise jene beim Unfallkrankenhaus. nm

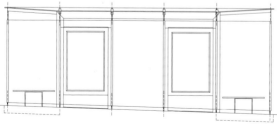

Ansicht Haltestelle Makartplatz

Wohnhaus und Büro 2010

Priesterhausgasse 18

Lechner & Lechner

Der herzerfrischende dreigeschoßige Wohnturm, aufgesetzt auf eine ehemalige Werkstätte, die schon seit längerem als Büro des planenden Architektenehepaars diente, straft all jene Lügen, die behaupten, in der Salzburger Altstadt sei kein Platz für zeitgemäßes Bauen. Ihre Idee hartnäckig verfolgend, erfüllten sich Horst und Christine Lechner den Traum vom Leben in der Altstadt, mit Blick auf die Kuppel von Fischer von Erlachs Dreifaltigkeitskirche. Das in Stahlbau ausgeführte Haus vereint idealtypisch die Funktionen Wohnen, Arbeit und Freizeit. Jedes Geschoß hat seine Bestimmung, die mit zunehmender Höhe umso privater ausfällt. Die geräumige Dachterrasse mit einem wunderbaren Rosengarten ist ein hortus conclusus, den man hier inmitten der Altstadt nicht erwarten würde. Dass im Kellergeschoß neben der hauseigenen Kläranlage samt Trinkwasser-Rückgewinnung ein direkt belichtetes Schwimmbecken Platz findet, grenzt schon an ein Wunder. Das Haus verkörpert die Überzeugung, dass man als Bürger eine soziale Aufgabe erfüllt – und seine Erbauer und Nutzer leben die Idee in, auf und mit der Gasse. rh

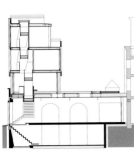

Schnitt

Der Hochschulbetrieb in dem 1972 von Eugen Wörle geplanten Haus musste 1998 eingestellt werden. Es wurde vermutet, dass gesundheitliche Schädigungen bzw. Todesfälle von Bediensteten mit dem Gebäude in Zusammenhang stehen. Das innenräumlich katastrophale Objekt wurde nach einem Wettbewerb vom Münchner Architekten Robert Rechenauer grundlegend neu gestaltet. Er hat den festungsartigen Block aufgebrochen und um eine Piazza, die sich zum Mirabellplatz hin aufweitet, neu aufgeschlossen. Der Trakt der einstigen Lodronschen Primogenitur – oder besser das, was nach dem Wörleschen Umbau davon noch übrig war – wurde bis auf den Rohbau entkernt, und die denkmalgeschützten Restbestände wurden fachgerecht saniert; auch das Große Studio bezog man in den Neubau ein. Der sogenannte Solitär mit seiner anthrazitfarbenen Steinverkleidung beinhaltet einen Kammermusiksaal für rund 300 Sitzplätze, der über eine Loggia zum Mirabellgarten geöffnet ist. rh

Geschäfts- und Bürohaus 1951
Dreifaltigkeitsg. 16
Wunibald Deininger

Schloss Mirabell Bürgerservice 2000
Adaptierung
Mirabellpl. 4
Lechner & Lechner

Busterminal Panorama-Tours 2003
Mirabellplatz
Lechner & Lechner

Schnitt Solitär/Großes Studio

Kongresshaus Salzburg 2001

Auerspergstraße 6

Friedrich Brandstätter, Ernst Maurer

Café Wernbacher
1953
Franz-Josef-Str. 5
Herbert Hochreiter

Paracelsusbad/
Kurmittelhaus 1956
Auerspergstr. 2
Josef Hawranek,
H. Rehrl sen. + jun.

Bürogebäude 1992
Dachausbau
Franz-Josef-Str. 3
Robert Wimmer

Fehlende Erhaltungs- bzw. Modernisierungsmaßnahmen brachten das Kongresshaus von 1956 (Eugen Wörle, Max Fellerer, Otto Prossinger, Felix Cevela) in einen wenig attraktiven Zustand. 1998 wich es einem städtebaulich und architektonisch umstrittenen Neubau, nachdem die Stadtpolitik das engagierte Siegerprojekt des Spaniers Navarro Baldeweg aus dem international geladenen Architekturwettbewerb 1992 verworfen hatte. Zuerst beauftragte der Gemeinderat den Salzburger Architekten Friedrich Brandstätter. Dieser wurde 1997 durch Ernst Maurer ersetzt, der die billigste Planung anbot. So blieb das Ergebnis weit unter den Möglichkeiten. Am engen Bauplatz vertikal organisiert, erforderte der Hauptsaal im zweiten Obergeschoß einen hohen Anteil an Fluchttreppen. Der Saal weicht vom konsequenten Rund ab und soll als roter Stukkolustro-Körper im Foyer bzw. nach außen wirken. Vorbilder wie der Konzertsaal im Kulturzentrum Luzern (J. Nouvel 1998) zeigen im Vergleich die gestalterischen Grenzen dieses Gebäudes. nm+ok

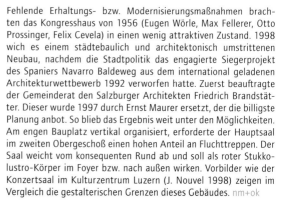

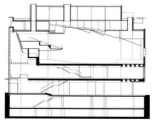

Schnitt

HALLE 1

Der sechsgeschoßige Verwaltungsbau entstand kurz nachdem das Altstadterhaltungsgebiet auf das gründerzeitlich strukturierte Andräviertel ausgedehnt worden war, und strafte all jene Lügen, die vermuteten, dass in dieser Zone ab dato kein modernes Bauen mehr möglich wäre. In diesem Fall gehen Erhaltungsgedanke und Moderne sogar eine besonders geglückte Symbiose ein: Das an der gegenüberliegenden Straßenseite gelegene Gründerzeithaus (Markus-Sittikus-Straße 5), das sich im Besitz desselben Eigentümers befindet, sollte nach den ursprünglichen Plänen vollkommen verändert werden. Es ist dem Einsatz des zuständigen Stadtrats und der architektonischen Sorgfalt der Architekten zu verdanken, dass Alt und Neu sich hier aufs Beste ergänzen. Erschwerend kam übrigens hinzu, dass der klare, im Weiß der Moderne gehaltene Neubau auf eine bereits bestehende Tiefgarage aufgesetzt werden musste. rh

Wiener Städtische Versicherung 1997 Sanierung, Teilrekonstruktion von Paul Gepperts Bau von 1933 Max-Ott-Pl. 3 Erio K. Hofmann; im Detail nicht adäquat

Aufstockung, Revitalisierung 1999 M.-Sittikus-Str. 9 Fritz Lorenz

Fünfhaus 2011 Aufstockung Max-Ott-Pl. 1 Fritz Lorenz

Wohnhaus & Wohnung E. 2007

Ernest-Thun-Straße 11a

kofler architects

Wohn- und Verlagshaus Otto Müller
1948
Ernest-Thun-Str. 11
Otto Prossinger

Wiederaufbau eines bombengeschädigten Gründerzeitbaues, in Anlehnung an die anonyme bürgerliche Bautradition mit elegant gewendeltem Stiegenhaus

Innerstädtische Nachverdichtung gilt als einer der wichtigsten Ansätze ökologischen Städtebaus. Die Zustimmung endet aber meist, wenn man von solchen Projekten selbst betroffen ist. In diesem Fall konnten die Nachbarn erst nach langen Diskussionen von den Qualitäten des Projekts überzeugt werden, wobei sich aber auch herausstellte, dass die nach Einwänden erzielte Reduktion der Gebäudehöhe dem Wettbewerbsentwurf nicht zum Nachteil gereichte. Der über dem Terrain durch eine eingezogene Sockelzone optisch schwebende Baukörper enthält im Erdgeschoß drei Büros und insgesamt 22 gleichwertig nach Süden orientierte Wohnungen. Privilegiert sind nur die beiden Wohnungen im Penthouse mit phantastischem Blick auf die Altstadt. Integraler Bestandteil der straßenseitigen Ansicht ist die räumliche Schichtung mit dem alten Baumbestand, der sich als organisch-lebendiges Netzwerk über die klar und hart gezeichnete Geometrie des Hauses legt. Die Fassade an der Nordseite ist trotz der Tatsache, dass sie faktisch nur vom fahrenden Zug aus einsichtig ist, dürftig ausgefallen. rh

Schnitt

Der Neubau der Eisenbahnbrücke wurde durch die Errichtung eines zusätzlichen Gleiskörpers für die neue S-Bahntrasse nötig. Die gevouteten, fischbauchartigen Körper der Zwillingsbrücke sowie das dritte Gleis für die S-Bahntrasse ruhen auf eigenen, plastisch geformten Brückenpfeilern mit ellipsenförmigen Querschnitten. Zwischen den beiden Brückenelementen ist ein Fußgängersteg als zusätzliche Verbindung zwischen dem Stadtteil Mülln und dem Bahnhofsviertel eingehängt. Konstruktiv besteht die Verbundbrücke aus Stahlbetonpfeilern mit einem aufliegenden Hohlkastentragwerk aus Stahl. Die Spannweite zwischen den beiden Flusspfeilern beträgt 56 Meter und zwischen Fluss- und Landpfeilern 50 Meter. Deren schräg nach hinten weisende Auflager veranschaulichen plastisch die Richtung der Kraftflüsse. In den seitlich aufragenden Schachthälsen des Kastentragwerks verlaufen Installationskanäle. Einfache, an der Außenseite mit Niro-Rohren verkleidete Standardlärmschutzwände erreichen lediglich eine Höhe von einem Meter über der Schienenkante. Die Hauptlärmemissionen im Radbereich können so absorbiert werden, ohne den berühmten Blick auf die Altstadt Salzburgs zu beeinträchtigen. rh

Längsschnitt

Wohnbebauung 2011

Humboldtstraße 10,12

LC 4 architektur

Wirtschaftsför-
derungsinstitut
Salzburg 1980
Julius-Raab-Pl. 2
Josef Hawranek,
Gerhard Stenzel

Das Grundstück direkt an der Bahntrasse, primär nach Norden und Osten orientiert und mit hohen Nachbarbauten im Süden, bot schwierige Bedingungen, hat für eine „Nachverdichtung" aber die Vorteile der innerstädtischen Lage. Die Bebauung mit 60 barrierefreien Miet- und Mietkaufwohnungen wurde 2007 durch einen anonymen Wettbewerb mit zehn geladenen Teilnehmern entwickelt. Da kein eindeutiges Ergebnis herauskam, wurden zwei Projekte in einem zusätzlichen Workshop weitergeplant und nochmals der Jury vorgelegt. Verschieden hohe Trakte sind nun so über Eck an die Straßenfluchten herangesetzt und in den Höhen gestaffelt, dass ruhige Hofseiten entstehen, die trotz hoher Dichte viel Sonne erhalten. Dorthin öffnen sich die Wohnungen mit Balkonen und diagonalen Ausblicken, während an den Außenseiten verglaste Stiegenhäuser und Laubengänge die Erschließungen und den Schallschutz leisten. Auch ebenerdig ist der neue „Block" parziell durchlässig zum begrünten Innenhof. ok

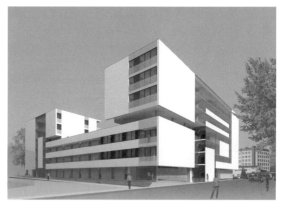

Schnitt

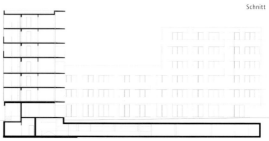

Sanatorium Wehrle 1998

Haydnstraße 18

Erio K. Hofmann

Die 1926 nach Plänen von Wunibald Deininger errichtete und 1930 vom selben Architekten erweiterte Privatklinik wurde 1967 – übrigens vom langjährigen Büropartner Deiningers – neuerlich erweitert und dabei „seiner Charakteristik beraubt" (F. Achleitner). Dem Versuch von Hofmann, Deininger gerecht zu werden, fehlt es an Sorgfalt wie auch am Bewusstsein für die Grenzen der Belastbarkeit des historischen Baus. Problematisch erscheint auch die Anbindung des Zubaus an den Haupttrakt. Der zweite Neubau an der Lasserstraße ist unterirdisch mit den übrigen Gebäuden verbunden. Er spielt formal auf der architektonischen Klaviatur der 1930er Jahre; die frei auskragende Ecke im Einfahrtsbereich erinnert an Deiningers Polizeikaserne. Die eigentliche Leistung der Sanierung besteht daher in der städtebaulichen Entscheidung für neue Elemente wie dem Hof, nicht im bloß restaurativen Bekenntnis zur Architektur der 1930er Jahre. rh

Dachaufbau 1995
Lasserstr. 22
Wilhelm Lankmayer

Haus E 2005
Umbau
Paracelsusstr. 3a,
Auerspergstr. 30
Kaschl-Mühlfellner

Wohnhaus 2007
Stelzhamerstr. 8a
HALLE 1

Büro- und Geschäftshaus Paris Lodron Center 1995

Franz-Josef-Straße 22

Robert Wimmer

Die Franz-Josef-Straße anstelle der einstigen Befestigungen des 17. Jahrhunderts bildet als repräsentative Allee den zentralen „Ring" der gründerzeitlichen Stadterweiterung des 19. Jahrhunderts von Salzburg. Zwischen der Mitte der 1980er und der 1990er Jahre waren die Gebäudetypologien des historistischen Gründerzeitrasters von besonderer Strahlkraft. Rob Kriers Siegerprojekt des vom Gestaltungsbeirat initiierten Fassadenwettbewerbs für das heutige NH Hotel (Nr. 26, 1988) wurde als „„Original' jener Fassadenarchitektur, die bis dahin angestrebt, aber nicht erreicht wurde," gefeiert. Die anderen Neubauten Nr. 9 und 15 plante Robert Wimmer. Beim Büro- und Geschäftshaus Paris Lodron Center (Nr. 22) vermied der Salzburger Architekt postmoderne Plakativität. Mit horizontal fein strukturiertem Natursteinsockel und hellgrau gefärbter Loch-Fassade integrierte er den Baukörper in den Kontext. Die Zäsur der Glasfassade des attraktiven Stiegenhauses lockert das hakenförmige Eckgebäude in zwei Volumina auf, die sich zur Paris-Lodron- oder Franz-Josef-Straße orientieren. Ein aufgeständerter, eingeschoßiger Baukörper bildet eine ruhigen, begrünten Hof. nm

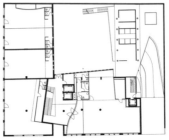

Erdgeschoß

Haus der Stadtgeschichte 2003

Glockengasse 8

kofler architects

In Sichtweite zum Studentenheim setzt auch diese Architektur für das „Gedächtnis" der Stadt einen klaren, einfachen, gläsern schimmernden und zugleich dunklen Baukörper an die Felswand des Kapuzinerberges. Zum Berg hin liegen hier auf drei Etagen die nichtöffentlichen Bereiche ohne viel Tageslichtbedarf – die Speicherräume in einer entsprechend geschlossenen, monolithisch in schwarzen Beton gehüllten „Kiste", die auch als dunkler Rücksprung im Erdgeschoß an dessen Flanken links und rechts in Erscheinung tritt. Zur Gasse, nach Nordwesten, sind diesem Kern in den beiden Obergeschoßen die halböffentlichen Bereiche der Büros und Werkstätten vorgelagert. Die öffentlich zugänglichen Räume – Eingang, Foyer, Katalog, Lesesaal, Bibliothek, Veranstaltungsraum – sind im Zentrum der Sockelzone ebenerdig angeordnet. Raumhoch verglaste Außenwände geben hier den Durchblick frei von der Gasse über die Innenräume bis zum Fuß der Felswand. ok

Bürogebäude der PVA Pensionsversicherung 2003 Schallmooser Hauptstr. 11 Cziharz + Meixner

1. Obergeschoß

Erdgeschoß

Studentenheim 1998

Glockengasse 4b

Peter Ebner, Günter Eckerstorfer mit Robert Schmid

Studentenheim
1963
Wolf-Dietrich-Str. 6
Thomas Schwarz,
Sanierung 1996

Handstreich junger Planer, die als Studenten über den Wettbewerb den Auftrag zu einem der wenigen modernen Bauten dieser Ära im Altstadtgebiet erhielten. Die Lage ist delikat: ein schmaler Grund neben der Felswand des Kapuzinerbergs, versteckt hinter den Fronten der Kapuzinergasse. Der Zimmertrakt ist über offenem Erdgeschoß aus dem Bergschatten herausgehoben, krümmt sich die Steinwand entlang, hat am Westende eine Dachterrasse mit spektakulärem Ausblick. Bergseits ist die Putzfassade der Laubengänge Yves-Klein-blau gefärbt, die nach Nordwesten orientierten Zimmer haben eine homogene Glasfassade. Ein Luftraum über alle Etagen beim Eingang und Stiegenhaus schafft im Haus ein Echo der Felswand und Durchblicke in ganzer Bauhöhe. Die einfache Konstruktion forciert Künstlichkeit gegenüber der Natur. Die als „Glasbrocken" unter dem Haus geplanten Marktstände und weitere Treppenaufgänge zum Berg wurden nicht ausgeführt. ok

Regelgeschoß

Quartier Bruderhof, Revitalisierung 2003

Linzergasse 39/Durchgang zur Paris-Lodron-Straße

forsthuber – scheithauer • architekten

Im Bruderhof entstanden keine geförderten, leistbaren (Miet-)Wohnungen, weil ihn die Stadt verkaufte. Thomas Forsthuber und Christoph Scheithauer planten für den Projektentwickler Franz Fürst eine zeitgemäße Neustrukturierung mit 15 Eigentumswohnungen, Lofts, Büros und Geschäften. Das Architektenduo stockte die alte, durch Kriegseinwirkung und Nutzung als Feuerwehrzentrale lädierte Bausubstanz auf. Die beiden von pilzförmigen Mittelpfeilern getragenen Hofüberdachungen schlossen die Architekten mit gläsernen Säumen am Bestand an. Zum revitalisierten Flügelbau an der Südecke des Haupttrakts dockten sie an der Nordecke einen ebenso schlanken Atelierflügel an. Aus ehemaligen Wagenremisen wurden Geschäfte und ein Café, die öffentliche Durchgangssituation wurde aufgewertet, ein neuer Treffpunkt entstand. 2003 erhielt das Ensemble den Altstadtpreis für vorbildliches Bauen in der Altstadt. nm

Centralkino mit Büro- und Geschäftsnutzung
1957
Linzerg. 17
Josef Hawranek

„Zahnwurzenhaus"
1958
Linzerg. 22-24
Bruno Doskar

Wohn- und Geschäftshaus, ehem. Gasthof Traube
Revitalisierung
2009
Linzerg. 4
Erich Fally

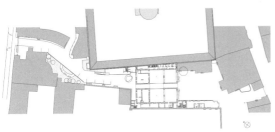

Lageplan

Wohn- und Atelierhaus 1988

Arenbergstraße 29b

Fritz Lorenz

Wie kann in die prominente Zeile im rechten Flussufer ein Neubau ohne Stilkopie eingefügt werden? 1985 war das die Gretchenfrage für den 1. Gestaltungsbeirat. Die eingereichten Pläne waren indiskutabel, und der Beirat, damals auch für diesen Altstadtteil zuständig, wollte nachweisen, dass die lokal längst nur mehr negativ behandelte Frage positiv lösbar ist. Trotz vieler Vorgaben gab es doch ein stimmiges, nobles Ergebnis: ein schlichter, klarer Baukörper, subtil auf den Kontext reagierend, doch mit zeitgenössischen Elementen, von der Straße zurückgesetzt auf ein Plateau, das mit rauer Stützmauer zum Gehsteig abgrenzt. Diese Staffelung vermittelt von der geschlossenen Zeile zur östlich weiterführenden offenen, die mit Wunibald Deiningers Villa beginnt. Freitreppen, Innentreppen, Podeste, Terrassen, Loggien durchdringen und umgeben das Haus, verklammern Innen und Außen. Hinter dem Haus noch eine obere Terrasse, darunter eingesenkt das Studio mit aus dem Hangfuß ausgekehltem Oberlicht. ok

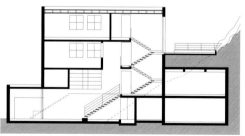

Schnitt

IM-31, Alte Diakonie 2008

Imbergstraße 31

HALLE 1

2003 in einem mehrstufigen Wettbewerbsverfahren entwickelt, benennt der Bau sämtliche zentralen Elemente: von der Erhaltung schützenswerter Bausubstanz, der städtebaulichen Neuinterpretation des Orts über die präzise Detailgestaltung bis hin zur Nutzungsvielfalt des Objekts. Im Südosten des alten Ansitzes (er geht auf das 16. Jahrhundert zurück) befindet sich ein viergeschoßiger Neubau aus Sichtbeton, der kantig in den Raum der Imbergstraße ragt. Durch seine Lage entsteht ein geschützter Hof, von dem aus eine breite Treppe eine neue öffentliche Wegverbindung zwischen Steingasse und Imbergstraße anbietet. Nördlich des freigestellten Bestandsbaus schließt der drei-, in Teilbereichen viergeschoßige neue Hauptbaukörper an. Dieser ist nach Süden als doppelwandige Glasfassade, deren Zwischenraum zweigeschoßige Loggien enthält, und an der Steingassenseite in Sichtbeton ausgeführt. rh

Haus P. 1999
Steing. 30/Imberg-
str. 9
cp architektur

2. Obergeschoß

Die Orte des Tennengaus sind stark an der Bezirkshauptstadt Hallein orientiert, dem einzigen echten Industriestandort in Salzburg. Neben der Landwirtschaft ist im Bezirk Hallein die Holzwirtschaft noch von einiger Bedeutung. Der Bergbau hat seine einstige Wichtigkeit praktisch verloren. Der Fremdenverkehr spielt – vielleicht mit Ausnahme Gollings, wo es seit der vorigen Jahrhundertwende einen Sommerfrischen-Tourismus gab – im Vergleich zu anderen Regionen des Landes eine eher untergeordnet Rolle. Im Süden wird der Bezirk von der Wetterscheide des Tennen- und Hagengebirges begrenzt. Das Lammertal, das bedeutendste Seitental, ist durch eine steile Geländestufe vom Salzachtal getrennt. Kuchl rückt mit einem Neubau bei der Fachhochschule von Dietrich | Untertrifaller und einer Werkhalle von Paul Schweizer ins architektonische Bewusstsein. Puch hat mit der ortsbestimmenden Fachhochschule von Kada und Wittfeld einen zwar interessanten, aber in Hinblick auf die Raumordnung mehr als problematischen Komplex erhalten. Der Nachbargemeinde Oberalm, die erst in den 1950er Jahren wieder eine eigene Gemeinde wurde, ist mit dem neuen Gemeindeamt ein echter Wurf gelungen. Steht das Jahr 1989 mit dem Fall des Eisernen Vorhangs für einen fundamentalen Umbruch in der Geschichte, so markiert es mit der Einstellung des über Jahrtausende betriebenen Salzbergbaus ein nicht weniger einschneidendes Ereignis für Hallein. Von diesem Schock, dem die Schließung weiterer zentraler Betriebe folgte, hat sich die Salinenstadt bis heute nicht mehr erholt. Die Altstadt Halleins wurde in den 1990er Jahre mit dem Ensembleschutz für 330 Gebäude zur Gänze unter Denkmalschutz gestellt. Der Denkmalpflege mangelt aber die kreative Perspektive, die über die Ausdeutung des historisch Gegebenen hinausginge. So ist auch die jüngst durchgeführte Sanierung von sieben Altstadthäusern am Schöndorferplatz (E: Architekten Scheicher) für das Kolpinghaus kritisch zu betrachten, auch weil anstelle von dauerhaften Stadtbewohnern hier nur temporäre Nutzer konzentriert werden. Hausgemachte Probleme wie eine unkoordinierte Entwicklung am Stadtrand – die Verlegung der B 1 auf die Pernerinsel hat das enorme Stadtentwicklungspotenzial dieses außergewöhnlichen Orts nachhaltig ruiniert – unterstreichen diese Mängel nur. Die allsommerlichen Aktivitäten der Festspiele und der Sommerakademie schlagen 20 Jahre nach der Schließung der Saline auf dem ehemaligen Salinengelände als einzige positiv zu Buche. Im Schulbereich kann die Erweiterung der Hauptschule Burgfried von Karl Thalmeier sowie das Sonderpädagogische Zentrum von Kada und Wittfeld hervorgehoben werden. Das von Knoll und Deininger 1925 geplante Stadttheater baute Heinz Tesar in bestechender Manier um, und das ebenfalls von Tesar mit einem üppigen Treppenhaus ausgestattete Keltenmuseum wurde vom Architekturbüro HALLE 1 vollendet. rh

Fachhochschule und Campus Urstein 2005

Puch – Urstein Süd 1

kadawittfeldarchitektur

Die Entscheidung, die Fachhochschule von ihrem Standort in der Stadt Salzburg (s. Loudon, 2.9) an die Peripherie zu verlegen, ist nach wie vor umstritten. Die Betreiber haben gegen alle raumordnungs- wie bildungspolitischen Bedenken Fakten geschaffen. Nur eine Zahl zum Vergleich: die Gemeinde Puch besaß Ende 2008 4250 Einwohner, denen 2000 Studierende und nochmals 150 Lehrende an der Fachhochschule gegenüberstanden. Die Baumasse aus Fachhochschule und Studentenheim ist darüber hinaus die mit Abstand größte Anlage im Ort, welche die gewachsene dörfliche Struktur ebenso ignoriert wie den räumlichen Kontext zum nahegelegenen Schloss Urstein.

Dabei ist architektonisch an den Bauten nichts auszusetzen. Kada und Wittfeld haben höchst professionell die Grundlage für einen erstklassig funktionierenden Schulbetrieb geschaffen. Mit wenigen Materialien – Glas, Stahl, Sichtbeton – und gekonnt gesetzten farblichen Akzenten verleihen sie dem ganzen Campus ein wissensorientiertes Image und eine optimale Orientierung. Über das zentrale Foyer werden alle Gebäudeebenen übersichtlich miteinander verknüpft. Die Hörsäle, das Audimax und die Mensa sind im Erdgeschoß angeordnet. Ein frei geformter Körper, der auf geknickten Stelzen über dem Foyer zu schweben scheint, beherbergt die Bibliothek. Jedes Element ist klar definiert, eine Sonderfunktion wie die Bibliothek formal betont.

Die beiden ineinandergreifenden fünf- bis siebengeschoßigen Baukörper des Studentenheims ziehen sich wie Schlangenlinien in die Landschaft und bieten den Studierenden ein geradezu paradiesisches Wohnambiente. Erschlossen werden die Wohnungen über die an der Ostseite liegenden Laubengänge, denen als Witterungs- und Lärmschutz geschuppt montierte Glastafeln vorgeblendet sind. rh

Haus K.-H. 1954
St. Jakob Nr. 70
Koloman Lenk

Haus Sch.
2002
Monsteinweg 822
Lechner & Lechner

Haus Schwalbennest
2002
Unterthurnstr. 118
Geistlweg-
Architektur

Haus B. 2008
St. Jakob am Thurn,
Golsweg 66
Schrattenecker –
Neureiter & Partner

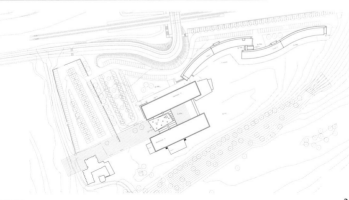

Lageplan

Wohnbau Puch VIII 2007

Puch – Jägerwirtsstraße 860

Arge Thalmeier & Parragh

Haus P. 1984
Bachweg 57
Franz Kiener

Schloss Puchstein
2000
Erweiterung
Schlossweg 15
Alfred Pidner u.
Christof Hillebrand

Haus G. 2004
Barmsteinstr. 830
Fritz Lorenz

Die von zwei genossenschaftlichen Bauträgern errichtete Anlage bildet mit ihren 115 Wohnungen fast schon ein eigenes Quartier. Der Entwurf ging aus einem bereits 1996 durchgeführten Wettbewerb als Sieger hervor und überzeugte durch den Ansatz, ein in sich dörflich strukturiertes Ensemble zu bilden. Plätze von unterschiedlicher Größe, Wege sowie private und öffentliche Grünbereiche stehen als Freiräume ebenso unterschiedlichen Gebäudetypen gegenüber: Ein langer, zur Bahn hin als Lärmschutz ausgebildeter dreigeschoßiger Riegel, Reihenhäuser und unterschiedlich orientierte Geschoßwohnbauten bilden das städtebauliche Material.

Der Baukörper zur Bahn und die vier Häuser im nördlichen Abschnitt sind ost-west-orientiert. Die übrigen Häuser blicken mit den Wohnräumen nach Süden und werden von der Nordseite her erschlossen. Sämtliche Wohnungen sind zweiseitig belichtet und verfügen über großzügige Freibereiche in Form von Balkonen, Gärten oder Terrassen. rh

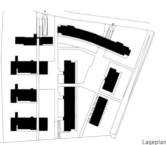

Lageplan

Gemeinde- und Vereinszentrum 2005

Oberalm – Halleiner Landesstraße 51

gerner°gerner ^{plus}

Der Bau ist von der Halleiner Landesstraße etwas zurückgesetzt und so platziert, dass zusammen mit einer bestehenden Platzfläche ein repräsentativer Dorfplatz entsteht, der für Feste und Veranstaltungen genutzt wird. „Die architektonische Gegenwart holt Oberalm mit diesem Bau endlich ein, kontrastiert freilich stark mit den Stilblüten der Nachbarschaft", schrieb Walter Chramosta bei der Würdigung des Baues im Rahmen des Salzburger Landesarchitekturpreises. Der Baukörper umschließt ein offenes Atrium und ist zum Vorplatz mit einem brückenartigen Bauteil hin geöffnet. Dieser ausgezeichnete, auf V-Stützen lagernde Trakt beherbergt den gemeinderätlichen Sitzungssaal. Seine erhaben angeordneten, raumhohen Glasflächen – außen liegende Metalllamellen filtern das nach innen dringende Licht – stehen symbolisch für die Transparenz als höchstes Gut der Demokratie. Das Gemeindeamt wurde auch zum Vermächtnis für den bald nach der Eröffnung des Baues verstorbenen Bürgermeister, der heftiger, parteipolitisch motivierter Widerstände zum Trotz diesen zukunftsweisenden Akzent realisieren konnte. rh

Haus S. 2005
Tobisweg 8
Andreas Volker

S-Bahn-Haltestelle
Oberalm 2006
Erich Fally nach dem
Basiskonzept von
HALLE 1

Erdgeschoß

Küche, Turn- und Speisesaal 2007

Oberalm – Winklhofstraße 10

Martin Strobl

Der Neubau schließt den gewachsenen Gebäudekomplex der Land-
wirtschaftsschule, die nach und nach um den alten, auf einer Geländestufe gelegenen Ansitz Winklhof entstand, nach Westen ab.
Er ist so situiert, dass im Zusammenspiel mit den bestehenden
Schulgebäuden ein neuer großzügiger Platz entstand. Während die
behäbigen Bestandsbauten durch mächtige Walm- oder Satteldächer gekennzeichnet sind, schlägt diese jüngste Erweiterung formal
einen anderen Ton an. Glas, Sichtbeton und rotbraune Paneele bestimmen das Erscheinungsbild des flachen, langgestreckten Baukörpers. Er setzt sich aus zwei Trakten zusammen, die über eine
von oben natürlich belichtete Erschließungsachse miteinander verbunden sind. Die Turnhalle wurde um zwei Meter gegenüber dem
Erdgeschoßniveau abgesenkt, was den Vorteil hat, dass sie in der
Ansicht nicht dominant in Erscheinung tritt. Außerdem konnte so
niveaugleich eine direkte Verbindung zum Untergeschoß des Schul-
gebäudes geschaffen werden. rh

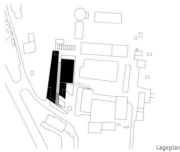

Lageplan

Stadttheater Hallein 1993

Hallein – Kuffergasse 2

Heinz Tesar

Das 1925 von Wunibald Deininger und Martin Knoll geplante Objekt wurde 1950 um ein Foyer mit einem Café im Espresso-Stil erweitert. Diesen Zustand fand Tesar vor, als er das Gebäude zum Ausgangspunkt einer geplanten Sequenz von Kulturbauten entlang der Salzach erkor. Tesars Korrekturen am Bestand – wie die Entfernung der Hohlkehle und des Walmdachs, an dessen Stelle er eine Terrasse als erhabene Piazza mit umlaufender Kolonnade situiert – sind von der urbanistischen Überlegung geprägt, die Stadt an den Fluss heranzuführen. Im Foyer entfernte er die Zwischendecke und den anschließenden Theatersaal mit Empore gestaltete er gleich einem Instrument. Wandschalen aus Birkensperrholzplatten bilden einen Resonanzkörper, dessen glatte Holzdecke in einem sanften Schwung den Raum überwölbt. Die neu geschaffene Hinterbühne liegt in einem apsidialen Anbau. In dessen Obergeschoß befindet sich eine Probebühne, ein überkuppelter Raum mit runden Oberlichten und einem Kranz aus quadratischen Fenstern. rh

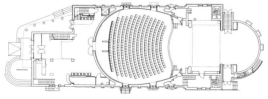

Erdgeschoß

Keltenmuseum, Erweiterung u. Umbau 1994, 2004

Hallein – Pflegerplatz 5

Heinz Tesar/HALLE 1 mit Wimmer-Armellini

Das Keltenmuseum ist in einem der ältesten Gebäudekomplexe der Salinenstadt untergebracht. Es besteht aus dem repräsentativ ausgestatteten Pflegerhaus, Sitz der fürsterzbischöflichen Salinenverwaltung, und dem Wasnerhaus im Süden, das heute die Bereiche Forschung und Verwaltung enthält. In den drei sogenannten Fürstenzimmern im 2. Obergeschoß befindet sich ein einzigartiger, 1757 entstandener Bilderzyklus, der den gesamten damaligen Salinenbetrieb auf 72 Gemälden darstellt.

Heinz Tesar hat als Teil seiner weitgesteckten Überlegungen (s. 7.5) im Keltenmuseum ein Treppenhaus samt Lift implantiert. Dabei übernimmt die salzachseitig ablesbare Sichtbetonwand die Rolle einer Stütze für die historische Außenwand, die durch das Entfernen von Zwischendecken die statische Selbstständigkeit eingebüßt hatte. Die Stadtgemeinde konnte nur den 1. Bauabschnitt des Projekts realisieren und sah sich im Jahr 2000 gezwungen, einen Wettbewerb auszuschreiben, um den Torso für den angestrebten Zweck zu adaptieren. Das Konzept der HALLE 1 – das Büro hatte 1994 die Landesausstellung „Salz" gestaltet – respektiert das von Tesar geplante Stiegenhaus und bezieht es als zentrales Element in den Museumsrundgang ein. Durch eine gläserne Spange, die ebenfalls salzachseitig dem Pflegerhaus vorgelagert wurde, schuf man Raum für das Foyer. Alle noch vorhandenen historischen Raumfolgen samt Bausubstanz konnten so erhalten bleiben, was angesichts der Eingriffe, die das Gebäude im Laufe der jüngeren Baugeschichte erleiden musste, wesentlich ist. Das stimmungsvolle Herausarbeiten der historischen Raumstrukturen und die akzentuierte Inszenierung der Exponate machen die besondere Qualität dieses Museums aus. rh

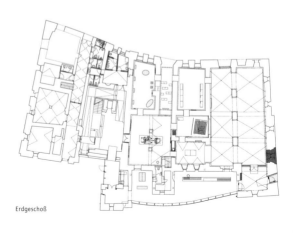

Erdgeschoß

Keltenmuseum mit gläsernem Foyerzubau

Treppenhaus von Heinz Tesar (l.), Foyer von HALLE 1 (r.)

7

7

Hausensemble
Schöndorferplatz 3
2008
Revitalisierung
Scheicher
Architekten

Café Conditorei Braun 1988, 1991

Hallein – Unterer Markt 8

Luigi Blau

Die Café Conditorei Braun ist für feinste Konditorware weit über die Grenzen der Stadt hinaus berühmt. Der kunstsinnige Konditormeister hat mit der Gestaltung durch Luigi Blau das Café in ein Schmuckstück verwandelt, so hochwertig und ausgetüfelt wie seine erlesenen Pralinen. Mit zwei Rundbögen öffnet sich das Café zur Gasse. Ein plastisch gestaltetes Portalrelief aus Bronze von Josef Zenzmaier ziert den Eingang zum Wohnhaus.

Die linke Auslage mit dem Eingang zum Café enthält als Blickfang eine ausgetüfelte Glasvitrine. Im anschließenden Verkaufsraum dominieren Kirsch- und Nussholz, Hölzer von Bäumen, deren Früchte auch in der Konditorei verwendet werden. Vier ovale Tischchen mit Platten aus rotem Adneter Marmor und Nirostafuß sowie dazupassenden Sesseln von Arne Jacobsen liegen gegenüber der elegant gewölbten Verkaufsvitrine. Die Tische können nach dem Vorbild des Café Quadri zum leichteren Reinigen des Bodens herausgehoben werden. In den Räumen des Cafés laden braune, gepolsterte Ledersitzbänke, Sessel von Josef Hoffmann und gemütliche Lounge-Chairs zum Verweilen ein. rh

Hauptschule Burgfried, Revitalisierung 2002

Hallein-Burgfried – Davisstraße 17

Karl Thalmeier

Die beiden dreigeschoßigen Schulbauten (Hauptschule, 1956; Volksschule E: Hermann Rehrl jun., 1964) sind durch Lochfassaden mit Mittelgangerschließung und mächtige Walmdächer charakterisiert. Anstelle nicht mehr zeitgemäßer Objekte konzipierte Thalmeier seinen Zubau als bewussten Kontrast zu den Bestandsbauten. Jener besteht aus einer Doppelturnhalle mit einem Sportplatz auf der Ebene des Flachdachs, einem Musik- und Veranstaltungsraum, zusätzlichen Klassenzimmern sowie einem Haus für den Hausmeister. Aluminiumpaneele, große Glasflächen und das dominante Rot der Klassenzimmertrakte bilden eine Assemblage, die sich locker zwischen die schweren Volumina des Bestands schiebt. Sehenswert ist das Wandbild „Tiere der Vor- und Jetztzeit" des zu unrecht relativ unbekannten Halleiner Künstlers Wolfgang „Wux" Mittermayer. Das Fresko, dessen In-situ-Erhaltung die Denkmalpflege verlangte, entstand 1956 im Zuge des Neubaus der Hauptschule. rh

Bezirksstelle Österreichisches Rotes Kreuz 2000
Wiestallandesstr. 2
Günther Oberhofer,
Josef Reich

HTBLA 2009
Erweiterung
Davisstr. 5,6
ARGE Mack + Sorg

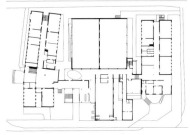

Erdgeschoß

Sonderpädagogisches Zentrum 2005

Hallein – Griesmeisterstraße 1

kadawittfeldarchitektur

Der eingeschoßige Vorgängerbau fristete trotz attraktiver, zentraler Lage direkt an der Uferpromenade mit Blick auf die Bergkulisse ein verstecktes Dasein. Der monolithische, von einer Edelstahlhaut überzogene Neubau ging 2003 aus einem geladenen Wettbewerb hervor. Die hakenförmige Großform nutzt das Bebauungsfenster maximal, lässt die Enge des Grundstücks vergessen und gestattet eine großräumige, helle Halle mit Gartenbezug. Warme Materialien und frische, die Orientierung erleichternde Farben prägen die freundliche Atmosphäre. Die Klassen bieten neben Lernen im Klassenverband und Kleinarbeitskreisen als dritte Zone Entspannungsbereiche, gemütliche Fensterbrettnischen als Beobachtungspunkte zur Außenwelt. Das unverwechselbare öffentliche Gebäude ermöglicht Kindern und Jugendlichen mit besonderem Förderbedarf eine attraktive, die Entfaltung stimulierende Schutzzone. nm

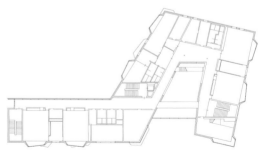

1. Obergeschoß

1999 – Hallein – Ringweg 20,20a,20b

Lechner & Lechner

Das Dreifamilienhaus bietet gemeinsames und gleichzeitig individuelles Wohnen bei geringem Flächenverbrauch und Entfaltungsraum für zehn Bewohner. Auf dem 840 m² großen Grundstück spannten die Architekten zwischen zwei Einheiten eine hochgehobene Maisonette ein, darunter sind gemeinsame Aktivitäten möglich. Raumgreifende Veranden binden alle Geschoße an den Garten an. Der Sonnenlauf begleitet die Bewohner über den ganzen Tag. Auf- und Umbauoptionen sowie ein zweiter Eingang sichern Flexibilität. Der konstruktive Holzbau ruht auf Stahlstehern im Bereich des umlaufenden, das Untergeschoß belichtenden Fensterbands. Perfekt detailliert verbindet das Niedrigenergie-Haus skulpturale Eleganz mit ökologischen Maßnahmen: Pelletsöfen, solare Warmwasserbereitungen und solar gestützte Heizungen, kontrollierte Raumlüftung mit Erdregistervorwärmung und Wärmetauscher. nm

Wohnanlage Les Palétuviers 9 1985
Webereiweg 6-10
Fritz Matzinger

Schloss Rif 2004
Sanierung, Umbau
Schlossallee 49
Atelier AR 18
Leitgeb + Benko

Erdgeschoß

Haus 47°40'48" N / 13°8'12" E 2006

Adnet – Riedl 79

Maria Flöckner und Hermann Schnöll

Ferienhaus Q. 2008
Von Krispl zum
Gasthaus Zillreith
und von dort ca.
eine halbe Stunde
zu Fuß in Richtung
Schlenkenalm
Volker Hagn

Die Architekten interpretierten das ebenerdige, bis ins letzte Detail intelligent konzipierte Haus mit der Garage als Straßenbucht als Knoten zwischen Straße und Landschaftsraum. Neun hölzerne Raummodule von 2,40 x 2,40 Metern beherbergen – teilweise von oben erhellt – Bäder, Ankleiden, Stauräume u.a.m. sowie die Stahlstützen, die den mächtigen Dachkörper tragen. Dieser „Wald körperdichter Stämme" lichtet sich zur kaum facettierten Glaswand. So öffnet sich zwischen „schwebender" Sichtbetondecke und schwarzem Gussasphalt-Boden eine Loge, die unmittelbar das Gebirgspanorama im jahreszeitlichen Wandel erlebbar macht. Das mit dem Landesarchitekturpreis 2008 ausgezeichnete Haus drückt sich leicht – ohne Abgrabungen oder Aufschüttungen – in das abfallende Gelände. Die von konsequentem Designanspruch geprägte Wohnatmosphäre entsprang dem Wunsch der Bauherren nach ungewohnt hoher Zurücknahme des Persönlichen. nm

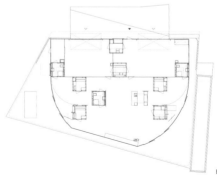

Erdgeschoß

Kuchl – Markt 54

kadawittfeldarchitektur

Die 1905 errichtete Volksschule ist ein mächtiger dreigeschoßiger Bau mit einer zum Marktplatz gerichteten, üppig dekorierten Fassade, zu dem der neu geschaffene zweigeschoßige, mit Bootssperrholzplatten verkleidete Zubau einen klaren Kontrapunkt setzt. Über eine gläserne Lobby, die parallel zum Bestand verläuft (die Architekten bezeichnen sie als „Schulgasse"), sind Alt- und Neubau miteinander verbunden. Sie ist Flanierfläche, Aufenthaltsraum, behindertengerechte Erschließung und kann noch so manche andere Funktion übernehmen. Der Neubau mit Klassenräumen und einer abgesenkten Turnhalle (sie dient selbstverständlich auch außerschulischen Veranstaltungen und ist trotz ihrer Lage im Untergeschoß hervorragend natürlich belichtet) verschleiern den Umstand, dass für das Raumprogramm kaum mehr Freiflächen zur Verfügung standen, so dass die Verdichtung räumlicher Qualitäten geradezu zum Programm werden musste. rh

Pfarrheim 1990
Markt 142
Gernot Kulterer

Ortsgestaltung 1995
Fritz Lorenz,
Christian Schmirl

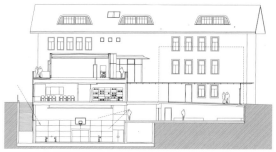

Schnitt

Wohnhaus und Atelier Zenzmaier 2001

Kuchl – Georgenberg 371

Maria Flöckner und Hermann Schnöll

Dass das mit dem Holzbaupreis 2003 prämierte Lowbudget-Haus von der Straße „nicht in Erscheinung" trat, war als Genehmigungsargument wichtig. Nicht doktrinär vorgegebene Dachformen, sondern angemessene Maßstäblichkeit integrierte das kleine Ensemble in die Nachbarschaft. Das Architektenduo teilte das Volumen in ein zweigeschoßiges Wohnhaus und ein ebenerdiges Fotoatelier und verdrehte beide leicht um einen locker gefassten Hof. Fensterausschnitte eröffnen Blickbeziehungen vom elterlichen Obstgarten der Bauherren bis zur nahen Wiese. Rohbau-Oberflächen-Finishes wie Sichtbeton ermöglichten Mehrwerte wie einen zweigeschoßigen Luftraum und große Fensteröffnungen. Die OSB-Holzwerkstoffplatten als Innenschicht der vorgefertigten Holztafelbau-Elemente tragen zudem zur wohnlichen Atmosphäre bei. Die Betonscheibe als konstruktives Rückgrat bildet mit den Ortbetondecken auf Stahlstehern eine sommers kühlende Speichermasse. nm

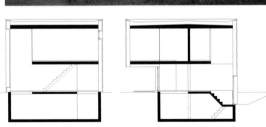

Schnitte

Das Architektenduo Christine und Horst Lechner realisierte 1995 das nach Süden geöffnete Atriumhaus Ganzer in Kuchl. Die Konstruktion wurde so gewählt, dass mit normalem Bauholz gearbeitet und auf (kostenintensiveres) Leimholz verzichtet werden konnte. Die 4,5 Metern großen Spannweiten bilden so das Grundmaß der einfachen, ökonomischen Gebäudeform. Die perfekte Oberfläche der Glasflächen kontrastiert mit dem rohen, fast ruppigen Erscheinungsbild des organischen, unbehandelten und somit alterungsfähigen Baustoffs Holz. nm

Haus für RMMR
2006
Georgenberg 40a,b
hobby a.

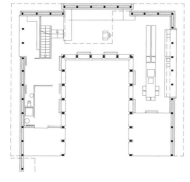

Erdgeschoß

Werkstättengebäude Holztechnikum Kuchl 2010

Kuchl – Markt 136

Paul Schweizer

Das Holztechnikum Kuchl ist ein in Österreich einzigartiges Schulungszentrum, und wie beim benachbarten Erweiterungsbau der Fachhochschule wird auch hier der Werkstoff Holz gezielt als Anschauungs- und Lehrmittel verwendet. Konstruktive Merkmale sind sichtbar und werden als architektonisches Ausdrucksmittel, etwa in der konkaven Außenwand, eingesetzt. Die neue Werkhalle vereint u. a. eine Sägehalle, eine moderne CNC-Holzbearbeitungsanlage mit den dazugehörenden Schulungsräumen unter einem Dach. Über den Kellerwänden und der Bodenplatte aus Stahlbeton erhebt sich eine Konstruktion symmetrischer Zweigelenksrahmen aus Leimholzbindern. Ihr statisches System aus gleichbleibenden Holzrahmen und beweglicher Mitte erzeugt ein natürliches Trapezoid, das sich der Umgebung sanft und harmonisch anpasst. Typologisch versteht sich das Schulgebäude als Werkhalle, das, dem späteren Berufsleben vorausgreifend, den Grundgedanken einer ökologischen und ökonomischen Praxisorientierung vermittelt. rh

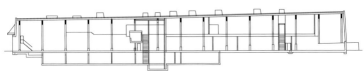

Längsschnitt

Der Zubau kann als klare Kritik an dem in Massivbauweise ausgeführten Holztechnikum von 1995 interpretiert werden. Als zeitgemäßer Holzbau sollte er auch Vorbild für die Studenten der auf Holztechnik spezialisierten Schule sein. Sie ist überdies als erstes Hochschulgebäude in Österreich im Passivhausstandard ausgeführt. Der Neubau enthält im Erdgeschoß einen beidseitig belichteten Hörsaal für 200 Personen und in den beiden Obergeschoßen Seminarräume und eine Bibliothek. Die tragende Holzkonstruktion, die Holzkastenelemente der Decken, die mit Eschenparkett versehenen Fußböden und Wandverkleidungen aus geöltem Birkensperrholz verschaffen dem Bau eine wohltemperierte Atmosphäre. Der rahmenförmige Baukörper ist mit einem offenen Rhombenschirm aus unbehandelter Weißtanne verkleidet. Vor den dreifachverglasten Fensterelementen sind feststehende Lamellen so platziert, dass sie den Sonnenschutz erfüllen und dennoch den Ausblick in die Landschaft erlauben. rh

Haus u. Ordination
Dr. St. 2000
Annaberg Nr. 208
Klaus Bieregger

Haus H. 2005
Rußbach
Alte Gschüttstr. 25
W. Schwarzenbacher

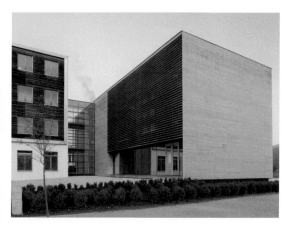

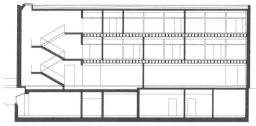

Längsschnitt

Den Pongau begrenzen im Norden die Kalkalpen, im Süden die Hohen und die Radstädter Tauern, im Osten ragt die Dachsteingruppe auf, im Westen das Steinerne Meer und der Hochkönig. Auch die Hohen und die Niederen Tauern des Alpenhauptkamms im Süden mit dem Gasteinertal erheben sich über das ehemalige Bergbauland der wald- und almenreichen Pongauer Schieferberge. Zwischen Schwarzach und St. Johann schwenkt der Mittellauf der Salzach nach Norden und weitet sich zum Pongauer Becken. Die Siedlungsräume befinden sich im mittleren Salzachtal – als „Salzachstadt Pongau" von St. Johann bis Werfen bzw. Schwarzach, im oberen Ennstal mit Radstadt, Altenmarkt und Eben sowie in den Seitentälern mit touristisch geprägten Gemeinden. Die gute verkehrliche Anbindung machte den autobahnbegleitenden Speckgürtel der Landeshauptstadt zur Konkurrenz für den Handel im Pongau. Die geschlossene Landschaft des einzigen Gaus ohne Einhöfe prägten Zwiehöfe in alpinen Gruppenhof- oder Paarhofformen. Heute bedrängen allerdings ganz andere bauliche Kaliber die alpine Kulturlandschaft und die historische Baukultur. „Dem Trend, alles und jedes, vom Möbelhaus bis zur Almhütte, unter das ‚alpine Satteldach', zu quetschen, kann man nur durch langwierige Verhandlungen und oft auch unbefriedigende Kompromisse beikommen." So lautete 1980 die traurige berufliche Bilanz des Welzenbacher-Absolventen Robert Posch, der Ende der 1950er Jahre voller Engagement nach Salzburg gekommen war. Die verbaute Fläche im Pongau stieg gegenüber 1970 um 40 %, der kleine Anteil zeitgemäßer Baukultur gewann im letzten Jahrzehnt stark an Breite. Das zeigte das Internetprojekt L@ndumgang im Jahr 2000. Engagierte Bauherren und Architekten mussten um die Realisierung zeitgemäßer Wohnstandards kämpfen. So blockierte im Jahr 2000 die Gemeinde Altenmarkt beim Einfamilienhaus T. von Tom Lechner wegen der Dachform monatelang die Genehmigung. Die nahe Skifabrik „Atomic" konnte hingegen die 30.000 m^2 große Erweiterung blitzartig realisieren. Die erste Bauinstanz – Bürgermeister, der Bauausschuss, der Bezirksarchitekt oder der Gestaltungsbeirat – haben in vielen Fällen die Genehmigung der Einfamilienhäuser be- bzw. verhindert. Das hat sich im letzten Jahrzehnt massiv verbessert. Raumordnerisch-strukturelle Zielsetzungen hingegen werden noch immer Einzelinteressen geopfert. Touristische Agglomerationen, die mehr oder weniger kitschig und sattelgedacht den Maßstab gewachsener Strukturen sprengen, wachsen ungestört. Im Tourismus gibt es erste positive Anfänge. Eine junge Hoteliergeneration nutzt zeitgemäße Architektur bei Sanierung und Neupositionierung. Die bemerkenswerten Beispiele öffentlicher Bauten entstammen meist Wettbewerben, die leider nicht alle architekturoptimierend vonstatten gingen. nm

Pfarrwerfen

Bischofshofen

Eben

Radstadt

Altenmarkt

St. Johann

Wagrain

Flachau

Goldegg

Schwarzach

Kleinarl

Dorfgastein

Großarl

Bad Hofgastein

Bad Gastein

Agentur- und Zweifamilienhaus Windhofer 1996

Pfarrwerfen – Laubichl 50

Werner Schmid

Beschränkungen können klare, reduzierte und besonders intelligente Lösungen fordern und fördern. Mit der Ausnahmegenehmigung
im Grünland waren bebaute Fläche, Kubatur und Dachform mit
Überstand vorgegeben. Zudem reduzierte ein sehr knappes Budget
den Spielraum für Grundriss, Fassaden und Materialwahl. Neben
der Werbeagentur fanden zwei Wohnungen mit eigenen Freibereichen Platz. Das Panoramafenster prägt die Wohnhalle mit Galerie.
Großzügigkeit, Ausblick und zeitgemäße Wohnstandards „verführ-
ten" Besucher, die dem als hässlich angefeindeten Haus Skepsis
entgegengebracht hatten. Für die mit bündig gesetzten Fenstern
kompakt-reduziert gehaltene Außenerscheinung generierte Werner Schmid aus Satteldach und Vordach das noble Giebeldreieck.
Freundlich kultiviert grüßt der sägerau-lärchenverschalte Baukörper die anonyme alpine Architektur. nm

3. OG

2. OG

1. OG

Erst sollten Kindergarten und Wohnungen in einem Ortszentrum beim Pfarrhof integriert werden, den Wettbewerb dazu gewann 1994 Gernot Kulterer. Dann verlegte man den Kindergarten westwärts vor die Stützmauer der Kirche, das Zentrum kam an eine andere Stelle südlich der Kirche (Arch. Eisenköck), am ursprünglichen Platz baute Kulterer eine Wohnanlage. Der Kindergarten, drei Gruppen mit Bewegungsraum, liegt relativ exponiert zur Straße, bietet aber gut geschützte Milieus, gute Sicht- und Wegverbindungen nach allen Seiten. Spezielles Thema war, den Bau kompakt ans Kirchenplateau zu rücken und doch so niedrig zu halten, dass Vorhalle und Westwerk des spätgotischen Sakralbaus nicht zu sehr verdeckt werden, weiters: dass es ein Dach und doch kein Steildach sein sollte. Zwischen den elegant detaillierten Walmdächern ist am Eingangs- und Stiegenbereich ein Stück Flachdach, um noch mehr Höhe zu sparen. Sorgfältige Gestaltung aller Elemente; Brüstungen unter den Bandfenstern der Gruppen mit Luken für die Kleinen. ok

Lageplan

Kraftwerk Bischofshofen – Kreuzbergmaut 1996

Zufahrt nördlich von Bischofshofen über B159

Gerhard Garstenauer & Gert Cziharz

Der baukulturelle Anspruch, der Kraftwerke in der Zwischenkriegszeit oft zu Baudenkmälern gemacht hatte, war in Salzburg nach dem Zweiten Weltkrieg – von Kaprun abgesehen – verschwindend. Nur funktional „bewältigt" wurde beispielsweise das mit Blumenkisterln hilflos behübschte Kraftwerk im Süden von Bischofshofen (1984). Für den Standort nördlich der Stadt schlug Gerhard Garstenauer 1990 gemeinsam mit Gert Cziharz eine Alternative zu den üblichen Projekten vor, die den natürlichen Flussverlauf massiv verändern und die Fluss- zur Seenlandschaft machen. Das Kraftwerk sollte bei einer natürlichen Verengung mit relativ großem Gefälle als Teil des angrenzenden Geländes konzipiert werden. Allerdings errichtete die heutige Salzburg AG das Kraftwerk flussabwärts auf freiem Talboden. Die Architekten konnten zumindest das Krafthaus in die Anlage integrieren, die Steinoberfläche zwischen Ufermauerwerk und Kraftwerk wurde bei der Umsetzung allerdings nur „halbherzig-ingenieursmäßig" (Garstenauer) eingebunden. nm

Österreichhaus Winterolympiade Turin 2006

Bischofshofen – Paul-Ausserleitner-Schanze

LP architektur

Das ÖOC erwartete sich für die Olympiade in Turin/Sestriere neben einer Kommunikationsplattform und Visitenkarte Österreichs ein „kleines Stück Heimat" für Athleten, Betreuer, Medien, Sponsoren und Fans. Tom Lechner meisterte den Spagat mit einer zeitgemäßen Interpretation der alpinen Bautradition. Die verglaste Stirnseite wurde nicht allein ein einprägsames Olympia-Logo. Die mit Lärchenholz verschindelte Hülle dieser „Urhütte" erscheint spiralförmig gerollt und zeichnet die räumliche Struktur nach: ebenerdig Terrasse und „Open house", darüber räumlich verbunden der VIP- und Medienbereich. Aus vorgefertigten kreuzschichtverleimten Holztafeln konstruiert, bilden die Räume mit attraktiven Ausblicken, Lärchenschindeln, Stein und Loden Anknüpfungspunkte zur Tradition. In vier Tagen war das Haus 2006 montiert, nach der Olympiade wurde es neben der Bischofshofener Sprungschanze auf einem sehr grob gestalteten Sockel abgestellt. nm

Feuerwehrhaus
1995
Alte Bundesstr. 80
Robert und
Werner Schmid

Haus R. mit Foto-
atelier 2003
Gaisbergsiedlung 13
LP architektur

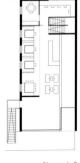

Obergeschoß

Kindergarten Eben 1994

Eben – Badeseestraße 300

Schmidsberger & Knall

Die Schauseite bestimmt eine Kolonnade aus Holzstützen, die das vorspringende Pultdach tragen – sie leitete die Ablöse der in dieser Region herrschenden Bilder landschaftsgebundenen Bauens ein. Der Kindergarten befindet sich auf einem relativ steilen Hanggrundstück, das der Entwurf geschickt nutzt. Auf den beiden Geschoßen befinden sich je zwei Gruppenräume, die direkt an der der Sonne zugewandten konkaven Fassadenfront liegen. Nebenräume und die Erschließungszone liegen an der Bergseite, wobei eine breite Oberlichtbahn Tageslicht auch in diese Zone bringt. Durch die eingezogene, zweigeschoßige Fassade sowie durch die genannte Situierung der Nebenräume konnte das kleine Grundstück optimal genutzt und gleichzeitig der Baukörper in seiner Masse reduziert werden, sodass sogar noch Platz für eine Terrasse blieb. Über Balkone und daran angeschlossene Wendeltreppen können die Kinder auch von den Obergeschoßen direkt zur Spielfäche vor dem Haus gelangen. rh

Querschnitt

Stadtplatz Radstadt 2006

Radstadt – Stadtplatz 1

LP architektur

Die Stadtgemeinde ermöglichte einem privaten Investor den Tiefgaragenbau und schrieb zur Platzgestaltung 2004 einen geladenen Wettbewerb aus. Tom Lechner konzentrierte im Siegerprojekt den Verkehr am östlichen Rand und verlegte an die südliche Stirnseite die Garageneinfahrt, um deren optische Präsenz an diesem tiefsten Punkt möglichst zu verringern. Die Einzelflächen wurden zu einem großzügig-städtischen Platz zusammengefasst, den beigen Betonbodensteinen wurde Radstädter Korn zugemischt. So entstand ein autofreier, homogener, städtisch geprägter Freiraum direkt vor den Repräsentationsbauten Rathaus und Bezirksgericht. Lockere Zonierungen machen den Platz – im Alltag wie bei Festen – vielfältig und flexibel nutzbar. Die Nordseite prägt eine Baumreihe, die Südhälfte ein für Abkühlungsbedürftige gut nutzbarer Brunnen. Poller und Sitzbänke sind aus dem Betonsteinquader abgeleitet. Die Überdachungen der Garagenabgänge wurden von anderer Seite geplant. nm

Musikzentrum Radstadt und Zeughaus am Turm 1995
Schütte-Lihotzky-Pl. 1
Resmann, Schindlmeier, Otte

Hauptschule 1995
Schulstr. 3
Karl Thalmeier

Geschäftshaus Schatzl 2002
Sanierung
Hoheneggstr. 2,4
LP architektur

Doppelpassivhaus D.-H. 2003
Hoheneggstr. 2
LP architektur

Modellwohnbau Radstadt 1998

Radstadt – Haspingerstraße

Hanns Peter Köck

Den 1993 ausgelobten Wettbewerb gewann das Projekt von Hanns Peter Köck, das mit leicht gekrümmten Zeilen an den Anger der benachbarten Südtiroler Siedlung anschloss. Die solcherart südorientierten geförderten Wohnungen begünstigten passive Solarnutzung mit Wintergärten als Wärmefalle. Im „Modellbauvorhaben" des EU-Programms „Thermie-A" wurden mit Haustechnik kombinierte Konstruktionssysteme – zehn Varianten mit verschiedenen Materialien – untersucht. Das ökologische und ökonomische Gesamtkonzept berücksichtigte z.B. die Auswirkung des Heizsystems auf die Umwelt mit Primärenergieverbrauch, Treibhauseffekt, Bodenversäuerung u.a.m. Die vorgeschriebenen Kostengrenzen erfüllte am umweltschonendsten eine Mischbauweise: zweischaliges Ziegelmauerwerk und Holzleichtbauweise, Fernwärmeversorgung, Warmwasseraufbereitung durch Solarkollektoren, kontrollierte Wohnraumlüftung mit Wärmerückgewinnung und Regenwassernutzung mittels Zisternen. nm

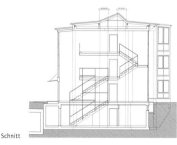

Schnitt

Sozialzentrum und Seniorenheim 2007

Altenmarkt – Schwimmbadgasse 615

kadawittfeldarchitektur

Das Ortszentrum ist nahe, ein Wäldchen und der Gemeindepark liegen in Gehdistanz. In diese Richtung, nach Norden, öffnet sich der zur Straße abgeschirmte Platz zwischen den beiden Trakten der Anlage. Der niedrigere Bauköper, an der Seite beim Zauchbach, enthält Küche, Kapelle, Pflegebereich, Bücherei, Mehrzweckraum, Eltern-Kind-Gruppe, Frauenzentrum und Büro. Der größere, dreigeschoßige Trakt hat 70 Pflegeplätze. Alle Zimmer verfügen über große Erker und schmale, öffenbare Lüftungsläden. Ostwärts schließt eine begrünte Terrasse an. Beide Trakte verbindet ein verglaster Gelenks-Raum, Foyer und Speisesaal in einem. Sein Dach ist als Terrasse gestaltet und verbindet Sozial-„Pavillon" und Zimmertrakt auch im 1. Stock. Mit der goldfarbigen Blechhaut des „Pavillons" und den ebenso gerahmten Erkern ergibt sich ein „Golden Retreat", das mit mobilen Hilfsdiensten, Café, Bücherei und Raumangeboten für Vereine auch die Umgebung gut integriert. Im Souterrain ist ein Durchgang zum Ärztezentrum nebenan. ok

Haus Th. 2002
Baierwiesenweg
587
LP architektur

Gemeindepark u.
Spielplatz 2007,2010
Schlatterbergweg
3:0 Landschafts-
architektur

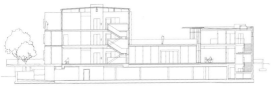

Schnitt

Umbau Tischlerei und Möbelstudio Reiter 2000

Altenmarkt – Brunnbauerngasse 227a

LP architektur

Aral Tankstelle 1958
Hauptstr. 200
Walter Fischinger

Das Erscheinungsbild des heterogen gewachsenen Gebäudekomplexes verbesserte der Architekt durch einen neutralisierenden Anstrich in kräftigem Rot. Unter einem annähernd 30 Meter langen Glasdach entwickelt sich die Erdgeschoßzone mit dem von Maria Reiter geführten Möbelstudio und der umgebauten Tischlerei von Herbert Reiter, auf die die dynamische Schichtung aus horizontalen Lärchenlamellen verweist. Daneben führt eine Alu- und Glas-Box, die die Fassade durchbricht, in das Möbelstudio als dezent inszenierte Raumsequenz. Grauer Estrich, weiße Wände, schwarze Decke mit auf das technische Minimum reduzierten Neonröhren geben den Designerstücken einen neutralen Hintergrund. Das eigene Ausstellungsstück des Tischlerbetriebs bildet der Büro- und Beratungsbereich mit seiner angenehmen Atmosphäre. Zudem sind Ahorn, Lärche, Faserzementplatten, Alu, Milchglaswände und geschliffener Estrich perfekt verarbeitet. nm

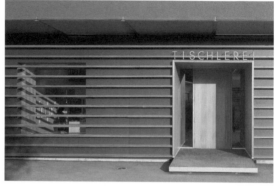

Erdgeschoß

Das auf dem Land seltene Beispiel eines zeitgemäßen, kultivierten Geschäfts- und Shop-Gebäudes verbindet angenehme Einkaufsatmosphäre mit Anleihen an die Tradition ohne rustikale Applikation. Der Architekt situierte knapp vor den Wohntrakt der Familie Schneider den Neubau, der die Traufhöhen der Nachbarhäuser aufnimmt. Trotzdem ist der plastisch auskragende Holzkorpus an der verkehrsreichen Bundesstraße unübersehbar. Den geschützten Vorplatz darunter definiert eine kleine Rampe bzw. Stufe. Er bietet auch außerhalb der Öffnungszeiten tiefe Einblicke ins Modegeschäft. Da präsentiert sich auch die Trachtenecke mit Lederhosen und Hirschlederjacken. Deren haptische Qualitäten inspirierten den Architekten, den Ständerbau bzw. Leimholzbinder mit gehackter und gebürsteter Thermokiefer zu verkleiden. Die Stiege bringt Licht nach unten und führt zur introvertierten Terrasse, die Veranstaltungen dient. nm

Haus L. 2007
Erweiterung
Salitererg. 192
LP architektur

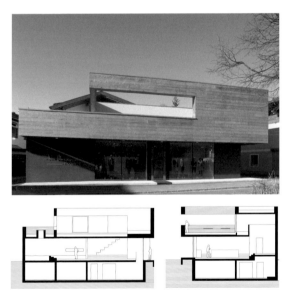

Schnitte

Haus W. 2002

Altenmarkt – Feuersangweg 257

LP architektur

Der Architekt wollte den bestehenden Garten nicht verbauen und situierte das Haus im Norden direkt an die Straße. Die Dreigeschoßigkeit verbessert die Belichtung zwischen den Bäumen. Der „überdachten" Erschließung mit transparenter Garderobe sowie Arbeitsraum mit Gartenzugang folgt ein Obergeschoß mit exponiertem Koch- und Essbereich und zwei Kinderzimmern. Wohnen in den Bäumen mit südseitig vorgelagerter Terrasse und bemerkenswertem Gebirgsblick bietet das 2. Obergeschoß mit Elternschlafzimmer und etwas höherem Wohnbereich mit Kamin. Präzis gesetzte Fensteröffnungen erschließen Landschaftsbezüge. Holz fand konstruktiv und mit der unbehandelten Zedernholz-Verschindelung fassadenbildend Verwendung. Das Niedrigenergiehaus aus vorgefertigten, kreuzverleimten Massivholzelementen und kontrollierter Wohnraumlüftung wurde in fünf Monaten errichtet. Es erhielt 2003 den Salzburger Landesenergiepreis (3. Preis). nm

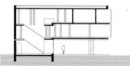

Schnitt, 1. Obergeschoß

Steinmetzbetrieb Herzgsell 2005

Altenmarkt – Ennspark 601

LP architektur

Die klare Trennung von Produktions- und Bürobereich entspricht dem internen Ablauf und bietet Übersichtlichkeit. Die leicht erweiterbare Werkhalle ist aus dem Grundmodul 7,5 x 15 Meter entwickelt und durch ein umlaufendes Lichtband aus Profilitglas gleichmäßig belichtet, darunter sind außen verzinkte Streckmetallelemente vorgehängt. Den daran hakenförmig anschließenden Bürotrakt setzte Tom Lechner zusätzlich mit dem Buntsteinputz deutlich ab. Die lange Zugangsrampe aus Granit führt zum einladenden Hof- und Empfangsbereich. Ein besonderes Exponat an sich ist der introvertiert-symmetrische Ausstellungs- und Beratungsraum mit natürlichem Licht über einen Deckenschlitz. Zwei schwarze MDF-Möbelboxen beherbergen Steine und Muster aller Art. Auch der Freiraum wurde gestaltet. Das Kunstwerk als Entree schuf Wilhelm Scherübl in Zusammenarbeit mit dem Architekten als Ort des Verweilens mit Lichtskulptur, Wasserbecken und archaischem Holzstapel. nm

Atomic Skifabrik
1972-77
Lackeng. 301
Fritz Panek;
Erweiterung
Hochregallager,
Portierpavillon
Panek Architekten
2005

Bergbahn auf den
Rossbrand Tal- und
Bergstation 1993
Filzmoos
Cziharz + Meixner

Erdgeschoß

Hotel Tauernhof, Vorzone zur Straße 2008

Flachau – Flachauer Straße 163

LP architektur

Die harmlos-schlichte, dunkelhäutige „Lederhose" des Lacknerhofs (Unterberggasse 172) mutierte ab 2001 schrittweise mit Türmchenbesatz und Ausbauchungen zum „Schlosshotel", wie sich die Kitschburg heute tatsächlich nennen darf. So müssen heute die meist unsystematisch gewachsenen Agglomerationen der 1960er oder 1970er Jahre nicht mehr enden. Dies zeigt Tom Lechner bei zwei Hotels wenige hundert Meter entfernt. Er versuchte nicht, durch aufwändige Radikalumbauten den „Alpenhof" und den „Tauernhof" zeitgemäß zu bekleiden. Beim „Alpenhof" verbindet der Architekt die unterschiedlichen Baukörper mit einer linearen Vorzone von 70 Meter entlang der Hauptstraße. Ein massiver Sockel mit Stufen und Rampen gleicht die Höhen an und eröffnet zwischen den bestehenden Eingängen neue überdachte oder offene Aufenthaltsbereiche. Mit vertikalen Lamellen werden Öffnungen bewusst gesetzt und die Hotelzone vom Straßenraum getrennt. Sie verbinden Sockel und Dach zu einem lagernden Volumen, das den altbackenen Obergeschoßen Präsenz nimmt. nm

Ansicht

Pfarrkirche St. Rupert, Erweiterung 1998

Wagrain – Joseph-Moor-Weg

Gernot Kulterer

Die gotische Pfarrkirche mit dreiseitigem Chorschluss erhielt Anfang des 18. Jahrhunderts ein Seitenschiff, das sich mit drei großen Rundbögen zum Langhaus öffnet. Von diesem teilweise desolaten Anbau bewahrte Gernot Kulterer nur die beiden Stirnseiten. Mit einer weiteren Erweiterung im Norden ordnete der Architekt den Kirchenraum neu und generierte eine attraktive Raumfolge quer zum Bestand. Vertikale Fensterschlitze heben die Erweiterung von den geböschten Barockmauern ab. Dachneigung und schalenförmig gekrümmte Außenwand betten den Neubau in die Dachlandschaft des Bestands und die Mulde im Friedhof ein. Das Prinzip einer kultivierten Eingliederung anstelle von Anpassung unterstützen zeitgemäße Materialien: Blechdeckung neben dem Holzschindeldach, Sichtbetonmauern neben Putzflächen. nm

Energietechnik
Kramer 2001
Hubdörfl 54
LP architektur

Haus F. 2000
Moadörfl 53
Kaschl-Mühlfellner

Sport Obermoser
2004
Umbau
Markt 2
LP architektur

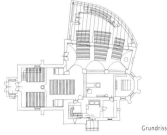

Grundriss

Ferienhaus H. u. S. 1981

Wagrain – Weberlandl 85

Reinhold Seeger

Das gekuppelte Doppelwohnhaus gut 3 km außerhalb bzw. oberhalb Wagrains plante Reinhold Seeger für seine und eine befreundete Familie. Er entwickelte den skandinavisch anmutenden Holzriegelbau kleinteilig und räumlich differenziert an dem steilen Hang am Rande einer Lichtung im Wald. Seegers Ferienhaus bot ursprünglich eine Nutzflächen von 58 m² und erfuhr – ähnlich wie das gekuppelte Nachbarhaus – im Lauf der Jahre Erweiterungen durch kleine Um- und Anbauten. Dabei behielten die Häuser die unaufdringliche, sich überzogener Selbstdarstellung enthaltende Schlichtheit, die Dietmar Steiner bald nach Fertigstellung an ihnen rühmte. nm

Johannes Jaksch

Zwei dreigeschoßige, ebenerdig verbundene Häuser bilden das hakenförmige Ensemble. Über den fünf Garçonnièren markieren hohe Fensterfelder die fünf Maisonetten darüber. Zarte Wendeltreppen erschließen deren gläserne Galerien mit Schlafbereichen. Die Realisierung des in Wahlkampf-Aussendungen mit „Katastrophen-Stil" diffamierten Hauses war schwierig. Bezirksarchitekt Paul Ager unterstützte den Linzer Architekten und seine Lösung als „gelungene zeitgemäße Interpretation des Satteldachs". Dach und Dachvorsprung waren vorgeschrieben. Auf die kubisch-weißen Körper setzte Johannes Jaksch die Satteldächer – durch gläserne Säume getrennt – als eigenständige Elemente. Der Luftraum an den Stirnseiten sollte offen bleiben, die Schließung mit dünnem Lochblech erfolgte auf Bauherrnwunsch. Die Gemeinde Kleinarl forderte, Holzteile dunkelbraun zu streichen, sodass Jaksch schließlich auf jede Verwendung von Holz verzichtete. nm

Ansicht, Schnitt

Pfarrkirche St. Laurentius, Friedhof, Leichenhalle 1986

Kleinarl – Kreuzsalgasse 2

Heinz Tesar

Der Planungsprozess spiegelt die Umbruchsphase im Verhältnis von Denkmalpflege und heutiger Baukunst. Der Entwurf zur Vergrößerung des im Ursprung gotischen Bestandsbaus stammt von 1977 und wurde auch von der Pfarrgemeinde, die im Altbau nicht mehr Platz hatte, mitgetragen. Tesar schrieb damals „Es gibt den vorderen gotischen Teil, der stehen bleibt, und einen hinteren, jüngeren Teil, der abgebrochen wird, an der Stelle, wo vor 500 Jahren eine Mure ein Stück Kirche weggerissen hat. An der Stelle setzt der Neubau an, es ist eine Durchdringung von Alt und Neu."

Nachdem das Denkmalamt scharf abgelehnt hatte, folgte im Gegenzug die Berufung durch die Erzdiözese, gestützt auf ein sehr positives Gutachten von Friedrich Achleitner. Tesar wurde zum BDA-Präsidenten in Wien vorgeladen, der überraschend einlenkte. Das blieb im Land vorerst ohne Wirkung: Der Landeskonservator nannte das Tonnengewölbe öffentlich mit „Entsetzen" einen „Raddampfer".

1980 wird als „Übergutachter" Clemens Holzmeister bestellt, der einige Korrekturen verlangt und vor allem ein Satteldach haben will – Tesar widersteht. Man einigt sich schließlich auf ein in der äußeren Erscheinung „mehrfach geknicktes Satteldach" – die Quertonne erhält in der Dachhaut acht Längsgrate. Nach diesen und anderen, kleineren Änderungen gibt 1982 auch das Denkmalamt grünes Licht.

Die alte Westfront und zwei Rippengewölbe blieben erhalten, sind in den Neubau eingebunden. Das neue Kirchenschiff bildet einen querorientierten Rechteckraum mit weitem, kassettiertem Tonnengewölbe und seitlichem Streulicht durch die „oculi". Der abschließende „Chor" wiederholt die Maße und Proportionen des Vorbaus, nimmt den alten Altar auf, ihm vorgelagert steht auf erhöhter Plattform der neue Volksaltar. Altartisch, Ambo, Tabernakel, Orgel, Bänke, Leuchten, Beichtstühle nach Entwürfen Tesars vertiefen und variieren in der Feinform die dichte Wirkung des Ensembles, das sich außen vervollständigt in Friedhofsmauern, Toren und Wegen bis zur Leichenhalle mit „Sarkophagdach" am höchsten Punkt des vorbildlich gepflegten Areals. ok

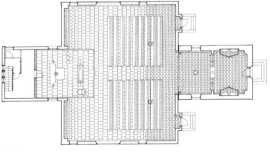

Grundriss

Gemeindeamt und Tourismusbüro 2009

Kleinarl – Dorf 30

Kathrin Aste

„Mit mutiger moderner Architektur für ein neues Tourismus- und Gemeindezentrum will Kleinarl seinem Aufwärtstrend im Fremdenverkehr gerecht werden": So schrieben die „Salzburger Nachrichten" am 27. 2. 2007. Bürgermeister Max Aichhorn schwärmte von 270.000 Nächtigungen im Jahr, allein davon 70.000 im Robinson Club Amadé, einer 2004 eröffneten, maßstabsprengenden Agglomeration mit 380 Betten. Beim engagierten Siegerprojekt im geladenen Wettbewerb war die Gemeinde nicht mutig genug und gab Kathrin Aste nicht die örtliche Bauleitung, was grobe Details erklärt. Die Architektin öffnete die Front mit dem Tourismusbüro großzügig zur Dorfstraße. Das zentrale Treppenhaus aus Sichtbeton verbindet Alt- und Erweiterungsbau und spielt gleichzeitig den autonomen Körper für den Sitzungs- und den Brauchtumsgruppenraum frei. Dieser aus Brettsperrholzelementen gebildete Körper besitzt innen wie außen eine homogene Erscheinung. Er bettet sich – von zwei kleinen begrünten Flachdächern begleitet – in die dörfliche Nachbarschaft ein. nm

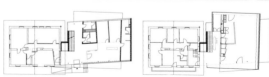

Erdgeschoß   1. Obergeschoß

Werner Schmid gewann 2003 ein ambitioniertes, von Geschäftsführer Josef Reiter durchgeführtes Gutachterverfahren für den Neubau des Aluminium verarbeitenden Unternehmens. Die 73 x 53 Meter große Produktionshalle überspannen stützenfrei drei Stahlfachwerkträger, welche zudem der natürlichen Belichtung dienen. Außerdem tragen die Träger zur Gliederung und Lagerung des Industrieensembles bei. Diese Einbettung ins Umfeld unterstützt die Einkleidung mit grauen bzw. schwarzen Alu/Kunststoff/Alu-Verbundplatten – der Naturschutz hat ein dunkles Erscheinungsbild gefordert. Salzachseitig situiert ist das Hochregallager. Die An- u. Ablieferungshalle verbindet die Hallen und beherbergt auf dem Dach den Bürotrakt. Dort arbeiten die Mitarbeiter, dem Gewerbegebiet enthoben, in einem kommunikativen, räumlich erhöhten Zentralbereich und einem Kranz mit Besprechungszimmern und Einzelbüros als Rückzugsmöglichkeit. nm

8

20

Betriebsgebäude Spiluttini Bau 2004

St. Johann – Industriestraße 43

LP architektur

Das von Hartmut Spiluttini ausgelobte kleine Gutachterverfahren 2003 konnte Tom Lechner für sich entscheiden. Im Siegerprojekt gruppierte er das viergeschoßige Bürogebäude mit Werkstatt und überdachtem Außenlager um einen Hof. Vom zweigeschoßigen Empfangsraum führt eine einläufige Treppe ins Bürogeschoß mit großzügigem Aufenthaltsbereich und Terrasse sowie einer introvertierten Bürozone mit verglasten Zellen, die sich um den zentralen breiten Flur mit barartiger Multifunktionsmöblierung gruppieren. Vom ehrgeizigen Anspruch des Bauunternehmens zeugen perfekte Sichtbetonflächen. Das Bürogebäude nimmt zudem getrennt vermietete Büroflächen auf. Seine Außenerscheinung prägen die anthrazitfarbenen Putzfassaden und kontrastierende Lärchenholz-Elemente. Der vorgelagerte Sonnenschutz und die kontrollierte Wohnraumlüftung tragen zum Niedrigenergiestandard des Baus bei, der 2004 den Landesenergiepreis erhielt. nm

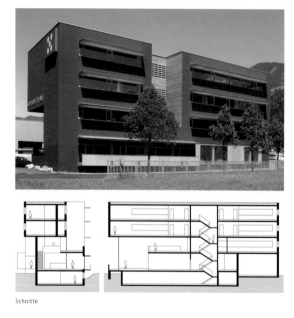

Schnitte

Erweiterung Hauptschule 2007

St. Johann – Leo-Neumayer-Straße 14

Karl Thalmeier

Der Nachkriegs-Schulkomplex hatte bereits eine unsensible Sanierung hinter sich, als er erweitert wurde. Karl Thalmeiers siegreiches Wettbewerbskonzept von 2005 leistete zweierlei: Der direkt angedockte Klassentrakt mit Direktion und Mehrzwecksaal beruhigt – städtebaulich präsent – das heterogene Umfeld, während sich der mit einer großzügigen Stiegenhalle unterirdisch angebundene Turnsaal der Blickverbindung zum dominierenden Pongauer Dom unterordnet. Dazwischen entstand eine öffentliche Durchwegung, über die raffiniert belichtete Turnhalle eine großzügige Turn-, Spiel- und Pausenfläche. Ein geschützter, als Freiklasse nutzbarer Vorplatz zwischen Alt- und Anbau bildet auch das Entree zum Mehrzwecksaal, der – vom Schulbetrieb abkoppelbar – auch als städtischer Kulturraum genutzt wird. Thalmeiers Erweiterung lehrt Respekt vor dem Kontext und eine ungezwungen gefasste Bedeutung (frei-)räumlicher Qualitäten. nm

Bezirkshauptmann-
schaft 1995
Hauptstr. 1
Schmidsberger &
Knall

Geschäft Oczlon
1999
Hauptstr. 34
Roland Stich

Pongauer Textilhaus
Adelsberger GmbH
2003
Hauptstr. 20
Blocher Blocher
Partners

Wohn- und Ge-
schäftshaus Reiter
2003
Hauptstr. 68-70
Paul Ager

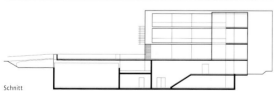

Schnitt

Wohnung Sch., Umbau und Aufstockung 2002

St. Johann – Hauptstraße 31a

Roland Stich

Terrassenhäuser
1991
Hubweg 17-21
Roland Stich

Roland Stich musste 1991 bei den terrassierten Häusern am Hubweg, die hohe Wohnwerte mit sparsamem Grundverbrauch verbinden, behördenseitig nachträglich Dachelemente mit Satteldächern anbringen, die dem architektonischen Anspruch abträglich waren. Bei dem Hofhaus im Zentrum von St. Johann erhielt der Architekt hingegen gestalterische Freiheit. Stich überformte klug den bestehenden, zweigeschoßigen Hoftrakt, der sich quer zur straßenbegleitenden Bebauung in den Hinterhof schiebt. Er schälte aus dem bestehenden Dachgeschoß ein Atrium, zu dem sich die Aufstockung bzw. Erweiterung als zweigeschoßige Einheit orientiert. Dieses Dach- bzw. erste Obergeschoß nimmt den Wohnbereich mit dem geschützen Atrium auf und erschließt die Schlafbereiche darüber und einen kleinen, aber attraktiven Balkon. Das helle, wohnliche Hofhaus im Hinterhof bildet trotz mancher gestalterischen Überinstrumentierung ein gelungenes Beispiel für Bauen im Bestand. nm

          Obergeschoß   Dachgeschoß

Doppelwohnhäuser 1995

St. Johann – Zaglausiedlung 39-42

Reiner Kaschl – Heide Mühlfellner

8

23

Reiner Kaschl und Heide Mühlfellner entwickelten für Hartmut Spiluttini diese vier privat finanzierten Häuser auf schwierigem Terrain: Die Architekten setzten zwei Hauspaare mit jeweils einer gemeinsamen Erschließungsstiege in den steilen Hang. So bleibt zwischen den Doppelhäusern der Landschaftsraum präsent. Terrassen befinden sich – entsprechend der Hangsituation – auf unterschiedlichen Niveaus sowohl an den Langseiten wie auch an der rückseitigen Stirnseite. Das Genehmigungsverfahren gestaltete sich mühsam, im Bebauungsplan waren Satteldächer vorgegeben. Entstanden ist eine hochwertige Alternative zum städtischen Einfamilienhaus. nm

Haus Sch. 2003/06
Plankenau 43
spiluttini architecture

Haus P. 2008
Zaglausiedlung 10
LP architektur

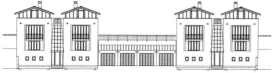

Ansicht

291

Haus G. 2004

Großarl – Unterberg 53

Reinhardt Honold, Veronika Stern

Seniorenwohnheim
Großarl-Hüttschlag
2002
Markt 45
Schmidsberger &
Knall

Bei der Fahrt in dieses hochalpine Tal fällt unter den üblichen Banalitäten an Neubauten diese kleine Hausgruppe von weitem auf:
nicht durch Protz, kitschige Formalismen oder riesige Hangverschiebungen für Gebäudesockel und/oder Terrassen, sondern durch
spontane Stimmigkeit – so müsste in dieser Landschaft gebaut werden, so könnte die lokale Bautradition in die Gegenwart transformiert werden! Die Bauherrschaft, ein Ehepaar mit zwei Kindern,
bewirtschaftet sommers eine Berghütte in der Region. Veronika
Stern, vor Jahren dort Ferienhilfskraft, berichtet: „Sie wollten ein
Holzhaus und einen Wintergarten. Sie wollten nicht, dass wir nach
barrierefreien Lösungen suchten. Sie wollten auch nicht eine spätere Teilbarkeit des Hauses. Mehr Vorgaben hatten wir nicht. Unser
Wunsch war, im besten Sinne EINFACH zu bauen und nach unserer
Auffassung bäuerlich und alpin zu bauen. Das heißt: wir wollten
möglichst schonungsvoll mit dem Hang umgehen. Das Bild dazu
waren Heustadeln, die auf Punktfundamenten in steilsten Hängen
stehen. Wir wollten nicht ein Haus bauen und einen Wintergarten
dransetzen, sondern ein Ensemble entwickeln, wie die oft in Gruppen versammelten Speicher und bäuerlichen Häuser, und das durch
einen glasüberdachten Platz verbinden. Der Erschließungsweg ist
so genauso steil wie der Hang. Ich könnte auch sagen, der Osthang hatte eine perfekte Stiegenneigung – 30 Grad. Dieser einzige Weg führt von der Autoankunft und dem Lagerraum bis zur
höchsten Ebene der Bebauung und zur nördlichen Freifläche. Links
und rechts des Weges sind die drei Baukörper angeordnet. Und ihre
Außenhaut, die senkrechte, rohe Holzschalung, ist außen und im
Innenraum gleich. Insgesamt hatten wir ein fast strenges Gebäude
entworfen, was durch die eher kleinen Fensteröffnungen noch betont wird." Optisch sehr fein sind die Dächer als Kaltdach aus den
gleichen Holzbrettern, eine große Öffnung geht auf der Wohnebene
nach Süden mit Austritt aufs Gelände: Es dauerte ein Jahr, bis die
Baubehörde das genehmigte! ok

Ebene 1   Ebene 2   Ebene 3

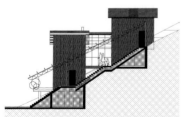

Schnitt

Ansicht Nord

293

Tauernbahnmuseum 2002

Schwarzach – Bahnhofstraße 32

Adolf Krischanitz, Werner Neuwirth

Die ab 1901 von Schwarzach durchs Gasteinertal bis Spittal ge-
zogene Bahnlinie diente als alternative Verbindung zur privaten
Südbahn vom Norden der Monarchie an die Adria und brachte der
Region enorme Impulse. Zum 100-jährigen Bestehen entstand aus
offiziellen Budgets und vielen Privatspenden das erste Eisenbahn-
museum im Land. Architekt Krischanitz, aus dem Ort stammend
und familiär der Bahn verbunden, stellte die Pläne für den Neubau
zur Verfügung. Neben der alten, vom Museumsverein renovierten
Lok-Remise wurde ein grundrisslich kleineres, proportional dem
Altbau exakt entsprechendes Betonprisma errichtet und mit diesem
über ein Eingangs-Foyer-Gelenk verbunden. Die Außenwände öffnen sich nur an drei Stellen: beim Eingang und mit je einer großen
Verglasung im Foyer sowie am Südende des Blocks. Über Dachauf-
sätze fällt Oberlicht in geschoßübergreifende Raumteile, zwischen
denen unten die „dunkle" Zone für Wechselausstellungen liegt und
oben die große Modellanlage der Tauernbahn „eingehängt" ist. ok

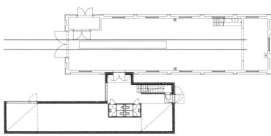

Grundriss

Schwarzach – St.-Veiter-Straße 5

K. Kowalski, H. Spiluttini, M. Szyszkowitz

Erster öffentlicher Bau von Szyszkowitz + Kowalski, der im Ort auch in Kooperation mit dem lokal ansässigen, bestens vernetzten Hartmut Spiluttini nicht leicht durchzusetzen war. Aus dem Baubericht: „Wir wollen nicht ängstliche Anpassung, Wiederholung von Trivialem, sondern ganzheitliche Auseinandersetzung, die zwangsläufig zur eigenständigen, unwiederholbaren Antwort führt. Wir wollen durch das Aufwerfen des Hügels mit dem Aushubmaterial gegen die Straße eine Abschirmung vornehmen, einen Ort der Ruhe schaffen, erreichbar über die aus dem Gelände geformte Treppenanlage: eine mit Stufen ausgelegte Senke zur Feier mit vielen Menschen. Das Gebäude, entwickelt aus Hügel und Treppenverlauf, hat charakteristisch alpine Materialien – Fichtenholz, Steine im ausgewaschenen Beton, das ortsübliche gestrichene Blechdach, Granitböden." Gegen die topografisch maßgeschneiderte Bewegung im Außen tritt die innere Raumwirkung der Halle zurück; die signalhafte Ecke ist nicht Kapelle, sondern Vorbereitungsraum des Priesters. ok

Haus S.
Dr.-F.-Hein-Str. 6:
Erbaut 1906,
überformt durch
Erich Horvath 1955,
Anbau Hartmut
Spiluttini 1977

**Wäscherei Kranken-
haus** Erweiterung
1972, Aufbau 1982
Putzengraben 1
Hartmut Spiluttini

Ehem. Haus G. 1979
St.-Veiter-Str. 15
Josef Lackner:
Durch Umnutzung
stark verändert

Haus H. 1982
Zubau
Schernbergg. 2a
Otto Kapfinger,
Adolf Krischanitz

**Pfarrkirche Mariä
Unbefleckte
Empfängnis** 1983
Kirchengasse
Clemens Holzmeister, Alfred Pointner,
Peter Schuh:
Renovierung und
Zubau nach Brand

Haus Dr. Sch. 1996
Birkenhöhe 3
Hartmut Spiluttini

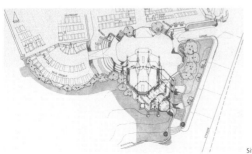

Situationsplan

Schloss Goldegg, Revitalisierung 1981, 2008

Goldegg – Hofmark 1

Koloman Lenk, Matthias Mulitzer

Haus K. 2007
Hofmark 135
LP architektur

Schloss Goldegg geht im Kern auf das 14. Jahrhundert zurück und besitzt mit den Holztafeln im Rittersaal, die 1536 mit Tempera bemalt worden sind, die einheitlichste Ausstattung dieser Zeit in Salzburg. Heute ist es über die Landesgrenzen hinaus als engagiertes Kultur- und Seminarzentrum bekannt und beherbergt das Heimatmuseum. Koloman Lenk adaptierte den Komplex für die Landesausstellung 1981. Ein Stiegenhauseinbau mit betonsichtigen Läufen erschließt die Vierkanteranlage in der Nordwestecke neu. Der Architekt gestaltete Interventionen wie die Verglasungen der Hofarkaden und die notwendigen Tramverstärkungen gleichermaßen präzis wie zurückhaltend. Der notwendig gewordene Aufzug wurde 2008 von Matthias Mulitzer im Treppenauge situiert. Die dreiseitige Verglasung des eigenständigen Lichtkörpers ermöglicht Durch- und Einblicke in die Maschinentechnik des spezialangefertigten Hydrauliklifts. Unter Verputz verschwand dabei der archaische Charakter des Sichtbetons. nm

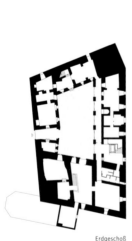

Erdgeschoß

Zweigeschoßige, giebelständige Häuser, durchwegs mit traditioneller Holzblockbauweise in den Obergeschoßen, prägen Goldeggs geschützten Ortskern. Zwischen dieser Gebäudestruktur an der zentralen Hauptstraße und dem Goldegger See befindet sich die Parzelle. Lechner fügte das lärchenverschindelte Holzhaus, das attraktive Wohnstandards mit Terrasse zum See bietet, sensibel in den historischen Kontext ein. Er bezog die Materialwahl wie auch den schlichten, kompakten Baukörper mit Satteldach auf den benachbarten sogenannten „Eisstadl". Auch die Gliederung in Hauptgebäude und Anbau unterstützt die „harmonische Einfügung in das charakteristische Gepräge des geschützten Ortsbildes", wie es das Ortsbildschutzgesetz fordert. Trotzdem blockierte die Kommission. Der „Fachbeirat Architektur" musste intervenieren und unterstützte diese zeitgemäße Intervention ohne falsch verstandene Anpassung. Das Haus wurde beim Holzbaupreis Salzburg 2007 ausgezeichnet. nm

Erdgeschoß

Regenerationszentrum SGKK, Um- bzw. Neubau 1999

Goldegg – Hofmark 51a

Architekten Resmann & Schindlmeier

Bei einem EU-weiten Bewerbungsverfahren für den Umbau bzw. die Erweiterung zum Beherbergungsbetrieb mit 80 Betten setzten sich die Salzburger Architekten mit einem intelligenten Konzept durch. Obwohl sich die Kubatur um ein Drittel erhöhte, konnten Resmann & Schindlmeier die Bestandsbauten der Nachkriegszeit so integrieren bzw. erweitern, dass das entstandene Bauensemble nun in die Hangsituation eingebettet ist und großzügige, helle Gemeinschaftsbereiche bietet. Das Dach des neuen, gartenseitig vorgelagerten Therapiebereichs nimmt die großzügige Südterrasse mit Pergola und Sonnensegel auf. Die Architekten erweiterten den bestehenden Bettentrakt – die Topografie nachzeichnend – bogenförmig und ersetzten die mächtigen Satteldächer durch filigrane Pultdächer. Im Gegensatz zu früher erscheinen nun die horizontal lagernden Baukörper landschaftlich eingebunden. nm

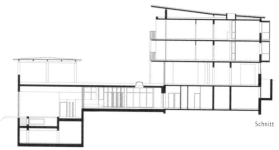

Schnitt

Casa Grossi, Erweiterung 1998, 2006

Goldegg – Altenhof 27

spiluttini architecture

Die Bauherren wünschten einen großzügigen, hellen Wohnraum. Ambros Spiluttini erweiterte das zu klein gewordene Holzhaus aus der Zwischenkriegszeit und bezog dabei die Sonne mit ein. Die Gartenfassade mit Solarpaneel-Feld und das Wohnraumfenster schwenkte der Architekt möglichst nach Süden mit einer windstillen Sitzecke dazwischen, aktive wie passive Solarnutzung werden optimiert. Der Essbereich spiegelt die Raumhöhe des Bestands wider, sechs Stufen vermitteln zum tieferliegenden, zweigeschoßigen Wohnraum, der sich zur Sonne öffnet. Die zentrale Stahltreppe als raumbegrenzender Filter erschließt auch die 2006 ergänzte Galerie mit Arbeitsfläche und minimalem Alkoven.

Der auch ökologisch ambitionierte Massiv- bzw. Holzriegelbau mit kontrollierter Wohnraumlüftung und Wärmerückgewinnung konnte erst nach intensiver rechtlicher Unterstützung von über zwei Jahren in der Gemeinde Goldegg realisiert werden. nm

Austraghaus O.
2000
Weng 12
Matthias Mulitzer

Haus R. 2009
Weng 108
Christian Reicher

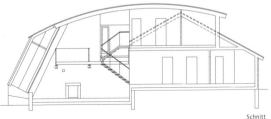

Schnitt

Solarbad 1978

Dorfgastein 172

Gerhard Garstenauer

Gerhard Garstenauers Solarbad-Konzept sollte durch Energieeffizienz die Badesaison möglichst ausdehnen. Bei dieser prototypischen Lösung in einer „Sonnenmulde" nordöstlich des Orts suchte der Architekt den „Pakt mit der Natur". Um Topografie, Windschutz und Orientierung am Sonnenkreis mit passiven Solargewinnen optimal zu nutzen, staffelte er zwei Kreisringe aus vier bzw. acht Segmenten in den Hang. Vom vorgelagerten Solarium, das den Treibhauseffekt nutzt, führt ein Schwimmkanal in das kreisrunde Warmwasserbecken im Freien, dem Fokus der Anlage. Terrassen, Rampen und Treppen binden die lagernden Baukörper mit flachen Pultdächern an das Gelände an. Der Holzständerbau öffnet sich nach Süden. Das gläserne Solarium bietet besondere Blicke auf das Gebirgspanorama. Garstenauer setzte mit „natürlichen" Geometrien Landschaft und Architektur in spannungsvolle Balance, die heute durch Anbauten und Zäune beeinträchtigt wird. nm

Den Wettbewerb des Grundeigentümers gewann das Projekt von Friedrich Brandstätter. Mit fünf befreundeten Familien entstand ein Mitbestimmungsmodell. Die Genossenschaft Salzburger Siedlungswerk unter dem atypisch innovationsfreudigen Vorstandsobmann Bruno Oberläuter errichtete das Pilotprojekt. Der (behördliche) Widerstand gegen die 16 meist aneinander gebauten Holzhäuser war groß und machte massive Hilfe von Landespolitikern nötig. Der Architekt gruppierte dreigeschoßige Turmtypen an den Ecken sowie zweigeschoßige Splitlevel-Typen und „Energiemodelle" mit Wintergarten-Veranda zu einem Ensemble mit dörflichem Charakter, fußläufigem Innenbereich und einem kleinen Platz. Das geplante Gemeinschaftshaus im Zentrum mutierte zum 17. Wohnhaus. Die Ständer-Riegelbauten sind abwechselnd vertikal und horizontal verschalt, kleinteilig gegliedert und beherbergen hochwertigen Wohnraum bei sparsamem Bauland- und Ressourcenverbrauch. nm

Reihenhausanlage
2007
Bürgerbergweg 6-12
Thomas Kopf

Sonderkrankenanstalt, Umbau und Erweiterung 2006

Bad Hofgastein – Salzburger Straße 26-30

Klaus Franzmair

Vom alten Baubestand wurde das Rehabilitationszentrum abgebrochen und der medizinische Trakt umgebaut. An seiner Ostflanke setzt eine neue Erschließungsspange, die „Magistrale", nach Westen fort. Sie enthält in den Südbereichen die Gemeinschafts- und internen Freizeitzonen sowie eine große Schrägverglasung für passive Solarnutzung. Von diesem Rückgrat zweigen nach Süden bzw. Norden die drei neuen Bettentrakte ab. So definieren die vier Volumina eigenständige, nach allen Himmelsrichtungen offene Grünräume, die auch untereinander noch in partiellen Sichtbeziehungen stehen, da die Gelenkszonen der Trakte, wo auch Stiegen und Lifte liegen, sehr transparent und räumlich großzügig gehalten sind. Auf diese Weise bietet der Neubau nicht nur Patienten und Personal sehr übersichtliche, lichterfüllte und ausblicksreiche Räume, sondern schafft am Nordrand des Ortes eine bauliche Schlussfigur, die gelassen das leicht ansteigende Terrain aufnimmt und in den Landschaftsraum übergeht. ok

Schnitt/Ansicht Süd

Seniorenwohnhaus am Griespark 1998

Bad Hofgastein – Am Griespark 1

Heinz Hochhäusl & Karl Moosbrugger

Im Gegensatz zu den Konkurrenzprojekten des Wettbewerbs 1996 gelang Heinz Hochhäusl & Karl Moosbrugger eine optimale städtebauliche Einfügung. Sie fanden mit nur zwei Bettengeschoßen das Auslangen und bebauten lediglich den Ostrand des Griesparks. Das Seniorenwohnhaus mit 85 geräumigen Einheiten entwickelt sich in einem weiten, gestalterisch aufgelockerten Bogen. Mit dem vorgelagerten Speisesaal im Westen wird der Außenbereich mit Bocciawiese, Eisstockbahn, Sonnendeck und Gartenpavillon locker gefasst. Bänke an der mit wärmespeicherndem Rauriser Stein verkleideten Wand laden zum Verweilen in der Nachmittagssonne ein. Eine angenehm helle Atmosphäre zeichnet das Haus aus. Die Gänge in den zweihüftigen Zimmergeschoßen lockerten die Architekten durch versetzte Nischenbildungen, zentrale Aufenthaltsbereiche und die Farbgestaltung auf. nm

Raiffeisenbank 2009
Umbau
Kurgartenstr. 1
Innerhofer oder
Innerhofer

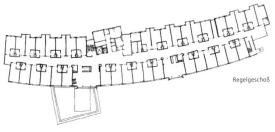

Regelgeschoß

Alpentherme Bad Hofgastein 2004

Bad Hofgastein – Wilfingplatz 1

Martin Kohlbauer

Nach dem Erfolg des Felsenbades wurde 1973-74 das Thermal-Hallenbad gebaut. Durchsichtigkeit und Einbindung in die Landschaft zeichneten Rüdiger Stelzers und Walter Hutters Siegerprojekt eines Wettbewerbs aus. Auf diese Qualitäten und die zeittypischen Geometrien reagierte 2001 das Wettbewerbsprojekt von Fritz Lorenz: Prägnante Faltungen sollten die Erweiterung der Alpentherme in die Landschaft einbetten. Die Jury (Vorsitz Gustav Peichl) wählte schließlich das ex aequo erstgereihte Projekt. Peichl-Absolvent Martin Kohlbauer integrierte geometrische Formen wie die Kuppel des „Erlebnis-Domes" oder den „Turm" beim Eingang eher bauklotzartig. Die Schwimmhalle von 1974 hat – modifiziert zur „Ruhetherme" – ihre angenehmen Aufenthaltsqualitäten behalten, die Erweiterung dagegen bietet solche nur bedingt. Verglichen zu Kohlbauers Sauna-Pavillons kann die Vergrößerung 2008 im eigenartigen, künstlichen „Hügel" nicht mithalten. nm

BORG, Umbau und Aufstockung 2008

Bad Hofgastein – Martin-Lodinger-Straße 2

Karl Thalmeier

Der neue musisch-kreative Schwerpunkt der Schule erforderte eine Erweiterung. Das Siegerprojekt des Wettbewerbs 2005 verband die Neuinterpretation des Bestands aus den 1970er Jahren mit zwei prägnanten Erweiterungen. Thalmeier ließ die Satteldächer des Bestands entfernen und formte ihn zu zwei weißen Baukörpern mit schwarzen Fensterbändern um. In die Zäsur dazwischen stellte er ein skulpturales Stiegenelement mit überraschenden Ausblicken durch schlitzförmige Fenster. Die Stiege endet in einer Pausenhalle, an die die beiden Aufstockungselemente mit Klassen und Direktions- bzw. Konferenzbereich andocken. Auf Stahlunterkonstruktionen sitzen diese Körper, die in Leichtbauweise mit Wand- und Deckenelementen in Brettsperrholz errichtet wurden. Mit ihrer kupferfarbenen, pulverbeschichte Metallverkleidung schieben sie sich „schwebend" über die Dachkante hinaus und bieten spektakuläre Sichtbeziehungen in die Landschaft. nm

Wohnanlage Heißingfelding 2000
Pyrkerstr. 58
Roland Stich

MPREIS 2009
Pyrkerstr. 85
Helmut Seelos

2. Obergeschoß

Tourismusschule 2010

Bad Hofgastein – Dr.-Zimmermann-Straße 16

Fasch & Fuchs

Wie entstand der „geradezu historische Meilenstein", wie der Geschäftsführer des Vereins der Tourismusschulen Salzburg schwärmt? Dem Bewerbungsverfahren folgte 2007 der international ausgelobte Wettbewerb. Das Siegerprojekt erweiterte nicht nur die Schule auf gut das Doppelte, sondern bot ein intelligentes Gesamtkonzept. Fasch & Fuchs integrieren den seit 1969 schrittweise gewachsenen Bestand in eine neue Gesamtfigur. An der Griesgasse in der Höhe differenziert, lässt die Erweiterung der Nachbarbebauung Raum und ermöglicht im Süden einen großzügigen Pausen- und Freibereich. Der neue, zentrale Haupteingang führt ins großzügige, lichte Eingangsfoyer. Die tiefergelegte Turnhalle und der gänzlich öffenbare Mehrzwecksaal bieten ein flexibles Raumkontinuum. Die sich weitenden bzw. verschmälernden Räume des zentralen Foyers verweben sich logisch in Funktion, Nutzung und Form. Fasch & Fuchs durchbrachen den orthogonalen Raster ohne modisch motivierten Formalismus. Auf dem Turnhallendach entstand eine sehr großzügige Pausenzone. Die 38 Doppelzimmer des Mädcheninternats sind durch raumbreite Fenster geprägt und wirken größer, als sie sind. Die Betten bieten mit Regal und Vorhang geschützte Bereiche. Großzügige Erschließungszonen mit Bänken vor jeweils zwei Zimmern laden zum Verweilen ein. Im Bestand wurde der Speisesaal großzügig erneuert. Bei der Außensanierung mit Fenstererneuerung achteten Fasch & Fuchs auf historische Lesbarkeit des Bestands, nahmen ihm aber seine rustikale Penetranz. Die Obergeschoße der Erweiterung umspannt eine Haut aus einer anthrazitfarbenen Kunststoffplane. Ohne übertriebene Harmonisierung entstand eine neue Einheit in Weiß und Schwarz. nm

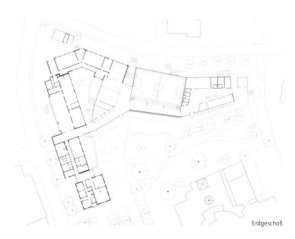

Erdgeschoß

8

Felsenbad, heute Felsentherme 1968;2004

Bad Gastein – Bahnhofplatz 9

Gerhard Garstenauer; koflerarchitects

Ehem. Tal- u. Berg-
stationen Kreuz-
kogel-Sessellift 1971
Sportgastein
G. Garstenauer

Badbergsiedlung
1971
Badbergstr. 23a-37
G. Garstenauer

Kongresszentrum
Bad Gastein 1974
Kaiser-Franz-Josef-
Str. 4
G. Garstenauer

Wiener und Münchner Architekten formten ab dem letzten Drittel des 19. Jahrhunderts das großstädtische, im alpinen Tal fremd anmutende „Wolkenkratzerdorf in den Bergen". Umso tragischer ist der selbstzerstörerische Raubbau an der Baukultur des einst mondänen Weltkulturorts. Stattliche Gründerzeithotels wie der auch städtebaulich wichtige „Gasteinerhof" werden abgerissen, banalste oder historisierende Hotels wie das „Bellevue" ermöglicht. Von einer zwischenzeitlichen Aufbruchstimmung unter Bürgermeister Anton Kerschbaumer zwischen der Mitte der 1960er und 1970er Jahre zeugen Gerhard Garstenauers Felsenbad und sein 1974 eröffnetes Kongresszentrum.

Beim Bad ließ Garstenauer am beengten Bauplatz die Schwimmhalle aus dem Bergrücken heraussprengen. Die unbearbeiteten Felswände aus Tauerngneis bilden im Kontrast zu den konstruktiv-präzisen Sichtbeton-Elementen und den großen Aussichtsfenstern den bemerkenswerten Raumeindruck. Den freien Ausblick sicherte im geladenen Wettbewerb 2002 das Siegerprojekt mit angrenzender Erweiterung im Berg. Realisiert wurde Ludwig Koflers Neubau allerdings nach vorne versetzt. Zudem wurde das Becken verkürzt und die mit kleinteiligen Gussglasfliesen homogen belegten Fußböden ersetzt. Die Charakteristik der Konstruktion – alle horizontalen Elemente waren klar getrennt von den raumbegrenzenden Holz- oder Glaswänden – litt wie schon bei früheren, unbedarften Veränderungen.

Der seit 2000 geforderte Denkmalschutz ist weder hier noch beim Kongresszentrum erfolgt. Dessen markante Horizontale als „sichtbarer Ausdruck als Ort der Begegnung" bereichert das Zentrum. Die noch größtenteils unveränderte Bausubstanz bedrohen dilettantisch-verstümmelnde Umbauüberlegungen. nm

Lageplan

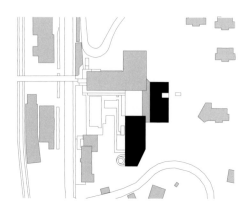

Felsenbad Innenraum 1968

Hotel Hirth
Renovierungen, Um-
bauten ab 1998
Kaiserhofstr. 14
Thomas Ikrath

Badehospiz 2000
Umbau u. Erweite-
rung sowie Parkhaus
Badbergstr. 1
Heinz Hochhäusl &
Karl Moosbrugger

Felsenbad Zustand 1968

Ansicht 2004 mit Erweiterungstrakt

Der Ost-West verlaufende Oberlauf der Salzach bildet mit dem Zeller und Saalfeldener Becken die maßgeblichen Siedlungsräume des Pinzgaus. Eiszeitliche Gletscher haben das Salzachtal sowie die Täler Richtung Süden zum Alpenhauptkamm trogförmig ausgeschliffen. Diese Zentralalpen sind in der Venediger- und Glocknergruppe teilweise vergletschert. Die Schieferalpen unmittelbar nördlich der Salzach werden mit ihren sanften Geländeformen forstwirtschaftlich und skitouristisch genutzt, beispielsweise die Schmittenhöhe. Das Saalfeldener Becken hat der eiszeitliche Gletscher am breitesten ausgeschürft. Die zu den erdgeschichtlich jüngeren Kalkalpen zählenden Steinberge im Norden durchschneidet das Saalachtal. Salzburgs größter Landesteil gliedert sich neben dem „Unteren Saalachtal" in den Oberpinzgau im Südwesten, den Unterpinzgau im Osten und den Zentralraum. Dieser umfasst als größte Teilregion die Beckenlagen zwischen Piesendorf, Bruck und Saalfelden mit Zell am See im Zentrum. Dieser Kur- und Fremdenverkehrsort auf dem Schwemmkegel des Schmittenbachs nahm mit Eröffnung der Giselabahn 1875 seinen Aufschwung. Längst wurde aber die Bezirkshauptstadt mit knapp 10.000 Einwohnern von Saalfelden mit rund 16.000 überflügelt. Salzburgs drittgrößte Gemeinde wurde im Jahr 2000 zur Stadt erhoben und ist heute das Wirtschafts-, Schul-, Kultur- und Einkaufszentrum des Pinzgaus. Saalfelden spiegelt den Bauboom der Nachkriegsjahrzehnte wider. Damals installierte das Land zur Beratung der Gemeinden Bezirksarchitekten. Sie tradierten das äußerst konservative Verständnis von landschaftsgebundenem Bauen aus den 1930er und 1940er Jahren in die Zeit des Wirtschaftsbooms. Die an sich legitime Form des flachen Satteldachs, ein Bestandteil des Pinzgauer Paarhofes oder des Mitterpinzgauer Einhofes wurde zur dogmatischen Norm. Mit dieser wurde der Großteil des Bauvolumens vom Einfamilienhaus bis zur Lagerhalle „bewältigt". Friedrich Achleitner beschrieb diese Situation 1977 im Buch „Die WARE Landschaft": Während früher auf dem Lande „die vorherrschende Bauaufgabe das Bauernhaus war, mit überall ähnlichen Funktionen, mit fast gleichen Materialien und handwerklichen Bedingungen, hatte es eine beeindruckende Vielfalt von Formen entwickelt. Heute ist es umgekehrt: Es herrscht eine Vielfalt von Bauaufgaben in jedem Ort, ja geradezu eine beklemmende Fülle von Materialien und Technologien, und trotzdem entsteht eine Monotonie, die kaum überboten werden kann." In den 1980er Jahren wuchs der Spielraum für zeitgemäßes Bauen langsam, aber stetig, die Architekturszene verbreiterte sich. In den letzten Jahren etablierte sich sogar ein Everything goes. Die architektonischen Reaktionen auf die Jahre von Knebelung und Zwangsmonotonie sind oft unkonventionell, manchmal sogar explosiv und desperat. Das Fehlen des Satteldachs ist noch kein Qualitätskriterium. nm

Lofer

Leogang • Saalfelden

Saalbach •

Zell am See
Stuhlfelden • Piesendorf •
Bramberg • Mittersill Kaprun
Neukirchen •

Porsche Design, Umbau u. Erweiterung 2000

Zell am See-Schüttdorf – Flugplatzstraße 29

Schmid+Schmid Architekten

Das weltweit erfolgreiche Unternehmen war bis zum Umbau in einem pseudoalpinen Objekt untergebracht, das angesichts der Design-Leistungen von Porsche obsolet erschien. Die nötige Erweiterung galt primär dem Kundenbereich. Es entstanden ein großer Präsentationsraum und ein ebenso großer Besprechungsraum samt Nebenräumen, vom bestehenden Designer-Bereich klar getrennt, in einem eigenen Baukörper, ganz auf innere Konzentration ausgelegt. Tageslicht wird gezielt nur von Norden und Osten eingebracht, dafür trägt das Dach eine „gerahmte" Terrasse mit Panoramablick auf die Hohen Tauern. Die Außenhaut ist aus hellgrünem, spaltrauem Rauriser Stein. Ein exklusiver Turm bildet einen Kontrast zum von formalen Äußerlichkeiten streng bereinigten Altbau. Ein gläsernes Gelenk dient als Eingang zwischen Alt und Neu. Auch die Stiege ist im Dialog mit dem introvertierten Turm nach oben verglast und bietet Ausblicke. ok

Erdgeschoß

Bezirksgericht, Sanierung u. Erweiterung 2004

Zell am See – Brucker Bundesstraße 6,6a

Schmid+Schmid Architekten

Die Zusammenlegung von Pinzgauer Gerichten am Standort Zell am See erforderte die Generalsanierung des denkmalgeschützten Gerichtsgebäudes von 1903 sowie einen Erweiterungsbau. Im dazu ausgeschriebenen Architekturwettbewerb siegte das Konzept der abgesetzten „Verdoppelung" des bestehenden Volumens: ein westseitig parallel zum Altbau errichteter Trakt ähnlicher Masse in schlichter, moderner Bauweise. Beide Bauten sind in der Mittelachse, an den alten hofseitigen Vorbau anschließend, mit einer ganz verglasten, zweigeschoßigen Spange verbunden; der Haupteingang liegt hier in dem neu geschaffenen, ruhigen Hofbereich. Erdgeschoßniveau und 1. Stock gehen in beiden Trakten eben durch, zusätzlich hat der Neubau noch ein zweites Obergeschoß, doch die Umrisse, die Proportionen und speziell die Südfassade korrespondieren mit dem Bestand. Barrierefreiheit überall, einfache Details sowie farbliche Abstimmung von Alt und Neu sind bestimmend. ok

Ferry Porsche Congress Center 2007

Zell am See – Brucker Bundesstraße 1a

GS Architekten, Perler und Scheurer Architekten

Beim offenen internationalen Realisierungswettbewerb für ein flexibles, multifunktionales Veranstaltungszentrum für 1200 Personen konnten sich 2004 die deutschen Architekten mit ihrem Konzept durchsetzen. Es gelang ihnen, die klare Großform in Zells historisches Zentrum zu integrieren. Im Norden konzentrierten die Architekten das Volumen, staffelten es zwischen den verschiedenen Geländeniveaus und lagerten ihm einen Platz vor, der mit einer Freitreppe zur Bahnhofstraße vermittelt. Zwei annähernd quadratische Körper durchdringen sich im zentralen Veranstaltungssaal und der Treppenanlage des Foyers. Mobile Trennwände ermöglichen für verschiedene Veranstaltungsformen wie Konzert, Galadinner, Seminarbetrieb und Produktpräsentationen Räumlichkeiten von 40 bis 1500 m². Sie sind zu den vorgelagerten Plätzen großflächig öffenbar. Zur Baustruktur in Sichtbeton und der metallisch-technischen Decke kontrastieren Böden, Wände und Möbel in Kirschholz und generieren eine festlich-warme Stimmung. Die große, attraktive Dachterrasse wird wenig genutzt, da sie nicht direkt vom Foyer erschlossen ist. Die Außenverkleidung vereinheitlichten die Architekten mit Crailsheimer Muschelkalk und Platzböden aus farblich angepassten Kunststeinplatten. Das neue öffentliche Gebäude erhielt einen repräsentativen Auftritt. nm

Lage in der Stadt

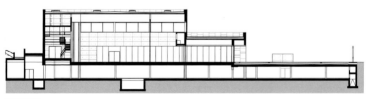

Längsschnitt

Bergbahnen und -restaurants 1977-96

Zell am See – Schmittenhöhe

Cziharz + Meixner

Die 1927 eröffnete Schmittenhöhebahn von Architekt Hermann Rehrl sen., Österreichs fünfte und Salzburgs erste Seilbahn, bildet den Nukleus des Schigebiets. Dessen Gesamtstrategie entwickelten Cziharz + Meixner ab 1976 mit. Mit dem CityXpress (1977) wurde Zells Zentrum direkt angebunden. Dem Umbau der 1957 eröffneten Sonnenalmbahn (1979) folgte der Neubau der Sonnenkogelbahn (1984). Von der Stadt verkehrstechnisch entflochten, entstanden in Schüttdorf 1988 die Areitbahn I mit Tal- und Mittelstation, Areitalm und Glocknerbahn. Die Bergstation der Areitbahn mit Höhenrestaurant eröffnete 1996. Das halbkreisförmige Gebäude leidet unter desperaten Vergrößerungen. Seit 2007 landen am Plateau zusätzlich die Breiteckbahn und der trassXpress. Sonderbauaufgaben wie Seilbahnen und Liftanlagen waren vor dem Aufbruch der Architekturszene Ende der 1990er Jahre Nischen für Architektur. Cziharz + Meixner entwickelten ihre Gestaltung von primär konstruktiv bestimmten Formen zu freieren Kompositionen in den 1980er Jahren. Sie wollten das Element benutzerfreundlicher Oberlichte in Berg- wie Talstationen im Skigebiet als Markenzeichen etablieren. Die Bewältigung der technisch bestimmten Aufgaben gemeinsam mit der organisch-expressiven Interpretation der topografischen Kontexte gelang den Architekten bei der Sonnkogel-Bergstation am besten. Das dortige Restaurant, die Areitalm und das Panorama-Höhenrestaurant sind zudem rare Beispiele kultivierter Tourismusarchitektur. Holz- bzw. Leimbinderkonstruktionen bilden mit zeitgemäßen Materialien Räume, die sich zur Landschaft orientieren. 2010 ist dies trotz mehr oder weniger geschmackloser Bemalungen, Dekorationen und Schirmbarinvasionen noch gut auszumachen. Die Areitalm wurde – angelehnt an die ursprüngliche Architektur, aber ohne deren Architekten – erweitert. Die Schmittenhöhebahn erhielt 2009 vom Porsche Design-Studio gestaltete Gondeln. Ohne Seilbahnfahrt ist das 1979 eingerichtete „Häferl" in der Sonnenalmbahn-Talstation ganzjährig offen. nm

Bergstation der Areitbahn mit Panorama-Höhenrestaurant, trassXpress und Breiteckbahn

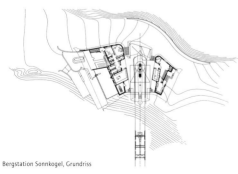

Bergstation Sonnkogel, Grundriss

Hotel Steinerwirt 2006

Zell am See – Dreifaltigkeitsgasse 2

Madritsch Pfurtscheller

Haus B. 1930
Schmittenstr. 5
Lois Welzenbacher;
2002 Renovierung
als „Musikum"
Schmid+Schmid

Eine Ikone des land-
schaftsbezogenen
Bauens der Moderne
in neuer Nutzung:
neue Freitreppe und
Details im Sockel
im Widerspruch
zu Welzenbachers
Konzept

Haus G. 1973
Um- und Zubau,
Schillerstr. 26
Luigi Blau

Haus G. 1997
Zu- u. Dachausbau,
Schillerstr. 14
Kaschl-Mühlfellner

Seehotel Freiberg
Erweiterung 2006
Esplanade 22
Stephan Schurich

Der in Zells Altstadt gelegene „Steinerwirt" besitzt mit seiner über 500 Jahre langen Geschichte mit alten Gaststuben, Gastgarten und Küche gewachsene Qualitäten. An sie knüpften die Architekten bei der Überformung der Nachkriegserweiterungen an. Innerhalb dieser bestehenden Kubatur gestalteten Reinhard Madritsch und Robert Pfurtscheller neben den Gängen alle 28 Zimmer grundlegend neu. Ihre hellen Einrichtungen und Möblierungen aus massiver, gebürsteter und geölter heimischer Fichte sind ebenso geradlinig und reduziert wie die mit Pandomo Streichbeton gestalteten Badezimmer. Sie bilden mit ihren Abtrennungen aus satiniertem Glas auch Lichtobjekte. In den bestehenden Satteldachstuhl wurde eine unbehandelte Fichtenholzschale als neue Raumfassung „hineingebogen". Deren Rundungen leiten in sanftem Schwung zur mokkafarbenen Liegelandschaft des Seminarraums, der wie die Zimmer eine warme Atmosphäre ausstrahlt. Von dort ist die attraktive Dachterrasse zu erreichen. nm

Zweifamilienhaus A. und P. 1980

Zell am See – Thumersbacher Straße 52

Luigi Blau

Im Landschaftsschutzgebiet war äußerlich alles vorbestimmt: Dachneigung, Höhe, unten weißer Putz, oben dunkel gestrichenes Holz usw. In dem absurden Korsett realisierte Blau eine der feinsten, kultiviertesten Raumschöpfungen weitum. An gemeinsamer Mittelmauer sind zwei symmetrische Einfamilienhäuser angebaut. Die offene Stiegenhalle mit Oberlicht, niedrigem Kaminplatz und anschließendem Essplatz gliedert die zum See hin geöffneten Wohnräume. Durch Absenken des Essplatzes um zwei Stufen und einen Niveausprung im Obergeschoß sind trotz vorgeschriebener Trauf- und Firsthöhe überall angenehme Raumhöhen gegeben: ein „sanfter Raumplan". Das Erdgeschoß hat Mauerscheiben mit Ausfachungen in „textil" verlegten Klinkern und Holz-Glas-Elementen, die eine auskragende Stahlbetonplatte tragen; darauf steht die Holzkonstruktion der oberen Etage mit Galerie, Zimmer und Bäder. Fürs Schopfwalmdach, das ästhetisch-logisch vom geforderten Spitzgiebel abweicht, verhängte die Behörde eine Geldstrafe! ok

Haus H. 1932 Thumersbach Lois Welzenbacher: 1998 schonende Restaurierung: ein Höhepunkt der topografischen Baukunst

Ferienhaus W. 1980

Zell am See – Mitterbergweg 128

Schmid+Schmid Architekten

„Das Einfamilienhaus liegt in 1200 Meter Seehöhe auf einem Süd-
hang am Rande eines Bauern-Weilers": so die Beschreibung der
Architekten. Bei einem Besuch bietet sich allerdings kein baulicher
Verband im Weiler, sondern ein Beispiel der Zersiedlung in Salzburg
und damit der problematischen raumordnerischen Praxis seit Jahrzehnten. Dafür entschädigen ein beeindruckender Blick über den
Zellersee bis hinein in das Salzachtal sowie eine sympathische, sich
bescheidende (nicht bescheidene) Architektur. Die größere talseitige
Fläche des Satteldachs entspricht der 23°-Hangneigung. Die Niveaus folgen dem steilen, nicht manipulierten Gelände, der Grundriss
orientiert sich am Lauf der Sonne. Benachbarte Bauernhäuser standen Pate bei der Sockelzone aus Schiefersteinen. Der Holzriegelbau
ist von einer außen rohen, innen in den Schlafzimmern glatten Lär-
chenschalung bekleidet, die Wohnräume wurden verputzt. nm

Haus B. 2009

Zell am See – Seeuferstraße 72

Gustav Pichelmann, Freiraum: Doris Haidvogl

Bauen am Ufer ist anspruchsvoll, hier treffen Elemente aufeinander, unterschiedliche Fauna, Flora, mit fragiler Grenze; der Wasserspiegel eröffnet eigene Aspekte, Dimensionen. Der Grund ist hier neun Meter schmal, ostseitig die Uferstraße, südseitig offener Strand. Es gab einen verrotteten Altbau, für den kleinen Neubau musste jahrelang mit Behörden gestritten werden; Gerhard Garstenauer schrieb Gutachten, Anwälte wurden beschäftigt, das Volumen wurde exakt vorgegeben. Man würde am Wasser maximale Transparenz erwarten, zur 90 cm nahen Straße Hermetik – dort gibt es tatsächlich keine Öffnungen. Aber auch seeseits überwiegen Wände: das grandiose Panorama ist nur dosiert nach innen vermittelt, dort bilden Innenwände, Regale, Schiebetüren innere „Passepartouts", inszenierte Sichtfelder im Privaten. Der See ist öffentlich, schlägt ans Haus, Boote und Schwimmer sind nahe. Die Gesimse enthalten die Mechaniken der Jalousien, umgürten nochmals die Exponiertheit des Milieus. ok

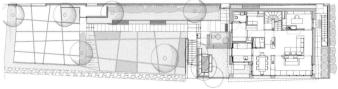

Sporthaus Bründl 2008

Kaprun – Nikolaus-Gassner-Straße 4

Blocher Blocher Partners

Wo die Straße im Ortskern über die Kapruner Ache kurvt, prangt ein riesiger, schräg gestreifter „Felsblock": ein siebengeschoßiges Sporthaus mit vier Ebenen für die Kunden, im Grundriss trapezförmig auf den Platz zugeschnitten. An den Längsseiten zeichnet es die Umrisse eines Satteldachkörpers nach, der von der Traufe des kleinen Nachbarhauses aufsteigt und zum Vorplatz an der Brücke abfällt. Die auffällige Wirkung entsteht, weil die Hülle dieses Korpus, getragen von Beton und Stahlfachwerken, rundum aus schrägen Metall-Lamellen besteht und mehrmals, durch ebenso schräge Glasschlitze unterbrochen, für Lichteinfall und Ausblick geöffnet ist. In der Hausmitte führt der Eingang in die breiteste Glaskerbe, die „wie eine Gletscherspalte" den Block ganz durchschneidet und auch über Kopf transparent verglast ist. Ein zweiter Eingang führt über die mit Feuerstelle und Sitzen möblierte Freitreppe an der Kurve. Ein Kaufhaus als Event-Simulation, die alte Typologie mit „Natur"-Metaphern verfremdet: ein Spiegel alpiner Kommerzkultur. ok

Umbau eines Bankgebäudes, das in den 1970er Jahren als Kitsch-Form eines alpinen Bauernhauses errichtet worden ist, zugleich Adaptierung der benachbarten Lagerhalle als Kulturhaus und Dorfzentrum. Im Inneren der Schalterhalle können nun die Funktionsbereiche durch semitransparente Schiebe- und Faltwände je nach Bedarf gegliedert werden. Das Äußere des Baubestandes wurde von allen dekorativen, grobschlächtigen Elementen befreit. Den auffälligsten Eingriff bildet die neue Verbindung zwischen Haus und Nebentrakt in Form eines Foyers mit geklebter Glaskonstruktion.

Die von Bulant & Wailzer beim Haus Sailer erprobte Technik wurde für die alpinen Klimaverhältnisse und die hohen Schneelasten weiterentwickelt und in den Dimensionen gesteigert, wobei die in Österreich maximale Glas-Produktionslänge von 4,2 Metern zum Einsatz kam. Das gläserne Gelenk zwischen den Bauteilen wird auch als Cafe genützt und wirkt durch seine Transparenz zur Straße und zum Garten als neuer Treffpunkt des Ortes. ok

Zeitgemäße, perfekte Interpretation des Themas „Haus am Hang", wohltuende Alternative zur älplerisch-klischeehaft geprägten Tourismusindustrie, raumordnerisch problematisch

Erdgeschoß

MPREIS 2003, **DM-Markt** 2004

Stuhlfelden 250

Holzbox

Sparmarkt 2006
Uttendorf
Madritsch
Pfurtscheller

Dieser MPREIS brachte als erster Lebensmittelmarkt des Tiroler Familienunternehmens Mölk in Salzburg dessen hohe Baukultur in den Pinzgau. Das Innsbrucker Architekturbüro Holzbox Tirol setzte auf eine Stahlbetonplatte den präzisen Holzskelettbau, der einen tageslichthellen, übersichtlichen Raum von angenehmer Atmosphäre begrenzt. Zwischen der außenliegenden Verglasung scheint das Querträger-Stakkato der Holzdecke zu schweben, da sich die Hauptträger an den Längsseiten befinden. Die Aussteifungen in Flachstahl sind sichtbar geführt. Dem glasumhüllten Hauptraum des Einkaufsmarkts mit extensiv begrüntem Dach gliederten die Architekten den geschlossenen Holzkubus des Lagerbereichs in Holzelementbauweise an. Zur Bundesstraße öffnet sich stirnseitig das Bistro. Der attraktive Treffpunkt findet sich bei allen MPREIS-Filialen. nm

forsthuber – scheithauer • architekten

Neben der alpinen Erlebniswelt beherbergt das Ensemble Forschungs-, Dokumentations- sowie Veranstaltungszentrum mit multifunktionellem Saal in einem hakenförmigen Baukörper. Dieser lagert zwischen Straße und Teich, zu dem er sich mit einer langen Terrassenrampe öffnet. Das Siegerprojekt eines EU-weiten Wettbewerbs erfüllte mit der aufgeständerten Sockelzone nicht nur den Hochwasserschutz. Mit dem aufgesetzt-vorkragenden Holzkörper mit seiner horizontalen Lärchenlattenverschalung wollten die Architekten bäuerliche Gebäudetypen transformieren. Bei den skulpturalen „Felsstützen" ließen sie sich von der (hoch-)alpinen Kulturlandschaft inspirieren. Ein Bach wurde aus dem Kanal geholt und renaturiert, Stein- und Wasserflächen assoziieren Geröll und Gletschermoräne. Blick- und Wegverbindungen führen durch die artifizielle Felsschlucht mit der Eingangsrampe als „Steig" schließlich ins Foyer. Hier endet leider die Gestaltung der Architekten, und es beginnt in acht Stationen das hermetische Innenraumerlebnis „Nationalparkwelten". nm

Skifabrik Blizzard
Mittersill-Klausen
Klauseng. 32
1966
Wolfgang Soyka
1972
Klaus Franzmair/
S. Schmidsberger

Schnitt

Schulzentrum Hauptschule + BORG 2006

Mittersill – Felberstraße 3-5

kadawittfeldarchitektur

Tageszentrum
Caritas 2004
Lendstr. 14a
Sitka und Kaserer

Die Sanierung und Erweiterung der Hauptschule und des Bundesoberstufenrealgymnasiums sowie der Bau einer Dreifachturnhalle wurden bei vollem Schulbetrieb realisiert. Eigenständiges Funktionieren der Schulbereiche war wesentlich, auch die Möglichkeit externer Nutzung der Turnhalle. Die neue Eingangshalle als großes Gelenk zwischen den drei Trakten ist nun „Herzstück" der Schule und polyvalenter Veranstaltungsbereich samt hölzerner Akustikmuschel zur Fokussierung von Events. Im Altbau sind überall neue Böden verlegt, die Gänge durch Entfernung alter Längstreppen aufgeweitet sowie die Fassaden mit einer neuen Profil-Glas-Hülle saniert, welche die Struktur der Bestandsfenster durchscheinen lässt. Grundrisslich versetzt zum Bestand ist der Neubau gleicher Höhe mit analog proportionierten Fensterbändern angefügt. Rundum verläuft der verglaste, halb ins Terrain versenkte Turnsaal, eine asymmetrische Stahlkonstruktion mit Metalldach, was allerdings wegen fehlender Außenbeschattung zu Überhitzungsproblemen führt. Erfrischend ist der Einsatz von Farbigkeit und Transparenz bei den räumlichen Gliederungen. ok

Kein Parkplatz, sondern eine kleine Wiese trennt das schlanke Volumen von der Bundesstraße im Süden. Zu ihr vermittelt ein abgestuftes Beschattungselement aus liegenden Lärchenlatten. Das Innsbrucker Architekturbüro Heinz-Mathoi-Streli öffnete großflächig verglast den Eingang im Norden und die vorgelagerte Terrasse des Bistros. Ihre Überdachung bietet westseitig den Sonnenschutz für den lichtdurchfluteten Verkaufsraum. Ausgesteifte X- bzw. V-Stützen aus verleimtem Konstruktionsvollholz sind auch in die stehend lärchenverschalten Außenwände integriert.

Das extensiv begrünt Dach wird – 18 Meter frei überspannend – von jeweils zwei gekuppelten Leimbindern getragen. Verjüngungen zu den Auflagern hin optimieren den Lichteinfall. Die angenehme Raumstimmung bereichern zudem Blickverbindungen zu den Bergen. Für den sehr gelungenen Einsatz von Holz im Gewerbebau erhielt der „MPREIS" 2007 den Salzburger Holzbaupreis. Die Holzwerkstoffplatten innen sind in verschiedenen Farben (gelb, orange, rot) gestrichen. nm

Haus u. Tierarztpraxis H. 2008
Steinach 78,79
Clemens Kremer/
H.-C. Kromer

Längsschnitt

Hauptschule Neukirchen, Erweiterung 1998

Neukirchen – Marktstraße 103

Fritz Lorenz

Das Siegerprojekt bei dem salzburgweiten Wettbewerb 1994 bewältigte das beachtliche Raumprogramm der Schulerweiterung, ohne den dörflichen Maßstab zu sprengen. Fritz Lorenz integrierte in den hakenförmigen, differenziert gestalteten Neubau-Trakt die halbversenkte Turn- und Mehrzweckhalle mit attraktivem Eingangs- bzw. Pausenbereich. Der daran anschließende schlanke Klassenflügel nimmt mit seiner rhythmisierten Gliederung aus geschlossenen Mauerflächen und Holz-Glas-Feldern die kleinteilige Struktur des Ortes auf. Mit dem Schulbestand entstand ein großzügiger, nach Süden offener Hof als Forum für unterschiedliche Veranstaltungen. Unbefriedigende Kompromisse konnten verhindert werden. Bürgermeister und Bauausschuss stärkten Lorenz den Rücken gegen die Avancen des damals im Pinzgau amtierenden Bezirksarchitekten. Obwohl dieser die Juryentscheidung mitgetragen hatte, wollte er nachträglich anstelle des Pultdaches ein Satteldach durchsetzen. nm

Ansicht

Tisserand Schaller Architekten

Die Wiener Architekten Tisserand Schaller planten unmittelbar neben der Liftstation der Wildkogelbahn diese hakenförmige, einen kleinen Platz mit unvermeidlicher Après-Ski-Bar begrenzende Bebauung. Über dem Erdgeschoß mit Sportgeschäft und Polizei lagert unter dem vorbewitterten Dach aus Titanzinkblech der kompakte Wohnkorpus. Seine Außenwände in Holzriegelbauweise sind homogen mit Lärchenholzprofilen bekleidet. Ein Laubengang erschließt die sechs zweigeschoßigen Apartments für jeweils bis zu sechs Personen. Zudem können große Schiebeelemente zwei benachbarte Maisonetten verbinden. Im Westen öffnet sich die großzügige Wohnhalle der Apartments zur Wiese mit einer Loggia. Eine mit dem gebogenen Pultdach aufsteigende Treppe erschließt die Galerie- bzw. Schlafebene. nm

Terrassenwohnanlage 2005
Künstlerg. 448,449
Fritz Lorenz

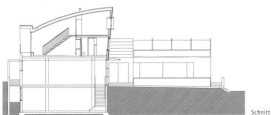

Schnitt

Hotel Theresia, Um- und Neugestaltung 2007

Saalbach-Hinterglemm – Glemmtaler Landesstraße 208

Gustav Pichelmann

Pfarrkirche Mais-
hofen 1993
Gernot Kulterer

Haus R. 2007
Maishofen
Peilreith 1
Dietrich | Unter-
trifaller

Naturfreunde-
Sporthotel Dr. Karl
Renner 2008
Saalbach
Zwölferkogelweg
148
Reinhard Stummer

Noch heute bestimmt die Erscheinung des sattelbedachten, hell-
häutigen Lederhosenbaus die solide, 1981 fertiggestellte Bausubstanz. Gustav Pichelmann baute ab 2003 in mehreren Spätherbst-
Etappen ab, um oder an. Bis dato sechs Zimmer bzw. Suiten, davon
eine Maisonette, stattete er komplett neu und zeitgemäß aus.
Meist vermieden Hotelier und Architekt aber radikale Zäsuren. Sie
akzeptierten die Holzbalken- bzw. Kassettendecken von 1981, die
um Lichtkörper nur ergänzt, nicht harmonisierend überarbeitet
wurden. Durch Verlegung des Eingangs gewann die Foyerhalle mit
dem offenen Kamin aus schwarzem Schiefer an räumlicher Differenzierung. Geprägt von warmen Farben und viel Holz bietet sie nun
auch den Blick in Teile der Landschaft. Pichelmann formte zudem
Bar und Buffet sowie den Indoor-Wellnessbereich mit Hallenbad
und Saunawelt im Untergeschoß um. Unterschiedlich stark wird
„Alt" mit „Neu" verquickt und – statt rigider Erneuerungsideologie
– sympathisch und ressourcenschonend weitergebaut. nm

HTL/HBLA, Umbau und Sanierung 2008

HTL/HBLA, Umbau und Sanierung 2008

Saalfelden – Almerstraße 33

Peter Schwinde

Christoph Herzog und Karl Weninger, das erste, 1949 in Saalfelden gegründete Architekturbüro, prägten stark die folgenden Jahrzehnte im Pinzgau. Mit wachsendem Bauboom desavouierten sie die Baukultur häufiger, als sie zu bereichern. In den 1970er Jahren entstand das städtebaulich großzügige Ensemble der HBLA, wobei die Forderung des Bezirksarchitekten nach Satteldächern abgewehrt werden konnte. Den zeittypischen Charakter eliminierte das Sanierungskonzept von Peter Schwinde, der den Wettbewerb 2003 gewann. Aufwändig wurde das „Vorholz", die plastischen Betonträgerüberstände an der Fassade, zugunsten einer bauphysikalisch einfachen Außendämmung beseitigt. Zwei Innenhöfe und eine neue attraktive zentrale Vertikalerschließung werteten das Ensemble strukturell auf. Orientierung und Belichtung sowie die Beziehung zum Außenraum wurden verbessert, der Vorplatz neu gestaltet. nm

Haus S. 2000
Niederhaus 30
Sitka und Kaserer

Doppelwohnhaus
K. u. St. 2002
Rietzenseestr. 14c,d
Rainer Straub

Haus H. 2005
Thor 166
Peter Laimgruber

Haus H./V. 2007
Umbau, Erweiterung
Am Mühlrain 18
Atelier 3 Hartl +
Heugenhauser

Urzustand

Betreutes Wohnen, Seniorenheim Farmach 2004

Saalfelden – Farmachstraße 13a

Ernst Hasenauer

Haus B. 2004
Zubau
Ramseiderstr. 34
Innerhofer oder
Innerhofer

Dem Bedarf entsprechend wurden in Salzburg seit 1988 rund 4000 neue Pflegeplätze geschaffen und viele Neubauten errichtet. Im Land ergänzen jetzt über 70 Seniorenzentren, die mitunter auch architektonisch beachtenswert sind, die öffentlichen Raum- und Nutzungsangebote. Der Neubau für 27 Wohneinheiten „Betreubares Wohnen" mit auch extern nutzbaren Therapiestationen liegt gegenüber dem seit 1902 als Altenheim genutzten Schloss und gibt dem Schlossplatz die ostseitige Fassung. Ein breiter Längsgang mit Oberlicht teilt und erschließt den dreigeschoßigen Bau, wobei sich die westseitige Hälfte mit weiß verputzten Fassaden am Schloss orientiert und ebenerdig die Pflegebereiche aufweist, während der ostseitige ganz in Lärchenholz zur Landschaft übergeht. An der Südwestecke öffnet sich der Bau zum überdeckten Eingang, dem Foyer mit Galerie und Bibliothek. Der Gang schiebt sich mit großen Glasflächen und Bewegungszonen nach Süden heraus. Am Südende liegt eine Solarwand mit kontrollierter Be- und Entlüftung. ok

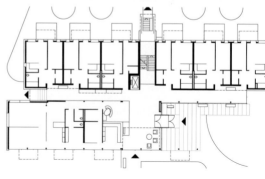

Erdgeschoß

Haus K., Zubau 2005

Saalfelden – Ramseiden 2

Caramel architekten

Am Rande Saalfeldens bewohnt Familie Hörburger sehr kultiviert ein altes Bauernhaus mit Obergeschoß in Blockbauweise. Die von den Bauherren gewünschten beiden zusätzlichen Zimmer legten die Wiener Architekten auf den kleinen, nordseitigen Anbau. In die Zäsur zum Bestand setzten sie eine Treppe, die auch die Dachterrasse erschließt und eine eigenständige Nutzung des Anbaus ermöglicht. Die großflächigen Verglasungen kippen beim Schlafraum mit Sanitärbereich nach außen, beim Wohnraum himmelwärts. Der mit Holzfertigteilen errichtete Anbau wurde in eine dunkle glasfaserverstärkte PVC-Membran gehüllt. Die Architektur spielt sich vom historischen Bauernhaus frei und verbindet formale Eigenständigkeit und Respekt vor dem Bestand. nm

Haus O. 2000
Haid 79
Alois Ortner

Haus B. 2007
Ehrenbergerweg 2
Peter Laimgruber

Haus K. 2009
Bachwinkl 111
Ernst Hasenauer

Haus R. 2009
Bachwinkl 131
Innerhofer oder
Innerhofer

Haus H. 2009
Bachwinkl 132
Innerhofer oder
Innerhofer

Hotel Haller 2006
Maria Alm, Dorf 32
Innerhofer oder
Innerhofer

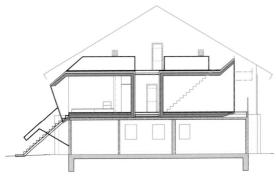

Schnitt

Kunsthaus Nexus 2002

Saalfelden – Am Postplatz 1

Atelier 3 Hartl + Heugenhauser

Saalfelden ist berühmt für das jährlich im August stattfindende Jazzfestival. Dafür und für viele weitere Events bietet das NEXUS (lat. „Verbindung") adäquaten Raum. Ein weißer und ein schwarzer Kubus, verschieden hoch und leicht gegeneinander verschwenkt, begegnen und verbinden sich. Der schwarze Körper enthält den zehn Meter hohen Großen Saal, die „Black box", samt Besucher- und Technikgalerie; im Untergeschoß liegt als Pendant ein weißer Ausstellungsraum. Der weiß verputzte Kubus umschließt den schwarzen dreiseitig mit den Nebenräumen: mit Foyer, Bar, Büros, Umkleiden, Lager sowie einem weiteren kleinen Saal. Der Eingang und das bauhoch verglaste Foyer, von der lauten Bundesstraße weggedreht, öffnen sich zum Ortszentrum und zum benachbarten Busbahnhof. Der Zugang erfolgt über eine schmale „Seufzerbrücke", die von einer auskragenden, zeichenhaften Dachplatte beschirmt ist. An der Südecke liegt wie ein Stachel die Fluchttreppe, die den Zugang zur Dachterrasse sowie den Blick über den ansonsten kommerziell dominierten Westrand des Ortes erlaubt. ok

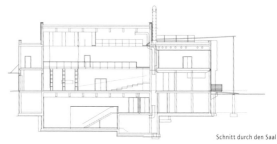

Schnitt durch den Saal

Kommt man von Norden über die Bundesstraße nach Saalfelden, sticht an der ersten Abzweigung zum Ortskern linker Hand eine markant bewegte Baugruppe ins Auge. Der größere Trakt enthält eine Steuerberatungskanzlei, der kleinere – die Einmündung der Straße mit seinen Kurven und den horizontal vorgeschobenen Balkonlamellen nachzeichnend – ist eingerichteter Musterbau und Büro einer Fertighausfirma. Beide Körper sind Holz-Riegelkonstruktionen, mit Vollwärmeschutz bekleidet, weiß verputzt. Dem als teilbares Doppelhaus konzipierten Bürotrakt ist im 2. Obergeschoß ein weit auskragender, holzverschalter Präsentations- und Medienraum übergestülpt, dessen schräg „vorfallende" Südverglasung optisch auffällt und technisch einfach den Raum und die Glaswand vor Überhitzung durch die Sonneneinstrahlung schützt. Visitenkarte des in der Region mit unkonventionellen Entwürfen erfolgreichen Architekturbüros. ok

Haus I. 2004
Dorfheimerstr. 24
Innerhofer oder
Innerhofer

Feuerwehr 2007
Löschzug Wiesing
Wiesing 43
Innerhofer oder
Innerhofer

Haus H. 2008
Zubau
Loferer Bundesstr. 10
Werner Oberholzer

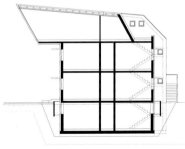

Schnitt

Produktions- und Lagerhalle Schößwendter Holz 2000

Saalfelden – Uttenhofen 10

Christoph Aigner

Biomasse-Heizkraft-
werk Schößwendter
Holz 2005
Uttenhofen 10
Matthias Haslinger

Auf halbem Weg an der Straße von Saalfelden nach Leogang liegt das Areal eines führenden österreichischen Betriebs der Holzverarbeitung. Mit 100 Mitarbeitern werden jährlich 250.000 Festmeter Rundholz aus Wäldern im Umkreis von 100 km zu Schnittholz und Hobelwaren verarbeitet und zum Großteil exportiert. Alle Abfälle werden verwertet: Sägemehl und Späne verpresst man zu Pellets und liefert sie an 10.000 Haushalte als Brennstoff. Rinden, Hackschnitzel verfeuert man im werkseigenen, östlich gelegenen Biomasseheizwerk zur Wärmegewinnung für die Holztrocknungsanlage. Zusätzlich erzeugt die Biomassefeuerung Strom, der ins öffentliche Netz gespeist wird und 14.000 Haushalte mit Ökostrom versorgt. Die große Halle überdeckt 5000 m² und teilt sich auch außen, an Dachformen und Fassaden erkennbar, in Lagerhalle, Produktion (zentraler Teil mit Tonnendächern) und Werkstätte mit Personal- und Nebenräumen. Stahlbetonsäulen tragen das Dachtragwerk aus Brettschichtholz-Elementen, die großflächigen Fassadentafeln sind aus Holzwerkstoffen. ok

Das Museum zeigt vom Mineralienkabinett bis zu einer „Schönen Madonna" (1410) die reiche Geschichte des Bergbaus. Von diesem, nicht vom Tourismus lebte Leogang bis in die 1970er Jahre. Gemeinsam mit dem Schaubergwerk eröffnete 1992 das Museum im vorbildlich restaurierten Haus der Bergwerksverwaltung von 1593. Mit großem Respekt für das Baudenkmal erweiterte man das Museum 2002 zum kleinen Kulturzentrum mit verdoppelter Ausstellungsfläche. Weder der rührige Kustos Hermann Mayrhofer noch der ortsansässige Architekt Ulrich Stöckl wollten sich ein Denkmal setzen. Die ostseitige, unterirdische Erweiterung „unter Tage" suchte den Dialog zum Bergbau und hielt die Fassaden des Gewerkenhauses frei. Zwölf in die Rasenfläche bündig eingeschriebene und begehbare Glas-Oberlichter sichern die Belichtung. Die Grundkonzeption überstrahlt gestalterische Schwächen, etwa bei dem von Stöckl als „Ausstellungs-Stollen" interpretierten Verbindungsglied. Die Erweiterung erhielt 2004 eine Anerkennung beim Architekturpreis des Landes Salzburg. nm

Hotel Krallerhof
Tagungscenter
2005
Rain 6
Atelier 3 Hartl +
Heugenhauser

Café-Konditorei u. Pension Dankl, Zu- und Umbau 2008

Lofer 207

Hubert Riess

Modernisierung im Gastgewerbe ist das Thema unzähliger Familienbetriebe im Land: Hier hat man es strukturell vorbildlich gelöst, im Finish aber nicht. Der Altbau von 1955 – Bäckerei, Café, kleine Zimmer, Wohnung – war vielfach verändert. Zuletzt gab es im Ort Mangel an Restaurantplätzen und Hotels: Große Betriebe sind durch Spekulationen stillgelegt. Dies bestärkte die Familie Dankl zum Umbau. Der Architekt, der aus nächster Verwandtschaft kommt, schuf im Erdgeschoß neu gegliederte, großzügige Räume sowie mit Lift und neuer Stiege eine klare Erschließung der Etagen. Mit dem Ausbau des höher gezogenen Daches entstanden zusätzliche Zimmer, westseitig wurde das Haus über alten Fundamenten erweitert. Die Fassade wurde im Anklang an die „Steinhäuser" der Ortsmitte gestrafft, statt des entfernten Balkons im 1. Obergeschoß bekamen alle Zimmer intime Loggien. Zum Einsatz kam moderne Holzbauweise mit Dämmung und Verputz. Das Projekt erwies sich bei harten Randbedingungen als komplex. Bei vielen Details setzte sich die Bauherrschaft durch, z.B. bei der Fassadenfarbe: Geplant war nur weißer Putz, glatt an Fensterfaschen, sonst grobkörnig. ok

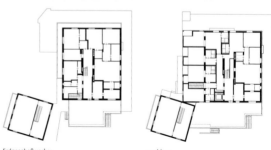

Erdgeschoß vorher   nachher

Das einschichtige Gut liegt 5 km abseits der B 178 auf 1000 Meter Seehöhe mit Panoramablick auf die Loferer Steinberge. Das 70 Jahre alte Hauptgebäude wurde solide modernisiert. Drei Generationen der Familie leben und wirtschaften hier, der Bauherr ist auch Zimmerer und hatte schon mit sps-architekten gearbeitet. Der südliche, vorher nicht unterkellerte Teil des Einhofs wurde unter Beibehaltung von Dachform, Traufhöhe und Volumen neu errichtet; eine breite, unbeheizte Erschließungszone trennt den Stalltrakt von dem auf vier Ebenen gestaffelten Wohntrakt. Sie dient als Diele, Festraum und Spielbereich und bringt überdies Licht für die Nordwand der Wohnzone. Die Hauptwohnung über zwei Etagen verfügt über eine interne Stiege und Südterrasse. Im Dachgeschoß liegt eine Einliegerwohnung mit kleiner Ostterrasse. Durch Anhebung des Erdgeschoßniveaus entstanden im „Souterrain" vollwertige, nach Osten orientierte Räume, die auch als separate Ferienwohnung nutzbar sind. Der Bau hat Passivhausstandard, für die modernen Holzkonstruktionen fanden alte Träme und Holzböden Wiederverwendung. ok

Camping-Platz
Grubhof 2006
Sanitäranlage
St. Martin/Lofer 39
Franz Piffer

Grubhofsteg – Fußgänger- und Radfahrerbrücke 2007
St. Martin/Lofer
Grubhof
Atelier 3 Hartl +
Heugenhauser

Haus F 2007
Unken
Niederland 310
Christian Fuchs,
Martin Jörer

Österreichs höchstgelegener politischer Bezirk öffnet sich im Zwickel der Gebirgszüge der Zentralalpen Niedere Tauern und Nockberge nur über die schmale Talfurche der obersten Mur nach Osten. Das kontinentale Klima ist geprägt durch geringen Niederschlag und hohe Sonnenscheindauer. Die einzige direkte Straßenverbindung in den anderen Teil Salzburgs war der 1739 Meter hohe Radstädter Tauern, bis die Tauernautobahn 1975 eröffnet wurde. Die lärmende Verkehrsschneise ist für das Zederhaustal – die Übernachtungen dort gingen anfänglich auf ein Drittel zurück – eine große Belastung. Heute wird die Autobahn von Lärmschutzwänden begleitet. Der übrige Lungau hingegen profitierte wirtschaftlich, wobei noch jeder Dritte hier wohnende Arbeitnehmer auspendelt. Das in sich geschlossene inneralpine Becken ist im Vergleich zum Pinzgau oder Pongau noch immer wirtschaftlich benachteiligt. Umgekehrt ist trotz Autobahnschneise die Umwelt intakter, beispielsweise im Weißpriach-, Göriach- oder Lessachtal. Die vielfältige Landschaft, damit das Potenzial einer naturnahen Tourismusentwicklung, sowie die historische Baukultur in relativ großer Breite haben sich erhalten. Aus dem Gruppenhof entwickelte sich im Mittelalter der Einhof. Die Dächer der beiden Haustypen sind – im Unterschied zu den Hausformen nördlich des Alpenhauptkammes – meist abgeschopft. Heute können sich Häuslbauer und Planer kaum wehren, wenn in Bebauungsplan oder Bauplatzerklärung ein zwischen 36 und 42° geneigtes Schopfwalmdach inklusive Farbe vorgeschrieben wird. Dies fordern seit Jahrzehnten auch die Bezirksarchitekten, zuletzt Helga Santner. Sie war in den 1990er Jahren in der Jury für das Feuerwehrhaus in Weißpriach, das stolz im von der Salzburger Landesregierung geförderten Buch „Dorflandschaften" präsentiert und kommentiert wurde: „Fast alle Neubauten werden der bestehenden Lungauer Hauslandschaft angeglichen." So bekam sogar der Schlauchturm ein Krüppelwalmdach. Noch heute wird der Lungau überschwemmt von solchen mehr oder weniger aufgeblasenen Pseudobauernhäusern. Ihre gedrungenen Walmdächer mit entsprechend großem Schopf, auch Krüppel genannt, und derb ausladenden Vordächern konterkarieren mit den vielfältigen und beeindruckenden Beispielen der Bautradition, die nur einen knapp über die Flucht vortretenden Dachsaum besitzen. Diese Baukultur verdient keine plumpen Verkrüppelungen unterm Krüppelwalmdach-Diktat, sondern zeitgemäßes Bauen, das noch immer – im Gegensatz zu Raumordnungssünden – oft verhindert wird. Dieses zeigt die Fahrt über den Radstädter Tauern nach Obertauern. Bei den überbordenden Hotelburgen auf der Lungauer Seite beansprucht die Bezirksarchitektin, das Schlimmste verhindert zu haben. Davon kann aber nur in sehr bescheidenem Rahmen die Rede sein. Nach dieser Hinfahrroute in den Lungau bietet sich die Tauernautobahn Richtung Salzburg mit dem gelungenen Rastplatz Lanschütz als Heimweg an. nm

St. Michael
1 **Autobahnraststätte Lanschütz**
A10 Tauernautobahn
Fahrtrichtung Salzburg

Zederhaus
2 **Infozentrum Naturpark Riedingtal**
Schliereralm

St. Michael
3 **Doppelwohnhaus B. mit Ateliers**
Höf 73,74

Unternberg
4 **Pfarrkirche**
Am Dorfplatz 5

Tamsweg
5 **Bundesschulzentrum**
Lasabergweg 500

Ramingstein
6 **Bergkapelle**

Autobahnraststätte Lanschütz 2006

St. Michael – A10 Tauernautobahn, Fahrtrichtung Salzburg

Ernst Giselbrecht

Die Planer entwickelten für die ASFINAG diesen zeitgemäßen Infrastrukturbau. Drei modulare, unterschiedlich große Standardtypen mit hohem Wiedererkennungswert sollen schrittweise die Hygiene- und Sicherheitsstandards auf Österreichs Autobahnraststätten heben. Das langgezogene Dach mit auffälligem Knick für die Entwässerung nimmt das Logo des Autobahnerhalters auf. Unter diese prägnante, von Stahlstützen getragene Holzkonstruktion sind der Verkaufskiosk und die Sanitäreinheit mit Wickelraum und Dusche geschoben, dazwischen befindet sich ein witterungsgeschützter Freibereich. Die Glasvitrine vor der Sanitäreinheit soll ein „regionales Fenster" bilden und den Lungau durch Fichten-, Tannenzapfen und Holzmull repräsentieren. Laut Giselbrecht sollen die Menschen „im wahrsten Sinne erfahren, wo sie sind". Selbstredend zeigt die Rückseite am plump abgegrabenen Gelände die lokalspezifischen Defizite beim „Aufstellen" des Standardtyps. nm

Die Natur- bzw. naturnahe Kulturlandschaft des 3600 Hektar großen Naturparks Riedingtal liegt am Rand der Radstädter Tauern.
Ursprünglich interpretierte Georg Steinklammer mit einem tetra-
ederförmigen Projekt lokale Formen und Materialien, was die Na-
turschutzbehörde aber ablehnte. So entwickelte er das traditionelle
Satteldachhaus als Block- bzw. Skelettbau mit Holzstapelelemen-
ten weiter. Brettsperrholzelemente anstelle von Sparren und Pfet-
ten bilden die Dreiecksfalt-Konstruktion des Dachs. Die Längs- und
eine Querwand über Eck wurden statisch bedingt in Blockbauweise
errichtet. Ein gläserner Körper bildet den eigentlichen Informati-
onsraum. Im Winter verschließen hölzerne Schiebeelemente – als
Schutz vor dem Luftdruck der Staublawinen – die Öffnungen. Mit
der Dacheindeckung aus Lärchenholzschindeln – wie alle Holzteile
unbehandelt und natürlich verwitternd – fügt sich das bis ins Detail
stimmige Infozentrum in das historische Ensemble der Schliereralm
ein (nicht ganzjährig geöffnet). nm

Doppelhaus B. mit Ateliers 1990, 1998

St. Michael – Höf 73,74

Walter Brandstätter

Walter Brandstätter plante dieses Doppelwohnhaus mit Archi-
tektur- bzw. Bildhaueratelier dazwischen – Holzriegelbauten mit
sägerauen Lärchenholzfassaden – für sich und seinen Bruder.
Dachneigung, Firstrichtung und Schopf des Walmdachs waren –
nach dem standardmäßigen Bescheid einer Bauplatzerklärung im
Lungau – unverrückbar vorgegeben. Der Architekt „verwob" sein
Haus (Höf 74) mit der Natur. Der Solaranlage 1992 folgte 1998
der Schwimmteich. Der zweigeschoßige Wintergarten wurde als
Leimholzkonstruktion mit Fixverglasungen und Gründach ange-
baut. Dieses führt vom Garten bis zum Dachgeschoß, sein üppiger
Bewuchs weitet sich auf die Fassaden aus. „Wohnen im Haus" glei-
tet zum „Wohnen im Freien". Aktive und passive Solarnutzung wird
durch einen Stückholz-Küchenherd ergänzt. Rund 9 m³ Holz behei-
zen pro Jahr 217 m². Großteils im Selbstbau mit zum Teil sichtbaren
NF-Betonziegelwänden errichtet, bietet das Haus intelligente Low-
Tech-Lösungen, eine sympathisch unperfekte Atmosphäre und auf
€ 90.000,- (inkl. MWSt.) begrenzte Baukosten. nm

Pfarrkirche Unternberg 1979

Unternberg – Am Dorfplatz 5

Heinz Tesar

Der Architekt setzte an den barocken Chor mit prägnantem, steinsichtigem Turm (Otto Prossinger, 1949-51) eine quadratische Erweiterung, welche die alte Bauflucht des Langhauses straßenseitig beibehielt. Ihre expressive Silhouette kommuniziert mit dem Bestand, über den sie hangseitig wesentlich hinausgeht. Heinz Tesar orientierte den Kirchenraum im Geiste der neuen Liturgie diagonal zum neuen Altarbereich. Das vermittelnde Oberlichtelement lenkt auch zum barock ausgestatteten Chor. Eine werktägliche Nutzung der Kapelle ermöglicht die raumhohe Schiebetüre, die gleichzeitig den neuen Hauptsaal zur autonomen „Sonntagskirche" macht. Diese räumlich beruhigende Schließung zeigt sich kaum mehr in der kirchlichen Praxis: den offen-integrierten Chor wollte Tesar besonderen Anlässen vorbehalten. Das Altarbild von Wolfgang Hollegha lehnte die Bevölkerung auch bei einem zweiten Versuch 2009 ab. Im öffentlichen Raum des Lungaus wäre es das erste abstrakte Kunstwerk gewesen. Heute ist dort das romanische Kruzifix. nm

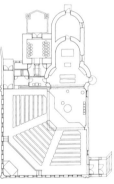

Grundriss

10

5

Bundesschulzentrum, Zu-, Neu- und Umbau 2001, 2003

Tamsweg – Lasabergweg 500

ZT-Arquitectos Lda., Gonçalo Byrne/Thomas Zinterl

Volksschule 2004
St. Andrä
Schulstr. 16a
Ursula Spannberger,
Thomas Gruber

Den europaweiten Wettbewerb zur Neustrukturierung bzw. Erweiterung des 1970 fertiggestellten Schulkomplexes konnte 1997 das österreichisch-portugiesische Architektenduo für sich entscheiden. ZT Arquitectos Lda. schuf durch sparsame, aber effektvolle Eingriffe und die neue Außengestaltung ein schlüssiges Ganzes. Handelsakademie und Bundesgymnasium erhielten gemeinsam genutzte Bereiche mit Caféteria, Bibliothek und Schüleraufenthaltsraum. Ein Geschoß mit Unterrichtsräumen wurde auf den bestehenden Turnsaaltrakt gesetzt, der neue Gymnastikraum eingegraben. So konnte der südorientierte Hof als Pausenfreifläche gestaltet werden. Sensible Lichtführungen verbinden sich mit sorgfältig gesetzten Blickbeziehungen, etwa zur Wallfahrtskirche St. Leonhard. Das mit Faserzementplatten in dezentem Grau verkleidete Ensemble gliedert sich mit den gestaffelten Baukörpern in das Umfeld ein. nm

Lageplan

Friedrich Kurrent

Gut 1 km östlich von Ramingstein zweigt von der Bundesstraße ein Forstweg (Schranken, Fahrverbot) Richtung Süden ab. Er führt nach 4 km durch den Schwarzenbergschen Forst (Verwaltung: +43 6475 2050) zu an einer kleinen Lichtung errichteten Kapelle. Assoziationen zu Türmen, Lungauer Landkirchen mit bemalten Holzdecken, Stabkirchen oder slowakischen Holzkirchen greifen zu kurz, um den von den Waldarbeitern selbst aus runden Stämmen errichteten Holzblockbau zu erklären. Die kleine Bergkapelle befindet sich in einem Schwebezustand zwischen offen und geschlossen, innen und außen. Das räumlich-strukturelle System auf Basis eines gleichseitigen Dreiecks von fünf Metern nimmt die von Maria Biljan-Bilger geschaffenen Werke zum Thema der Dreifaltigkeit auf. Die Verlängerung zweier Dreiecksseiten bildet ein Forum für Anlässe wie Bergmessen und fokussiert gleichzeitig den „Brunnenaltar", der die durch die Kapelle fließende Quelle aufnimmt. nm

Literatur

INITIATIVE ARCHITEKTUR (Hg.), Architekturpreis Land Salzburg, Salzburg 2000, 2002, 2004, 2006, 2008

Mona Müry, Ursula Spannberger (Hg.), Living City 2 Salzburg, Salzburg 2008

Stadtverein Salzburg (Hg.), Living City Salzburg, Salzburg 2007

Norbert Mayr, Stadtbühne und Talschluss, Salzburg 2006

Norbert Mayr, LP architektur. Bauten und Projekte 2000-2007, Wien/New York 2006

INITIATIVE ARCHITEKTUR (Hg.), Salzburg besser bauen. Architekturreform. Die letzten 10 Jahre, Salzburg 2003

Robert Hoffmann, Mythos Salzburg. Bilder einer Stadt, Salzburg 2002

Architekturzentrum Wien (Hg.), Gerhard Garstenauer. Interventionen, Salzburg 2002

Roman Höllbacher u.a. (Hg.), Architektur Stadt Salzburg, Salzburg 1994; 2. erw. Aufl. 1998

Sachverständigenkommission für die Altstadterhaltung (Hg.), Die bewahrte Schönheit. Drei Jahrzehnte Altstadterhaltung, Salzburg 1997

Roman Höllbacher (Hg.), Architektur Land Salzburg. Wettbewerbe 1990-1995, Salzburg 1996

Paulhans Peters, Planen für Salzburg 1987-1991. Der 3. Gestaltungsbeirat zieht Bilanz, Salzburg o. J. (1991)

Franz Nagl, Der Salzburger Gestaltungsbeirat. Ein Instrument der Stadtgestaltung, Dissertation TU Wien 1989

Johannes Voggenhuber, Berichte an den Souverän. Salzburg: Der Bürger und seine Stadt, Salzburg 1988

Thomas Zaunschirm, Die demolierte Gegenwart. Mozarts Wohnhaus und die Salzburger Denkmalpflege, Klagenfurt 1987

Dietmar Steiner (Hg.), Das Salzburg Projekt. Entwurf einer europäischen Stadt. Architektur – Politik – Öffentlichkeit, Wien 1986

Friedrich Achleitner, Nieder mit Fischer von Erlach, Salzburg 1986

Friedrich Achleitner, Österreichische Architektur im 20. Jahrhundert, Band I Oberösterreich Salzburg Tirol Vorarlberg, Salzburg 1980

Gerhard Garstenauer, Ideen für eine Stadt. Salzburg als Beispiel, Salzburg 1980

Friedrich Achleitner (Hg.), Die WARE Landschaft. Eine kritische Analyse des Landschaftsbegriffs, Salzburg 1978

Websites

http://www.initiativearchitektur.at

http://archtour-stadt-salzburg.at

http://www.seminarorganisation.com/landumgang/

Ortsverzeichnis

Architektenverzeichnis für Bauten ab 1980

2plus architekten 1.23

3:0 Landschaftsarchitektur 8.8
Büropartnerschaft von Oliver Ga-
chowetz, Robert Luger und Daniel
Zimmermann

A

Ablinger Vedral & Partner 1.33, 1.33
Büropartnerschaft von Herbert
Ablinger und Renate Vedral

agenceter 5.4

Ager Paul 8.21

Aichholzer Martin 8.13

Aigner Christoph 9.23, 9.1

Aigner Georg 2.12

Alder Michael 4.13

Amberg Michael, siehe Architekten
Schinharl Höss und Amberg

Appesbacher Zimmerei Holzbau
1.30

Aspetsberger Ulrich
siehe Caramel architekten

architekturteam steinklammer 10.2
Büro von Georg Steinklammer

architekten mayer + seidl
1.6, 2.11, 2.19, 2.31, 2.18

Architekten Schinharl Höss und
Amberg 1.8
Büropartnerschaft von Wolfgang
Schinharl, Leonard Höss und
Michael Amberg

Architekten Resmann & Schindlmeier 8.29, 1.27, 2.12, 3.16, 5.18
Büropartnerschaft von Heinz Resmann und Robert Schindlmeier

archsolar 3.1, 4.16
Büropartnerschaft von Wolfgang
Schwarzenbacher und Werner
Oberholzer, bestand bis 2009

ARCH+MORE 3.14
Büro von Gerhard Kopeinig

Arge Ertl/Tscherteu 1.11

Arge Hattinger Stöckl 4.16

Arge Mack + Sorg 7.8

Arge Thalmeier & Parragh 7.2, 7.1
Arbeitsgemeinschaft von Karl Thalmeier und Ladislaus Parragh

Aste Kathrin 8.18

Atelier 3 Hartl + Heugenhauser
9.21, 9.4, 9.18, 9.21, 9.24, 9.26

Atelier AR 18 Leitgeb + Benko 7.10

Auböck Maria + Kárász Janos
2.6, 6.9

B

Bacher Günther 1.26

berger.hofmann 5.18, 2.27
Büropartnerschaft von Helmut
Berger und Christian Hofmann

Berger+Parkkinen 5.4

Bétrix & Consolascio Architekten
2.1, 2.12, 4.16
Büropartnerschaft von Marie-Claude Bétrix und Eraldo Consolascio

Bieregger Klaus 7.16

Billing, Peters, Ruff & Partner 2.29

BKK-3 2.3
Büropartnerschaft von Franz Sum-
nitsch und Johnny Winter, bestand
bis 2007

Bildnachweis

Ablinger, Vedral & Partner 1.33
Michael Amberg 1.8
Oskar Anrather 6.3
arbeitsgruppe 4 3.9
ARCH+MORE 3.14
Architekturbüro Köck 8.7
Archiv Gerhard Garstenauer 3.4
(2), 8.31, 8.38 (M. o.), S. 16 (o.)
4.18, 4.19, 5.6, 6.6, 8.38 (o.)
Archiv Schwarzenbacher 3.11
Auböck/Kárász 6.9 (l.)
Klaus Bauer 9.19, 9.23 (o.)
Nadine Blanchard 1.1
Luigi Blau 7.7
Friedrich Brandstätter 8.32
Simon Brandstätter 10.3
Luigi Caputo/Red Bull Hangar-7
4.20 (u.)
Cziharz + Meixner 1.39, 3.24 (2),
9.4 (2 r.), 8.12
Ramunas Cepauskas 6.14
Harry Dobrzanski 6.16 (2)
Hubert Dorfstetter 1.26, 9.26
A. Eberhard 3.14
M. Erben 4.5
Josef Faistauer 9.2, 9.7
Johannes Felsch 9.20
Franz Fonatsch 6.17
Peter Franck 3.12
Helmuth Freund 4.10 (u.)
Fürst Developments GmbH 3.6 (u.)
Fritz Genböck 6.10
Geistlweg-Architektur 7.1
Ulrich Grill 1.28
Gerhard Hagen 4.19, 9.13
Andreas Hechenberger 6.11 (2)
Michael Heinrich 2.8, 9.10
Udo Heinrich 2.4 (r.o.)
Karl Heinz 9.14
Pez Hejduk 4.12, 8.25
Roman Höllbacher 3.29 (o.)
Veronika Höfinger 3.7
Eduard Hueber 2.1 (u. l.), 2.12,
5.16 (o.)
Martha Hübl-Deltsios 3.19 (2),
9.6, S. 16 (M.)
Hertha Hurnaus 2.3
Werner Huthmacher 9.3 (2)
Rainer Iglar 3.26, 5.14, 5.17, 6.7
Hendrick Innerhofer 9.22
Johannes Jaksch 8.16

Thomas Jantscher 2.1 (u. r.)
Kaschl-Mühlfellner 1.22 (l.), 3.28 (o.)
Angelo Kaunat 1.2, 1.9 (2), 1.16,
1.17, 2.6 (u.), 2.25, 2.33 (3), 5.5
(l.), 6.9 (M. u.), 6.22, 6.27, 7.1
(2 r.), 7.4, 7.9, 7.12, 8.1, 8.4 (2),
8.8, 9.15
Wolfgang Kirchner 6.12
Bruno Klomfar 9.11 (2)
Klomfar & Sengmüller 1.38, 2.19,
2.24, 4.2, 4.11
Hannes Kohlmeier 7.14
Günther Kresser 9.16
Gernot Kulterer 1.32, 9.17 (o.)
LC 4-architektur 3.6 (M. r.), 4.4,
3.3
Christoph Lackner 1.31, 4.1 (r.)
Lechner & Lechner 1.19, 6.18
Linus Lintner 1.21 (2)
Fritz Lorber 2.16, 2.21, 2.27 (l.),
2.29, 2.32, 3.9, 4.3, 4.9, 4.15, 5.2,
5.7, 5.16 (u. 4), 6.5, 2.3 (o.), 2.12
(u.), 3.27
Lorenz/Schmirl 1.35, 5.15
Walter Luttenberger 6.26, 8.29
Mark Mack 3.6 (o.)
Ignacio Martinez 9.10
Fritz Matzinger 1.7
Michael Mauracher 7.5, 7.6 (u. li.),
8.2, 8.14
Hubertus Mayr 1.13 (o.)
Norbert Mayr 1.30, 2.28, 3.15, 4.20
(o.), 5.6, 5.13 (2 r.), 6.8, 7.1 (l.), 8.3,
8.5, 8.19, 8.23, 8.27, 8.33, 8.38
(u.), 9.1, 9.4 (l.), 9.23 (u.), 9.24,
10.1, 10.4, 1.26, 1.32, 1.38, 2.3,
2.5, 2.12 (o.), 2.25, 3.4 (2), 3.8,
3.15, 3.24, 4.10 (o.), 5.2, 5.12, 6.12,
6.14, 6.15, 6.24, 7.9, 8.4, 8.21,
8.27, 8.38 (u.), 9.6
Norbert Mayr Archiv S. 16 (u.), 2.3
(u.), 2.10, 3.22, 6.5, 6.13, 6.20 (2),
6.22, 9.18
Rasmus Norlander 9.17 (u.)
ÖBB 6.23
Klaus Oberndorfer 3.22 (2)
Walter Oczlon 8.34
Paul Ott 1.3, 1.10 (2), 1.13 (2), 1.14
(3), 2.30, 3.2, 3.5 (2), 3.16 (2), 4.1
(l.), 4.17, 5.19 (2), 6.29, 8.21, 9.12,
10.5 (2)

Landesarchitekturpreis

1976   Gerhard Garstenauer – Kongresszentrum Bad Gastein, 8.38
Lois Welzenbacher (posthum) – Haus Heyrovsky, 9.6

1981   Wilhelm Holzbauer – Um- und Erweiterungsbau Residenzverlag
(abgebrochen)
Wunibald Deininger (posthum) – Druck- und Verlagshaus Kiesel, 2.3

1986   Wilhelm Holzbauer/Heinz Ekhart/Stefan Hübner/Georg Ladstätter/
Heinz Marschalek – Naturwissenschaftliche Fakultät der Universität
Salzburg, 3.19
Friedrich Brandstätter, Wohndorf Arche Noah, Bad Hofgastein, 8.32

1989   Michael Alder/Hanspeter Müller – Lehrbauhof, 4.13

1992   Josef Lackner – Wüstenrot Versicherungs-Center, 3.23

1997   Massimiliano Fuksas – Europark, 5.13
Aneta Bulant-Kamenova/Klaus Wailzer – Wintergarten Haus S., 3.27

2000   Max Rieder – Kindergarten Aigen, 3.3
Maria Flöckner/Hermann Schnöll – Kinder- und Jugendhort Taxham, 5.12

2002   von der Jury nominiert, vom Land Salzburg nicht verliehen
Thomas Forsthuber – Kinder- und Jungendhaus Liefering, 5.19
kadawittfeldarchitektur – Seniorenhaus St. Nikolaus, Neumarkt, 1.15
Marie-Claude Betrix/Eraldo Consolascio mit Eric Maier –
Betriebsgebäude Mitte der Salzburg AG, 2.1

2004   HALLE 1 – Kindergarten Gebirgsjägerplatz, 2.2; Keltenmuseum Hallein,
7.6; S-Bahn-Stationen, 2.26; City Eleven, 2.20

2006   kadawittfeldarchitektur – Sonderpädagogisches Zentrum Hallein, 7.9
mfgarchitekten – Überdachung Eislaufplatz Bergheim, 1.3

2008   Maria Flöckner/Hermann Schnöll
Haus 47° 40' 48'' N /13° 8' 12'' E, Adnet, 7.11

Impressum

Baukunst in Salzburg seit 1980. Ein Führer zu 600 sehenswerten Bauten in Stadt und Land, herausgegeben von INITIATIVE ARCHITEKTUR, ausgewählt und redigiert von Otto Kapfinger, Roman Höllbacher und Norbert Mayr.

Das Buchkonzept wurde 1999 für die Publikation „Baukunst in Vorarlberg" entwickelt. Nach diesem Konzept erschienen bereits die Architekturführer für Tirol, Burgenland und Kärnten. Copyright: Buchkonzept Reinhard Gassner und Otto Kapfinger. Grafische Gestaltung durch Armin Lampert nach dem Gestaltungskonzept von Atelier Reinhard Gassner. Lektorat: Andres Müry, Korrektorat: Sieglinde Leibetseder. Gesetzt in der Foundry Journal, duplexlithografiert und gedruckt durch die Druckerei Theiss auf Hello Silk 115 g.

Für Informationen, Materialbeistellung und Objektführungen ist generell allen Architektinnen und Architekten, allen Planungs- und Ingenieurbüros, ihren MitarbeiterInnen und allen FotografInnen herzlich zu danken. Das Datenmaterial zu rund 1500 Objekten erfasst und verwaltet haben mit viel Umsicht, bemerkenswerter Geduld und Sorgfalt Jana Breuste, Elisabeth Kabusch und Veronika Leopold. Diverse Planzeichnungen erstellte Christoph Ebner. Paul Raspotnig gebührt ein besonderer Dank für die Initiative in der Anfangsphase des Projekts. Gesamtkoordination: Roman Höllbacher
Bibliografische Information der Deutschen Nationalbibliothek
Die Deutsche Nationalbibliothek verzeichnet die Publikation in der Deutschen Nationalbibliografie; detaillierte bibliografische Daten sind im Internet über http://dnb.ddb.de abrufbar.

Mit freundlicher Unterstützung von

Bundesministerium für Unterricht, Kunst und Kultur
Stadt Salzburg, Abt. 2/00 Kultur und Schule
Land Salzburg, Abt. Kunstförderung, Kulturbetriebe und Kulturrecht
Kammer der Architekten u. Ingenieurkonsulenten für OÖ und SBG
Salzburger Tourismus Förderungs Fonds

ISBN 978-3-99014-012-3
www.muerysalzmann.at

Die Autoren

Otto Kapfinger
geboren 1949, Architekturstudium an der TU Wien, 1970 Mitbegründer von „Missing Link", Architekturkritiker. Zahlreiche Publikationen und Ausstellungen, Preis der Stadt Wien für Publizistik (1997), Würdigungspreis des Landes Kärnten (2005).

Roman Höllbacher
Dr. phil., geboren 1963, Kunsthistoriker und Architekturpublizist, hat 1994 den ersten Architekturführer für die Stadt Salzburg herausgegeben. Seit 1999 Verlagslektor, seit 2009 künstlerischer Leiter der INITIATIVE ARCHITEKTUR.

Norbert Mayr
Dr. phil, geboren 1964, Architekturhistoriker, Stadtforscher, Autor. Bücher und Beiträge in Fach- und Tagespresse. Seit 2008 Präsident DOCOMOMO AUSTRIA, Landesarchitekturpreis Salzburg 2002, Salzburger Kulturgüterpreis 2004.